JEFF FERRELL   **KEITH** HAYWARD   **SALAH** H. KHALED JR.   **ÁLVARO** OXLEY DA ROCHA

EXPLORANDO A
CRIMINOLOGIA
CULTURAL

2ª EDIÇÃO

Copyright © 2021 by Editora Letramento
Copyright © 2021 by Álvaro Oxley da Rocha e Salah H. Khaled Jr.

Diretor Editorial | **Gustavo Abreu**
Diretor Administrativo | **Júnior Gaudereto**
Diretor Financeiro | **Cláudio Macedo**
Logística | **Vinícius Santiago**
Assistente Editorial | **Matteos Moreno e Sarah Júlia Guerra**
Revisão | **Nathan Matos**
Capa | **Luís Otávio**
Projeto Gráfico e Diagramação | **Vanúcia Santos**

COLEÇÃO CRIME, CULTURA, RESISTÊNCIA
Coordenador | **Salah H. Khaled Jr.**
ISBN | **978-65-5932-052-3**

Conselho Editorial | **Alessandra Mara de Freitas Silva; Alexandre Morais da Rosa; Bruno Miragem; Carlos María Cárcova; Cássio Augusto de Barros Brant; Cristian Kiefer da Silva; Cristiane Dupret; Edson Nakata Jr; Georges Abboud; Henderson Fürst; Henrique Garbellini Carnio; Henrique Júdice Magalhães; Leonardo Isaac Yarochewsky; Lucas Mcraes Martins; Luiz Fernando do Vale de Almeida Guilherme; Nuno Miguel Branco de Sá Viana Rebelo; Renata de Lima Rodrigues; Rubens Casara; Salah H. Khaled Jr; Willis Santiago Guerra Filho.**

Todos os direitos reservados.
Não é permitida a reprodução desta obra sem aprovação do Grupo Editorial Letramento.

Dados Internacionais de Catalogação na Publicação (CIP) de acordo com ISBD

E96	Explorando a criminologia cultural / Álvaro Oxley da Rocha ... [et al.] ; organizado por Álvaro Oxley da Rocha, Salah H. Khaled Jr. - 2. ed. - Belo Horizonte : Letramento, 2021. 226 p. ; 15,5cm x 22,5m. - (Crime, Cultura, Resistência) Inclui bibliografia. ISBN: 978-65-5932-035-6 1. Criminologia cultural. 2. Crime. 3. Cultura. 4. Resistência. I. Rocha, Álvaro Oxley da. II. Ferrell, Jeff. III. Hayward, Keith. IV. Khaled Jr., Salah H. V. Título. VI. Série.
2021-1802	CDD 345.05 CDU 344

Elaborado por Vagner Rodolfo da Silva - CRB-8/9410

Índice para catálogo sistemático:
1. Criminologia cultural 345.05
2. Criminologia cultural 344

Belo Horizonte - MG
Rua Magnólia, 1086
Bairro Caiçara
CEP 30770-020
Fone 31 3327-5771
contato@editoraletramento.com.br
grupoeditorialletramento.com
casadodireito.com

Casa do Direito é o selo jurídico do Grupo Editorial Letramento

SUMÁRIO

PREFÁCIO..5

JEFF FERRELL E KEITH HAYWARD

TRADUÇÃO DE ÁLVARO OXLEY DA ROCHA E SALAH H. KHALED JR.

A CRIMINOLOGIA CULTURAL CONTINUADA...11

JEFF FERRELL E KEITH HAYWARD

TRADUÇÃO DE LEANDRO AYRES FRANÇA

Introdução 11

Surgimento da criminologia cultural 12

Modernidade tardia e seus descontentamentos 15

Uma criminologia cultural da e para a modernidade tardia ... 18

A ser continuada... 32

TÉDIO, CRIME E CRIMINOLOGIA..38

JEFF FERRELL

TRADUÇÃO DE ÁLVARO OXLEY DA ROCHA E SALAH H. KHALED R.

Eu tenho pensado sobre o tédio, ultimamente. 38

A política e a criminologia do tédio 41

E nada a perder, além do tédio 47

CRIMINOLOGIA CULTURAL, CRIME E ESPAÇO: UMA INTRODUÇÃO...........56

KEITH HAYWARD

TRADUÇÃO DE ÁLVARO OXLEY DA ROCHA E SALAH H. KHALED JR.

1925: uma história de dois ensaios 57

Pensando de maneira diferente sobre crime e espaço 69

CRIMINOLOGIA CULTURAL: REFERÊNCIAS BÁSICAS E PROPOSTAS...........84

ÁLVARO FILIPE OXLEY DA ROCHA

Sobre a Criminologia Cultural: referências iniciais 86

Algumas proposições em Criminologia Cultural 93

CRIMINOLOGIA CULTURAL E DIREITO: SOMOS TODOS TRANSGRESSORES NA MODERNIDADE TARDIA? 102

ÁLVARO FILIPE OXLEY DA ROCHA • TIAGO LORENZINI

Introdução 102

Somos todos transgressores (ou criminosos) na modernidade tardia **104**

RESISTÊNCIA E SUBVERSÃO: CRIME, CULTURA E A QUESTÃO DO SIGNIFICADO 117

SALAH H. KHALED JR.

A fantástica "fábrica de dados" e a simplificação da realidade 119

Novas aventuras da criminologia na multifacetada realidade contemporânea 128

PERSPECTIVAS INSURGENTES DA CRIMINOLOGIA CULTURAL NA QUADRA TARDO-MODERNA 141

SALAH H. KHALED JR.

A sedução da transgressão e a questão do significado: o caso da pichação da Faculdade
de Direito da UFPEL 141

Criminologia cultural de Estado 150

A comodificação do crime: o caso do energético Cocaine, a "alternativa legal" 159

Criminologia cultural do espaço urbano 163

Criminologia cultural como contraponto a criminologias atuariais 170

Criminalização cultural: a cultura como crime 177

Processo penal como fenômeno cultural: primeiras linhas subversivas 196

CRIMINOLOGIA CULTURAL: ALGUMAS NOTAS SOBRE O SCRIPT 206

KEITH J. HAYWARD E JOCK YOUNG

TRADUÇÃO DE SALAH H. KHALED JR. E ÁLVARO OXLEY DA ROCHA

Introdução 206

A lente da adrenalina... 212

A Soft City 213

O sujeito transgressivo 215

O olhar atento... 217

Conhecimento perigoso... 218

Referências... 221

POSFÁCIO.......224

ÁLVARO OXLEY DA ROCHA E SALAH H. KHALED JR.

PREFÁCIO

Jeff Ferrell e Keith Hayward
Tradução de Álvaro Oxley da Rocha e Salah H. Khaled Jr.

Desde a sua fundação em meados da década de 1990, a criminologia cultural foi deliberadamente internacional por definição. Ela emergiu originalmente por meio de uma convergência entre tradições intelectuais norte-americanas e britânicas, bem como pela livre colaboração entre acadêmicos norte-americanos e britânicos. Dentro de uma década, a criminologia cultural cresceu e passou a incluir estudiosos na Europa, na Austrália e em outros lugares e, hoje, acadêmicos ao redor do mundo estão ensinando, pesquisando e escrevendo no campo da criminologia cultural. Projetada para fazer com que a criminologia superasse a insensibilidade cultural e as interpretações equivocadas que afligiram muito dos trabalhos fundadores da disciplina e para ultrapassar os limites do nacionalismo estreito que ainda restringe a criminologia acadêmica, a criminologia cultural parece ter obtido sucesso. Quando, em 2009, a primeira edição do livro *Criminologia Cultural: Um convite* (FERRELL, HAYWARD E YOUNG, 2008) foi selecionada para o prêmio Livro Destacado da Divisão de Criminologia Internacional da Sociedade Americana de Criminologia, foi realmente uma honra — em grande parte porque o prêmio reconhece a disposição da criminologia cultural para cruzar fronteiras globais.[1]

Mas existe outra dimensão na abordagem transcultural e internacional da criminologia cultural. Criminologistas culturais se dedicaram desde o princípio a criar uma criminologia que estivesse familiarizada com as características

---

[1] N.T A 2ª edição ampliada de *Criminologia Cultural: Um Convite* será o próximo volume da coleção *Crime, Cultura e Resistência*, com previsão de publicação para o primeiro semestre de 2019.

distintivas do mundo tardo-moderno; eles queriam que a teoria criminológica superasse suas raízes dos séculos XIX e XX, assim como revitalizar a análise criminológica, para que ela pudesse oferecer uma lente crítica para compreender o mundo de hoje. Isso significava teorizar um mundo contemporâneo no qual o crime e a imagem do crime espiralam juntos; onde as emoções do crime são construídas a partir de intensidades de experiência imediata, mas também do incessante fluxo de filmes de crime e televisão criminal; onde a insegurança e o deslocamento definem tanto a vida pessoal quanto os contornos dos problemas sociais. Isso também significava pensar globalmente. As predações criminosas do capitalismo global, a violência generalizada deflagrada nas populações de refugiados e migrantes, os perigos do terrorismo e os perigos das respostas a ele, as imagens e informações que circulam na mídia digital — essas são questões inerentemente internacionais, e elas exigem dos criminologistas uma capacidade para pensar colaborativamente, além das fronteiras. Internacional por intenção, a criminologia cultural também é internacional por força de sua própria análise.

E assim para o Brasil. À medida que avançou para se tornar uma criminologia global nas últimas duas décadas, a criminologia cultural se instalou em diversos lugares fora de sua casa original nos Estados Unidos e no Reino Unido. Dentre eles, a Holanda (veja SCHUILENBURG et al, 2018; FERRELL and HAYWARD, 2009; FERRELL 2011; e a revista inovadora *Tijdschrift over Cultuur and Criminaliteit*), Austrália/Nova Zelândia (BANKS, 2000; CUNNEEN, 2010; CUNNEEN and STUBBS, 2004; TAURI, 2012; YOUNG, 2010, 2013), Noruega (SANDBERG, 2013; SANDBERG and UGELVIK, 2016), Canadá (MUZZATTI, 2010; LANDRY, 2012), Itália (FERRELL, 2017), Grécia (veja os diferentes programas com inspiração em criminologia cultural em www.e-keme.gr), Dinamarca (TORBENFELDT BENGTSSON, 2012; HESTEHAVE and JACOBSEN, 2019), Sérvia (FERRELL, 2009) e Argentina (FERRELL, 2011b). A esses lugares, devemos agora adicionar inequivocamente o Brasil. Graças aos esforços de um pequeno, mas incansável grupo de acadêmicos, defensores intelectuais e tradutores, os últimos anos assistiram a um fluxo constante de publicações em criminologia cultural na língua portuguesa. Estes incluem um número seleto de artigos traduzidos (FERRELL and HAYWARD, 2013; HAYWARD, 2018; HAYWARD and YOUNG, 2013; HAYWARD, 2018; FERRELL, 2010, 2012a), e uma série de novos artigos escritos por acadêmicos não brasileiros, especialmente para publicações brasileiras (FERRELL 2012b; FERRELL and HAYWARD, 2017; HAYWARD, 2019). Desde a nossa perspectiva, porém, é o surgimento de uma criminologia cultural distintamente brasileira que é, ao mesmo tempo, o desenvolvimento mais empolgante e importante. Aqui, duas tendências são evidentes: primeiro, o surgimento de uma série de monografias de criminologia cultural altamente originais por autores brasileiros (por exemplo, DE CARVALHO, 2010, 2011; OXLEY ROCHA, 2012, 2014; KHALED, 2018); e, em segundo lugar, uma bateria de novos artigos de pesquisa (escritos em português e em outros idiomas) baseados em projetos etnográficos realizados no Brasil por um talentoso grupo de criminologistas iniciantes (LARRUSCAHIM, 2014; ALTENHAIN, 2016, 2017; PAUSCHINGER, 2014, 2017).[2] Nestas publicações, vemos muitos dos principais contornos da criminologia cultural bem delineados, incluindo temas-chave como criminologia visual e a representação mediada do crime, criminalização cultural, protesto e política do espaço urbano, práticas subculturais, crime e música, etnografia, criminologia antipositivista, e o nexo entre a segurança, o policiamento e o controle social. O mais interessante e importante, no entanto, é que nestes trabalhos os temas da criminologia cultural são reinventados e revigorados, refratados por meio das lentes da sociedade brasileira. Inevitavelmente, neste ambiente culturalmente diverso, mas altamente conflituoso, as políticas da criminologia cultural são frequentemente escritas e colocadas em evidência; mas também são aparentes nestes trabalhos perspectivas inovadoras e *insights* que desafiam as ortodoxias criminológicas existentes, forjadas no Norte global (CARRINGTON et al, 2016). Dada a orientação intencionalmente internacional da criminologia cultural, não pode e não deve ser de outra maneira.

E assim, para concluir. Em nossas várias viagens ao Brasil — para visitar e trocar ideias com nossos colaboradores em Porto Alegre, mas também para palestras em universidades e conferências em São Paulo e no Rio de Janeiro (e.g. FERRELL 2012c) — tentamos difundir uma mensagem simples e dupla. Primeiro, encorajamos os criminologistas brasileiros a serem extremamente cautelosos ao importar políticas altamente duvidosas de justiça criminal da América, como a "teoria das janelas quebradas", o "policiamento com tolerância zero", e várias outras formas de "contrologia"

---

2   Este segundo grupo de publicações foi produzido por investigadores inscritos no Doutorado em Criminologia Cultural e Global (DCGC), um programa interdisciplinar de doutoramento de três anos financiado pela União Europeia como Doutoramento Conjunto Erasmus Mundus. Ver também o Grupo de Trabalho sobre Criminologia Cultural da Sociedade Europeia de Criminologia, Disponível em: <https://www.esc-eurocrim.org/index.php/activities/working-groups/56-cultural-criminology>.

científica. Esse tipo de "criminologia gringo" deve ser identificado como o que é: parte de uma indústria de controle do crime teoricamente desolada, embebida na ideologia racista e classista do neoliberalismo. Em segundo lugar, de modo relacionado, nós sentimos que o que é necessário no Brasil (e na América do Sul e Central em geral) é uma criminologia regional feita sob medida, capaz de considerar as particularidades culturais, étnicas e políticas específicas da região, ao mesmo tempo que situa essas particularidades em um contexto global. No entanto, embora acreditemos que estes sejam pontos importantes, também reconhecemos que, ao apresenta-los, também podemos ser culpados de gringo-criminologia. Ao proferir tal conselho, não estaríamos mais uma vez simplesmente impondo as crenças criminológicas forjadas no Norte sobre os colegas do Sul global? Essa certamente não é a nossa intenção — até porque seria inteiramente antitética ao próprio *ethos* da criminologia cultural. No final da primeira edição de *Criminologia Cultural: Um Convite*, reiteramos que o livro era de fato um convite. Observamos que não havíamos oferecido no livro "nenhuma lista abrangente" de conceitos de criminologia cultural, mas "apenas algumas ideias para críticas intelectuais externas" e, tendo visto nossas ideias, insistimos com o leitor: agora "vamos ouvir as suas" (FERRELL, HAYWARD and YOUNG, 2008: 210-11). Nós quisemos dizer isso na época e queremos dizer isso agora. Nosso objetivo, tanto em ministrar palestras no Brasil quanto em ajudar a coletar os ensaios reunidos nesta coletânea, não é proscrever uma antiga agenda da criminologia cultural, mas sim encorajar uma nova agenda. Nossas observações são meramente preliminares de uma história muito maior — uma história que deve e, sem dúvida, será escrita por um grupo de criminologistas culturais brasileiros que já se encontra em franca expansão.

▶ REFERÊNCIAS

Altenhain, C. (2016) 'Tropicalising surveillance: how big data "migrated" from New York to São Paulo', the *Annals of the Latin American Surveillance and Society Network*, Lavits.

Altenhain, C. (2017) 'Big Data in den Tropen: Über die implementierung 'smarten' Polizierens in São Paulo, Brasilien', *Kriminologisches*, Nr. 2.

Banks, C. (2000) *Developing Cultural Criminology*, Sydney: University of Sydney.

Carrington, K. Hogg, R. G. and Sozzo, M. (2016) 'Southern criminology', *British Journal of Criminology*, 56 (1) p. 1-20.

Cunneen, C. (2010) 'Framing the crimes of colonialism: critical images of Aboriginal art and law', in K. Hayward (ed) *Framing Crime: Cultural Criminology and the Image*, London: Routledge.

Cunneen, C. and Stubbs, J. (2004) 'Cultural criminology and the engagement with race, gender and post-colonial identities', in J. Ferrell, K. Hayward, W. Morrison, and M. Presdee (eds) *Cultural Criminology Unleashed,* London: GlassHouse.

De Carvalho, S. (2010) *Antimanual de Criminologia*, Rio de Janeiro: Editora Lumen Juris.

De Carvalho, S. (2011) *Criminologia Cultural e Rock*, Rio de Janeiro: Editora Lumen Juris.

Ferrell, J. (2009) 'Cultural Criminology,' translated/reprinted in D. Ignjatovic' (ed) *Theories in Criminology*. Belgrade: University of Belgrade Press.

Ferrell, J. (2010) '"Boredom, Crime, and Criminology," translated/reprinted in *Revista Brasileira de Ciencias Criminais* 81, Spring.

Ferrell, J. (2011a) 'Rondzwerven, Stedelijke Ruimte en Transgressie (Drift, Space, and Transgression),' *Tijdschrift over Cultuur en Criminaliteit*, 1(1), p. 34-50.

Ferrell, J. (2011b) 'Aburrimiento, Crimen y Criminologia (Boredom, Crime, and Criminology),' translated/reprinted in *Delito y Sociedad* (Argentina), 19(29), p. 7-20.

Ferrell, J. (2012a) 'Morte ao Metodo: Uma Provocacao,' *Dilemas: Revista de Estudos de Conflicto e Controle Social*, 5(1) (translated by S. de Carvalho and S. Hailliot).

Ferrell, J. (2012b) 'Cultural Criminology: Crime, Meaning and Power,' *Revista Brasileira de Ciencias Criminais* 20(99), p. 173-185.

Ferrell, J. (2012c) 'Cultural Criminology: Crime, Meaning, and Power,' Plenary Address, Seminario Internacional de Ciencias Criminais/IBCCRIM, São Paulo, Brazil.

Ferrell, J. (2017) 'Cultural Criminology,' in Cirus Rinaldi (ed), *D Come Devianza*. Naples, Italy: Liguori.

Ferrell, J. and Hayward, K.J. (2009) 'Cultural Criminology, Cultural Anthropology, and the Work of Frank Bovenkerk,' in C. Brants and S. van der Poel (eds), *Diverse Kwesties: Liber amicorum prof. dr. Frank Bovenkerk*. Den Hag: Boom Juridische Uitgevers.

Ferrell, J and Hayward, K. J. (2013) 'Possibilidades insurgentes: As políticas da criminologia cultural', *Sistema Penal and Violência*, 4 (2) 206-218 – Julho/Dezembro.

Ferrell, J and Hayward, K. J (2017) 'Cultural criminologia continuado', in P. Carlen and L. Ayres França (eds) *Criminologias Alternativas*, Porto Alegre: Canal Ciências Criminais.

Ferrell J. Hayward, K. and Young, J. (2008/2015) *Cultural Criminology: An Invitation*, London: Sage.

Hayward, K. J. (2018) 'Focando as lentes: criminologia cultural e a imagem', UERJ, Forthcoming.

Hayward, K. J. (2019) 'Usando criminologia cultural para pensar de maneira diferente sobre Guerra e terrorismo', in B. Rigon (ed) *Guerra, (In)segurança e Ciências Criminais (War, (In)security and Criminal Sciences)*, Forthcoming.

Hayward, K. J. and Young, J. (2015) 'Introducing cultural criminology', *Revista de Estudos Criminais* (ISSN: 1676-8698) No 58, July/September, 9-38.

Khaled Jr, S. H. (2018) *Videogame e Violência: cruzadas morais contra os jogos eletrônicos no Brasil e no mundo*, Rio de Janeiro: Civilização Brasileira, 2018.

Landry, D. (2012) 'Are We Human? Edgework in Defiance of the Mundane and the Measurable' *Critical Criminology* 21(1), p. 1-14.

Larruscahim, P. G. (2014) 'From graffiti to pixação: urban protest in Brazil', *Tijdschrift over Cultuur and Criminaliteit,* Aflevering 2.

Muzzatti, S. (2010) 'Drive it like you stole it: a cultural criminology of car commercials', in K. Hayward (ed) *Framing Crime: Cultural Criminology and the Image*, London: Routledge.

Hestehave, N. and Jacobsen, Hviid, M. (2019), *Dansk Kulturkriminologi*, Forthcoming.

Pauschinger D. (2014) 'Brazil 2014: a World Cup of security?', *Play the Game*, www.playthegame.org

Pauschinger D. (2017) *Global Security Going Local: Sport Mega Event and Everyday Security Dynamics at the 2014 World Cup and the 2016 Olympics in Rio de Janeiro.* Unpublished PhD Thesis, University of Kent/University of Hamburg, Canterbury/Hamburg.

Rocha, A.F.O. *Crime, Violência e Segurança Pública como produtos culturais: inovando o debate.* In. Revista dos Tribunais, ano 101, vol. 917, março 2012, p. 271-289.

Rocha, A.F.O. E Schuck Da Silva, S. *A dinâmica emocional do desvio: uma análise em criminologia cultural.* In. Revista Jurídica do CESUCA – ano 1, v.2, n.4 – dez 2014.

Sandberg, S. (2013) 'Are self-narratives unified or fragmented, strategic or determined?: reading Brevik's manifesto in light of narrative criminology', *Acta Sociologica*, 56 (1) P. 65-79.

Sandberg, S. and Ugelvik, T. (2016) 'Why do offenders tape their crimes?: crime and punishment in the age of the selfie', *British Journal of Criminology*, 57 (5) p. 1023-1040.

Schuilenburg, M. Starling, R. and van Swaaningen (2018) 'Cultural criminology going Dutch', in K. Hayward (ed) *Cultural Criminology, Volume III*, Routledge: London.

Tauri, J. M. (2012) 'Indigenous critique of authoritarian criminology', in K. Carrington, M. Ball, E. O'Brien, and J. Tauri (eds) *Crime Justice and Social Democracy: International Perspectives*, London: Palgrave-Macmillan.

Torbenfeldt Bengtsson, T. (2012) 'Boredom and action: experiences from youth confinement', *Journal of Contemporary Ethnography*, 41 (5) p. 526-553.

Young, A (2010) *The Scene of Violence: Crime, Cinema, Affect*, London: Routledge.

Young, A (2013) *Street Art, Public City: Law, Crime and the Urban Imagination*, London: Routledge

CAPÍTULO UM

A CRIMINOLOGIA CULTURAL CONTINUADA[3]

Jeff Ferrell e Keith Hayward
Tradução de Leandro Ayres França

▶ **INTRODUÇÃO**

A criminologia cultural está interessada na convergência de processos culturais, criminais e de controle do crime; como tal, ela situa a criminalidade e seu controle no contexto de dinâmicas culturais e da controvertida produção de significado. Dessa forma, a criminologia cultural busca entender as realidades cotidianas de um mundo profundamente desigual e injusto, e destacar as maneiras nas quais o poder é exercido e resistido entre a interação de criação de regras, violação de regras e representação. O assunto da criminologia cultural, então, atravessa uma variedade de questões contemporâneas: a construção mediada e a mercantilização do crime, da violência e da punição; as práticas simbólicas daqueles engajados em atividades subculturais ou pós-subculturais ilícitas; as ansiedades existenciais e as emoções situacionais que animam o crime, a transgressão e a vitimização; os controles sociais e os significados culturais que circulam dentro de e entre arranjos espaciais; a interação do controle estatal e da resistência cultural; as culturas criminogênicas geradas pelas economias

---

3   Este texto foi originalmente publicado no Brasil, na obra *Criminologias Alternativas* (2017), organizada por Leandro Ayres França e Pat Carlen, e publicada pelo Canal Ciências Criminais. Agradecemos pela gentil cessão do texto já traduzido, bem como recomendamos a obra, que oferece uma visão abrangente sobre diferentes criminologias críticas alternativas contemporâneas.

de mercado; e uma miríade de outros casos nos quais o significado situacional e simbólico está em causa. Para realizar essa análise, a criminologia cultural adota perspectivas interdisciplinares e métodos alternativos que regularmente a deslocam para além das fronteiras da criminologia convencional, extraindo de estudos de mídia, antropologia, estudos sobre jovens, estudos culturais, geografia cultural, sociologia, filosofia e outras disciplinas, e utilizando novas formas de etnografia, análise textual e produção visual. Em tudo isso, a criminologia cultural procura desafiar as estruturas aceitas da análise criminológica e reorientar a criminologia às condições sociais, culturais e econômicas contemporâneas.

Desse modo, a criminologia cultural tem, desde o princípio, adotado uma orientação aberta, convidativa com relação à análise criminológica, e tem estado menos interessada na certeza definidora do que na crítica dinâmica, emergente. A questão, então, não é tanto o que a criminologia cultural é, quanto como a criminologia cultural *continua* — isto é, como a criminologia cultural tem recorrido a perspectivas existentes no interior e além da criminologia, e continuado a reinventá-las e a re-situá-las com o intuito de desenvolver uma criminologia familiarizada com o mundo contemporâneo e suas crises.[4]

▶ SURGIMENTO DA CRIMINOLOGIA CULTURAL

Quando a criminologia cultural apareceu, pela primeira vez, em meados da década de 1990 (FERRELL e SANDERS, 1995; FERRELL, 1999), como uma perspectiva criminológica distinta, assim o fez sintetizando e revitalizando duas linhas do pensamento criminológico, uma norte-americana, e outra britânica (ver HAYWARD, 2016). A tradição norte-americana incluía a teoria do etiquetamento, com suas compreensões de crime e desvio como construções sociais e, mais particularmente, com seus *insights* sobre as formas em que o poder é exercido por meio da atribuição de sentido à ação humana. Igualmente importante foi o tipo de análise subcultural desenvolvida por Albert Cohen e outros, que encontrou nas ações coletivas de grupos marginalizados não simples desobediência ou autodestruição, mas, ao invés, a criação de significados e interpretações alternativas em resposta a injustiças variadas. Nessa tradição norte-americana, também estavam os tipos de abordagens "naturalísticas" ao comportamento cri-

---

4   Para outra introdução geral à criminologia cultural, em português, ver Hayward e Young (2015), e para mais sobre a política da criminologia cultural, especificamente, ver Ferrell e Hayward (2013), também em português.

minal e desviante, preconizadas por David Matza, e as vívidas etnografias empíricas que Howard Becker, Ned Polsky e outros empregaram para dar luz aos *insights* de abordagens interacionistas e do etiquetamento.

A linha de pensamento criminológico britânica que culminou na criminologia cultural ecoava essas perspectivas norte-americanas, mas as situava em estruturas maiores de mudança social, desigualdade estrutural e representação cultural. Acadêmicos britânicos que estavam engajados com novas formas de estudos culturais e com a criminologia crítica passaram a reconceituar classe social como uma experiência vivida — como um grupo mutável de atitudes, orientações e práticas culturais — e, assim, a entender que classe social e desigualdade social eram amiúde policiadas, impostas e reforçadas por controles diferenciais em atividades de lazer e empreendimentos culturais. Eles, igualmente, começaram a analisar as formas nas quais surgiam os pânicos morais mediados em resposta a, mas também como deflexões de, profundas mudanças estruturais na ordem social. Como na tradição norte-americana, práticas subculturais e estilos subculturais também estiveram em consideração, mas com uma ênfase em como tais práticas e estilos podem funcionar como formas de resistência cultural ao mesmo tempo em que também atraem escrutínio e vigilância.

Essas linhas de análises criminológicas, norte-americana e britânica, já estavam entrelaçadas de alguns modos — com, por exemplo, os "novos criminologistas" britânicos das décadas de 1960 e 1970, inspirados por e comprometidos com o potencial epistêmico subversivo da teoria do etiquetamento e a profundidade cultural da etnografia naturalística —, mas a criminologia cultural agora procurava criar um tipo novo e distinto de criminologia a partir dessas duas correntes intelectuais. Conforme ela apareceu em meados da década de 1990, essa nova criminologia cultural enfatizava o aspecto decisivo do significado em questões de crime e justiça, argumentando que tanto o crime quanto seu controle tomavam forma por meio de controversos processos de interpretação e representação. Do mesmo modo, ela ressaltava as formas nas quais a política criminal e a justiça criminal operam no reino da dinâmica cultural, e as formas das quais poder e controle cada vez mais dependem na implementação de simbolismo, estigma e emoção. Em tudo isso, a criminologia cultural defendeu uma metodologia de atenção e percepção cultural — isto é, modos de explorar crime e justiça que estivessem sintonizados com as nuances da linguagem e da imagem, e com a dinâmica interacional de situações subculturais e espaciais.

Esse esforço em combinar as tradições britânica e norte-americana em uma criminologia cultural distinta, na década de 1990, não foi realizado, porém, simplesmente por uma questão de inovação intelectual. Ao invés, isso foi empreendido em dois contextos específicos e para dois específicos propósitos. O primeiro desses contextos foi a ascendência de perspectivas e metodologias positivistas na criminologia, e o desenvolvimento paralelo da pseudodisciplina de "justiça criminal". Especialmente na América do Norte, o crescimento de, e o suporte governamental a, programas de justiça criminal havia se desenvolvido em concerto com as espécies de métodos quantitativos e as criminologias administrativas que poderiam apoiar tais programas. Da perspectiva da criminologia cultural, essas estratégias confiscavam a distância crítica necessária para a análise criminológica viável tanto do crime quanto da justiça criminal. Igualmente, essas estratégias inter-relacionadas esvaziavam o significado da matéria da criminologia, reduzindo pessoas e situações a conjuntos de dados e resumos estatísticos, e, desse modo, apagando do discurso criminológico as próprias dimensões que os criminologistas culturais viam como essenciais para compreensão e análise. Como resultado, a criminologia cultural surgiu não somente como uma alternativa a essas estratégias, mas como uma perspectiva concebida a confrontá-las e superá-las. Revitalizar e reinventar as tradições britânica e norte-americana de análise cultural e crítica sociológica era recuperar o que a justiça criminal e suas criminologias administrativas há muito tempo tinham usurpado.

De modo mais amplo, os criminologistas culturais procuravam importar essas tradições norte-americana e britânica a um novo contexto histórico. Como os criminologistas culturais cuidadosamente têm demonstrado, as perspectivas às quais eles recorrem — teoria do etiquetamento, teoria da subcultura, criminologia crítica, a "nova criminologia" britânica, estudos culturais etc. — não apareceram num vácuo intelectual ou histórico. Ao invés, assim como Marx, Durkheim e Weber outrora se comprometeram a teorizar a emergência da modernidade, esses teóricos tentaram teorizar as profundas reviravoltas sociais que ocorreram após a Segunda Guerra Mundial na Europa, nos Estados Unidos e noutros lugares, e a ligar essas convulsões sociais a mudanças na natureza do crime e do controle social. Conflitos sobre direitos civis e inclusão social, subculturas jovens emergentes, uma cultura consumista em proliferação, novos estilos de desvio e transgressão, e com eles novas formas de controle social e legal — tudo isso constituía tanto o contexto quanto uma matéria mais ampla das perspectivas criminológicas alternativas que surgiram nas décadas de 1960 e 1970. Essas perspectivas, naturalmente, permanecem de grande valor, como o são aquelas de Weber, Marx e dos teóricos de tempos anteriores. Mas, como perceberam os criminologistas culturais, o mundo em que tais perspectivas apareceram havia mudado novamente e com essa mudança viera a necessidade de reinventar essas perspectivas, re-situá-las na distintiva dinâmica da ordem social contemporânea. Isso, então, foi o segundo contexto e propósito da criminologia cultural: fazer uma criminologia do momento presente — uma criminologia da e para a modernidade tardia.

▶ MODERNIDADE TARDIA E SEUS DESCONTENTAMENTOS

A modernidade tardia oferece um panorama global de ambiguidade e confusão, e com isso uma sensação espiralada de incerteza para muitos de seus habitantes. Para um número cada vez maior de pessoas, foram soltas as velhas âncoras de estabilidade geográfica e ocupacional, para serem substituídas apenas por multiplicadoras marginalidades: contínua migração dentro e entre nações, episódios imprevisíveis de trabalho temporário e reinvenções seriais do *self*. A matéria-prima para essas reinvenções seriais vem de outras características da modernidade tardia: o fluxo infinito, instantâneo e globalizado de imagens, informações e identidades anunciadas via celulares e telas de computador, tudo isso proporcionando tanto uma panóplia livremente fluida de possibilidades quanto a sensação de que nenhuma escolha possível jamais é a certa. Esse hiperpluralismo de identidades e orientações culturais, por sua vez, alimenta o hiperindividualismo — a sensação de que o lugar de alguém no mundo não é definido pela associação comunitária duradoura, mas pela construção bem-sucedida de si mesmo por meio do consumo apropriado e da realização mediada. O mundo fluido, globalizado da modernidade tardia, desta forma, também confunde o local e o universal, a distinção entre lugar e não-lugar, de tal modo que seus deslocamentos vêm a ser tanto geográficos como existenciais. Se a imaginação sociológica nos permite encontrar forças sociais na experiência pessoal, então esses são os resíduos pessoais da modernidade tardia: desenfreada incerteza existencial e ontológica, um senso precário da identidade pessoal e, com isso, anseios amiúde desesperados por certeza e definição. Na medida em que cada período histórico pode ser caracterizado por uma particular trajetória, então a trajetória da modernidade tardia — essas décadas desde os *insights* criminológicos dos anos 1960 e 1970 — não parece tanto para cima ou para baixo quanto lateral e à deriva.

Em meio a esse fluxo tardo-moderno, criminologistas culturais identificaram três constelações de ações, atitudes e imagens que parecem particularmente salientes para uma compreensão da criminalidade e do controle do crime contemporâneos. A primeira dessas se agrupa em torno de emoção, expressividade e incerteza. Aqui, abundam tensões e contradições. Significado e autoexpressão são buscados num mundo cujos hiper-pluralismo e fluidez cultural regularmente oprimem o *self*, e onde novas formas de vigilância e controle tornam o conceito de autonomia individual quase sem sentido. Excitação, imediatismo e consumo de experiência são vendidos como indicadores de uma vida bem vivida, mas como a maioria dos produtos de consumo, oferecem mais no pacote do que na vantagem. Para os afluentes, uma sensação de vertigem assombra suas construções de certeza e segurança garantida, e, com isso, permanece um medo de caírem de quaisquer que sejam as alturas; para aqueles nas margens, a experiência de estar à deriva — entre trabalhos, entre cidades, entre relacionamentos — cria uma vida de contínua intersticialidade (YOUNG, 2007; FERRELL, 2012a). Como resultado, raiva, pânico e humilhação circulam por meio do sistema social; prazer e excitação permanecem geralmente apenas fora de alcance; e identidades tomam forma nas sombras, ou, por vezes, em formas sintéticas outrora imagináveis. Quanto ao crime e à transgressão, esse *mix* de emoção e incerteza significa que surgem novas formas de criminalidade — em verdade, são buscadas por algumas de suas promessas de validação emocional ou identidade fabricada — e que atuais modelos criminológicos de risco, motivação e causalidade não mais podem se sustentar.

Uma segunda constelação de ações e atitudes é proporcionada pelos administradores da modernidade tardia, que empregam os métodos desse mundo tardo-moderno — imaginação, engano, significado manipulado — e, ao mesmo tempo, tentam colocar por cima de suas flutuações infinitas uma rede de certeza e controle. Para eles, a arriscada incerteza da modernidade tardia é algo a ser calculado e controlado; seus emergentes crimes, um problema a ser previsto e, assim, prevenido (HAYWARD, 2007). Como resultado, a modernidade tardia também vem a caracterizar novas formas de exclusão social e cultural, e novos padrões de controle social e espacial, tão penetrantes quanto insidiosos. Muitas dessas novas formas são revanchistas por natureza, destinadas a recuperar aquilo que agora está perdidamente confuso; outras estão tão instituídas que podem policiar a crescente e incessante desigualdade gerada pelas economias tardo-modernas. Geralmente, esses novos controles e exclusões estão entremeados com a criação cultural do "outro" — um *outsider* facilmente identificável que pode se tornar o foco do escrutínio público e o bode expiatório para as vicissitudes da modernidade tardia. De interesse dos criminologistas culturais por seu escopo e alcance — que se estende da utilização local de "espetos antimorador de rua" à guerra global ao terror —, essa constelação de controles é notável também por outra razão: se não intencionalmente, ela expõe ainda mais as tensões sociais e culturais, e outras iterações da dialética entre controle social e expressiva transgressão (PRESDEE, 2000; HAYWARD, 2002).

Essa tensão entre excitação e manipulação está também evidente numa terceira constelação, à qual podemos nos referir como a "*mediascape*"[5] contemporânea (APPADURAI, 1996). Conforme a mídia de hoje — de movimentos rápidos, onipresente e cada vez mais interativa — dá forma a relações entre espaço, tempo e identidade, ela também "enquadra" como o crime e seu controle vêm a ser entendidos na sociedade. Para os criminologistas culturais, essa *mediascape* constitui uma infinita "sala de espelhos" (FERRELL, HAYWARD e YOUNG, 2015), onde as realidades nuas e cruas do crime e do controle criminal, e as imagens dessas realidades, refletem continuamente umas nas outras. Consequentemente, os criminologistas culturais entendem que não faz mais sentido estudar separadamente o crime do "mundo real" e suas representações mediadas. Ao invés, numa sociedade hiperconectada, onde proliferam imagens mediadas em massa de crime e desvio, e onde crime e controle se entrelaçam com entretenimento e cultura popular, são demandadas formas de análise criminológica que possam dar sentido à linha turva entre o real e o virtual. E, como sempre para a criminologia cultural, esse foco é político, bem como teórico: na modernidade tardia, com o poder cada vez mais exercido por meio de representação mediada e produção simbólica, batalhas em torno de imagem, estilo e significado mediado se tornam essenciais na disputa por crime e controle criminal, desvio e normalidade, e a emergente forma da justiça social.

---

5   Cunhado por Arjun Appadurai, o termo *mediascape* refere-se à paisagem midiática, ou seja, a distribuição das capacidades eletrônicas de produzir e disseminar informações, e também as imagens do mundo criadas por essas mídias. Numa publicação em português do texto que disseminou a expressão, a tradução optou pelo termo *midiapanorama* (Disjunção e diferença na economia cultural global, In.: FEATHERSTONE, Mike (org.). *Cultura global*: nacionalismo, globalização e modernidade. Petrópolis: Vozes, 1994, p. 311-27). Porém, como a expressão inglesa já alcançou certa notoriedade, decidiu-se por mantê-la no original. (NT)

▶ UMA CRIMINOLOGIA CULTURAL DA E PARA A MODERNIDADE TARDIA

Adotando a imaginação sociológica e criminológica (MILLS, 1959; YOUNG, 2011), os criminologistas culturais entendem que ação humana e circunstância histórica inevitavelmente se entrelaçam; dentro do amplo alcance da estrutura social e da mudança social, modelos emergentes de poder e controle se infiltram na vida cotidiana, para ali serem ampliados ou resistidos na sensualidade da experiência vivida. Consequentemente, criminologistas culturais não propõem que as formas contemporâneas de crime e justiça simplesmente "refletem" tendências tardo-modernas. Em vez disso, os crimes e controles da modernidade tardia se relacionam com sua dinâmica maior, amplificando-os em certos momentos, alterando-os e minando-os em outros. Agora, daremos uma olhada mais próxima nos três temas esboçados acima, a título de uma introdução geral à criminologia cultural e a algumas de suas abordagens da modernidade tardia, seus crimes e seus controles.

O IMEDIATISMO DA IDENTIDADE ILÍCITA E DA TRANSGRESSÃO

O fluxo do mundo tardo-moderno sugere que os crimes dessa era precisarão ser amiúde entendidos em termos de imediatismo, efemeridade e incerteza; assim como as identidades associadas com localização ocupacional ou espacial foram desestabilizadas, assim também o foram aquelas geradas na interação de crime e transgressão. Nesse sentido, modelos mais antigos de criminalidade e de causas criminais, geralmente fundadas em hipóteses de sequenciamento linear, previsibilidade positivista e identidade criminal estável, bem podem necessitar uma reimaginação. Nessa reimaginação, o significado do crime frequentemente emerge em momentos e situações, e então se metamorfoseia no meio da reprodução infinita de sua imagem; hipóteses essencialistas sobre a natureza biológica ou a determinação social desaparecem em estados fluidos de ser e devir; e o sentido de uma subcultura criminal como uma coletividade delimitada de significado, ou de policiamento cotidiano como um manual compartilhado de práticas, abre caminho para entendimentos mais fluidos e rizomáticos do crime, seus participantes e seu controle.

Uma perspectiva fundadora a esse respeito foi proposta por Jack Katz (1988), com sua compreensão do primeiro plano do crime e das seduções emocionais que ali emergem. Na visão de Katz, a criminologia há muito tem sido constituída de trás para frente — isto é, construída sobre uma hipótese subjacente de que fatores estruturais podem prever a natureza do crime e da criminalidade. Constituída dessa forma, a criminologia tem investigado sobretudo fatores antecedentes que conduzem ao crime e à criminalidade — associação diferencial, tensão, controles sociais frouxos, classe e desigualdade social — ao passo que ignora amplamente as situações do crime e do controle criminal como fenômenos emergentes por direito próprio. Todavia, como argumenta Katz, quando adentramos o imediatismo do crime (FERRELL, 1997) — dentro de momentos de violência interpessoal, furto de propriedade intelectual ou policiamento de rua —, descobrimos algo que é, em muitos aspectos, *imprevisível* via teorias criminológicas existentes: um efêmero, instável *mix* de emoções que aparecem no interior da situada dinâmica social do momento. Essas emoções fugazes, lampejando entre aqueles que compartilham a situação, por sua vez, agem como seduções momentâneas que atraem participantes além do que as teorias de antecedentes podem prever ou do que os próprios participantes poderiam imaginar. Aqui, noções de causalidade linear, estrutural, são perdidas à efemeridade do momento, e a identidade criminal é vista como sendo um fenômeno mais emergente, situado (GAROT, 2010), do que um estado estável de contínua auto-conceitualização. Como outros criminologistas culturais já assinalaram (FERRELL, 1992; YOUNG, 2003; HAYWARD, 2004), e como nos lembra a imaginação sociológica, fatores antecedentes ou estruturais por certo permanecem presentes em meio a esse primeiro plano do crime — agora, porém, entendidos em tensão dialética com seus significados e emoções emergentes, em vez de como previsores ou causas dele. E como também já notaram criminologistas culturais, esse fenômeno do crime como um momento de frágil intensidade emocional parece suscetível de proliferar num mundo tardo-moderno de afeto e identidade desestabilizados.

A identidade desestabilizada também está na base de uma segunda abordagem criminológica cultural sobre autoconcepção e transgressão. A desqualificação do trabalho — e, com ela, a dissociação do trabalhador com o processo de trabalho — é uma antiga característica de economias capitalistas (BRAVERMAN, 1974); agora, com a proliferação tardo-moderna de trabalhos temporários e economias de serviço emocionalmente gerenciadas, a alienação dos trabalhadores quanto às situações e aos processos de seu próprio labor é redobrada. Para cada vez mais pessoas, o trabalho não oferece a promessa fordista de estabilidade ocupacional, nem o potencial para desenvolver habilidade e identidade. Do mesmo modo, a constante burocratização da vida social na modernidade tardia continua a acrescentar barras à jaula de ferro que Weber (1978) primeiro identificou, e assim a reduzir a identidade humana em categorias organizacionais e constelações de megadados.[6] Essa mesma trajetória pode ser vista na proliferação de controles de gerenciamento de risco na vida cotidiana; por sua lógica, situações de risco ou incerteza devem ser contidas — ou, idealmente, ser expurgadas de um mundo de segurança forçada, megadados e identidades cuidadosamente gerenciadas. Tomadas como um todo, essas dimensões da vida tardo-moderna coalescem numa profunda perda de identidade pessoal, numa sensação de contenção infiltrada e, para muitos, numa "vasta coletividade de tédio" (FERRELL 2004a: 287, 2010).

Nesse vácuo de significado e emoção, flui a experiência da ação-limite. Como conceituado por Stephen Lyng (1990, 2005) e outros (FERRELL *et al.*; 2001; LYNG e FERRELL, 2016), ação-limite, na sua forma mais simples, denota atos de voluntária e geralmente ilícita assunção de risco — atividades como corrida de rua, paraquedismo, *base jumping* e grafites. Mas, além disso, a ação-limite é conceituada como uma resposta distinta às acumuladoras degradações da modernidade tardia. O engajamento voluntário em atividades de alto risco reverte a lógica do gerenciamento de riscos contemporâneo, adotando o risco por seus prazeres sensuais e possibilidades transgressivas. Por meio dos riscos da ação-limite, os participantes, por seu turno, recuperam algum senso de identidade, aquela desenvolvida a partir de vívidas emoções e autodeterminação radical; em momentos de risco extremo ao *self* e à sobrevivência, emoções e autopercepções escapam de sua contenção tardo-moderna dentro de economias de serviço e categorias burocráticas. De modo significativo, porém, a ação-limite não está fundamentada somente no risco; ela está o tanto quanto fundamentada na habilidade. A participação constante em risco extremo exige os tipos de habilidades especializadas, há tempos praticadas, necessárias para sobreviver a ele; tais habilidades, por sua vez, possibilitam a busca, ao longo do tempo, por atividades sempre mais arriscadas. Nesse sentido, a ação-limite não apenas espirala seus participantes para os limites externos da possibilidade humana; ela também dá forma aos próprios tipos de habilidades por esforço próprio e às identidades baseadas nas habilidades que foram apagadas das muitas ocupações dentro das economias tardo-modernas.

Conforme esse modelo de ação-limite tem sido cada vez mais empregado na pesquisa criminológica cultural ao longo do último quarto de

---

6 No original, *big data*. Na tecnologia de informação, os megadados referem-se a grandes volumes de dados armazenados, que necessitam de ferramentas especiais para que todas as informações possam ser encontradas, analisadas e também aproveitadas no tempo necessário. (NT)

século, vieram à tona ainda outras conexões com crime, controle criminal e identidade. Grande parte da pesquisa criminológica cultural inicial sobre a ação-limite *criminal* foi orientada em torno de atividades de rua, fisicamente perigosas, que frequentemente incorporavam a dinâmica prototipicamente masculina — roubos nas ruas (DE HAAN e VOS, 2003), grafites (FERRELL, 1996), provocações de incêndios (PRESDEE, 2005), lutas organizadas (JACKSON-JACOBS, 2004) etc. Pesquisas subsequentes, entretanto, expandiram essas investigações de modo a explicar uma variedade mais ampla de dinâmica de gênero, identidades de gênero e emoções de gênero na ação-limite, e explorar formas de ações-limite distintas às mulheres e suas vidas sob a modernidade tardia. Aqui as pesquisas variam das atividades de ação-limite de prostitutas de rua (MILLER, 1991) e mulheres pobres, usuárias de drogas, em relacionamentos íntimos abusivos (RAJAH, 2007), às estratégias emocionais de gênero de equipes de resgate de montanhas (LOIS, 2005) e à mistura de risco e habilidade que dá forma às práticas anoréxicas (GAILEY, 2009) e ao fisiculturismo feminino (WORTHEN e BAKER, 2016). Pesquisas etnográficas subsequentes também revelaram um dilema particularmente intratável para aqueles agentes de controle que confundem ação-limite com autodestruição sem sentido, ou que buscam preveni-la policiando sua constante ocorrência. Dado o papel essencial da ação-limite em preencher os vácuos de identidade e emoção criados por condições sociais tardo-modernas, seus participantes detestam abandoná-la, mesmo sob pressão policial. Talvez, mais concretamente, essa pressão crie ainda outra camada de risco e, com isso, o ímpeto pelo desenvolvimento de habilidades adicionais — e, assim, torna-se menos uma dissuasão legal que um induzimento adicional para os agentes-limites (FERRELL, 1996; GARRETT, 2014).[7]

---

7   Neste ponto, é importante destacar que o interesse da criminologia cultural nas emoções e subjetividades associadas ao crime e à transgressão não está limitada apenas a atividades de limite ou carregadas de risco — longe disso. Criminologistas culturais têm despendido considerável esforço esboçando uma variedade, diversa e alternativa, de emoções que são a exata antítese do risco e da excitação. Mike Presdee (2004: 45), por exemplo, pouco se importou com risco ou excitação, e, em vez, tratou amplamente de emoções tais como "perda", "humilhação", "ressentimento" e as preocupações associadas com "as injúrias ocultas de classe", a "sensação pura de sobrevivência" e "as complexidades pessoais da vida cotidiana". Numa ocasião, ele até dedicou um artigo inteiro ao tema da "solidão" (PRESDEE, 2006). Do mesmo modo, Jonathan Wender (2004), um antigo policial-de-rua-que-virou-criminolo-

O foco da criminologia cultural na efemeridade situada das seduções do crime e nos imediatismos de risco e habilidade que animam a ação-limite, por seu turno, tem levado a uma reimaginação da metodologia. A criminologia cultural tem sido há muito associada com investigações etnográficas de longo prazo e, mais amplamente, com uma sensibilidade etnográfica sintonizada com significado, simbolismo e emoção compartilhada (FERRELL e HAMM, 1998). Mais recentemente, contudo, criminologistas culturais também têm desenvolvido a noção de "etnografia do instante" (FERRELL, HAYWARD, e YOUNG, 2015) — isto é, a exploração etnográfica das imediatas, efêmeras dinâmicas sociais e culturais, que emergem em momentos de crime e controle criminal. Da mesma forma que teorias vigentes de causalidade criminal determinística devem ser recalibradas para um mundo tardo-moderno de fluxo e incerteza, seguindo essa linha de raciocínio, assim o devem os modelos de pesquisa etnográfica que têm tradicionalmente dado ênfase a pesquisas prolongadas em grupos estáveis e situações estáticas. Como no reino da teoria, a intenção não é abandonar essas tradições de pesquisa, mas, ao contrário, aumentar seu valor ao realinhá-las com a incerteza das condições contemporâneas. Dessas maneiras, uma criminologia cultural da e para a modernidade tardia não só denota uma atualização da matéria de discussão da criminologia, mas uma reinvenção da criminologia como um campo de investigação e conhecimento.

A PERVASIVIDADE DO PODER, DO CONTROLE E DA RESISTÊNCIA

Como uma perspectiva crítica quanto ao crime e à justiça, a criminologia cultural se preocupa não apenas com formas emergentes de crime e transgressão na modernidade tardia, mas com padrões em evolução de poderes, controles e vigilâncias tardo-modernas. Novamente invocando a dialética da imaginação sociológica e criminológica, criminologistas

---

gista-cultural, baseou-se em sua experiência de campo para documentar como a violência doméstica é tornada burocrática e emocionalmente neutra pelas limitações do procedimento policial. De fato, quer sejam os relatos de David Brotherton (BROTHERTON e BARRIOS, 2011) sobre a justiça perfunctória, sem emoção, dispensada a deportados centro-americanos pelo sistema de justiça da cidade de Nova Iorque, a pesquisa de Kevin Steinmetz (2015) sobre o tédio e a frustração experimentados por *hackers*, ou o exame pessoal de Carl Root (ROOT *et al.*, 2013) quanto aos sentimentos de vergonha experimentados após ser uma vítima de violência policial injustificada, criminologistas culturais têm demonstrado repetidamente seu interesse analítico em uma variedade de emoções tardo-modernas.

culturais interrogam os menores dos momentos cotidianos para compreender os segredos do controle social que eles abrigam, enquanto também investigam os maiores dos conflitos globais por meio das ideologias, emoções e dinâmicas socioculturais que os animam.

Um grande corpo de trabalho criminológico cultural explora formas de criminalidade cotidiana, de baixa ordem, como vadiagem, execução de grafites, furtos em lojas, realização de espetáculos de rua e o vasculhamento de lixo por comida, enquanto também documenta as respostas legais e controvérsias públicas que cercam tal criminalidade (FERRELL, 1996, 2001, 2006; PRESDEE, 2009; ILAN, 2011). Críticos da criminologia cultural às vezes têm argumentado que esse foco ignora uma mais ampla economia política do crime e falha em não dar atenção a formas mais graves de criminalidade (ver, por exemplo, O'BRIEN, 2005; TIERNEY, 2010: 357-8). Os criminologistas culturais respondem a essas críticas, hoje um tanto clichês, de duas formas. Primeiro, desenvolvendo os *insights* da teoria do etiquetamento, eles argumentam que a "importância" ou a "gravidade" de qualquer forma de criminalidade é em grande parte determinada pela resposta legal a ela e pela habilidade daqueles no poder em revesti-la com significados culturais particulares e interpretações públicas. Como demonstra a pesquisa criminológica cultural, campanhas de persecução agressiva ou indignação política geralmente transformam transgressões inconsequentes em delitos de primeira ordem, tanto aos olhos da lei quanto na mente do público. Igualmente, poder e controle fluem na outra direção; atividades que, de outro modo, poderiam ser consideradas perigosamente importantes podem ser ocultadas atrás de construções ideológicas que as definem como legais, inofensivas ou necessárias (JENKINS, 1999; FERRELL, 2004b). Para os criminologistas culturais, então, a construção cultural do crime permanece sempre em questão — e, por consequência, a criminalidade do cotidiano merece tanta atenção crítica quanto a criminalidade do excepcional (ver, por exemplo, REDMON, 2015; ILAN, 2015).

Em segundo lugar, criminologistas culturais enfatizam um entendimento particular do poder tardo-moderno em suas explorações da criminalidade e do controle cotidianos. Em um mundo tardo-moderno inundado de comunicação mediada, tecnologia de vigilância e política de identidade, sugerem eles, o poder é menos propenso a operar como um instrumento contuso de violência física do que de circular insidiosamente, codificado em arranjos espaciais, ocultos atrás de ideologias de gerenciamento de risco e segurança pública, e implementados via mitologias do conforto e da conveniência diários (RAYMEN, 2016). Nesse sentido, o controle social é mais potente e mais perigosamente problemático precisamente na medida em que ele vem a estar escondido nos pequenos domínios da vida cotidiana — na base de dados de corporações e do cartão de crédito, na calçada e na vitrine, na câmera de CFTV[8] e no orientador educacional (FERRELL, HAYWARD e YOUNG, 2015: 87-123). Aqui jaz o controle hegemônico, ou ao menos a tendência tardo-moderna em direção ao controle hegemônico: formas de controle social e legal, despercebidas e destinadas a serem despercebidas, que operam de formas que vêm a parecer naturais se não inevitáveis (HAYWARD, 2012). E, todavia, como criminologistas culturais também têm documentado, os habitantes da vida cotidiana por vezes percebem *mesmo*, e resistem mesmo — e quando o fazem, suas batalhas aparentemente "pequenas" sobre um muro de parque ou uma publicidade urbana, portanto, também invocam questões maiores de poder, controle e justiça social (FERRELL, 1996, 2001).

Essa abordagem analítica exige atenção próxima ao microcircuito de vigilância e controle; ela também necessita localizar esse microcircuito no interior de trajetórias maiores da modernidade tardia. Ao longo das últimas décadas, por exemplo, cidades globais têm desenvolvido estratégias cada vez mais agressivas de policiamento cotidiano dos sem-tetos e de outras populações deslocadas; revestidas por ideologias de segurança pública e civilidade, e apoiadas pela pseudocriminologia conservadora do modelo *broken windows*,[9] essas estratégias variam da instalação de sistemas de *sprinkler* antimorador de rua e da constante dispersão policial de reuniões públicas à privatização do espaço público e à criminalização daqueles que alimentam populações sem-teto e migrantes. Todavia, consideravelmente, essas estratégias constituem algo mais que uma simples malvadeza; elas são estratégias para policiar a crise (HALL *et al.*, 2013) da modernidade tardia. Cidades tardo-modernas dependem do motor econômico de "desenvolvimento urbano movido pelo consumo", onde a cidade é reconstruída como uma imagem de si mesma e vendida aos privilegiados como uma constelação de preferências de estilo de vida, propriedades de grife e experiências de varejo. Em tais ambientes, populações sem-teto e

---

8   Circuito fechado de televisão; no original, CCTV: *closed-circuit television*. (NT)

9   A expressão, traduzida como *teoria das janelas quebradas*, ganhou notoriedade com o artigo de James Q. Wilson e George L. Kelling (1982) que explicava a hipótese de que a repressão de comportamentos antissociais, contravenções ou delitos de pequena escala previne o crime de maior escala. (NT)

migrantes vêm a ser definidas, e policiadas, como questões de imagem, como ameaças à estética cuidadosamente trabalhada da cidade, a serem excluídas para que elas não se intrometam na economia consumista da cidade. Além disso, as vastas desigualdades econômicas da modernidade tardia, e as predações de suas indústrias de varejo e serviço, produzem profunda precariedade para mais e mais pessoas, que são deixadas à deriva entre ocupação, moradia e país. A injustiça está na ironia: A desenfreada desigualdade das economias políticas tardo-modernas engendra o mesmo tipo de deslocamento derivante no qual focam muitas legislações contemporâneas e policiamentos cotidianos (FERRELL, 2012a).

Nos recentes anos, criminologistas culturais também têm desenvolvido um entusiasmado interesse nos muitos danos causados pelo Estado — danos que vão além do cotidiano e para dentro do reino do conflito global — do genocídio ao terrorismo de Estado, do imperialismo ao policiamento militarizado. Dentro da criminologia cultural, há agora um corpo considerável de trabalho tanto sobre crimes de Estado (por exemplo, MORRISON, 2006, 2010; HAMM 2007; CUNNEEN, 2010; KLEIN, 2011; BURROWS, 2013; LINNEMANN *et al.*, 2014; WALL e LINNEMANN, 2014a) quanto sobre vários agentes do controle estatal (por exemplo, KRASKA, 1998; MORRISON, 2004; FERRELL, 2004b; WENDER, 2004, 2008; ROOT *et al.*, 2013; AIELLO, 2014; WALL e LINNEMANN, 2014b; LINNEMANN, 2016). Ao empreenderem esse trabalho, criminologistas culturais, por sua vez, têm desenvolvido uma posição teórica que difere do trabalho criminológico anterior na área de crimes de Estado e controle estatal. Em vez de limitar sua análise ao direito humanitário internacional, à perspectiva de "dano social" ou às contingências sócio-históricas que constituem o poder estatal, a criminologia cultural procura reunir a influência macro da estrutura (na forma de governança e ideologia) com teorias de nível mais intermediário de subcultura e de "transgressão aprendida" — uma combinação que também permite uma análise de como crimes de Estado e assassinatos em massa podem ser "neutralizados" tanto pelo Estado como pelas forças coletivas envolvidas em violações de direitos humanos (por exemplo, HAMM, 2007; LINNEMANN, WALL e GREEN, 2014).

Como sempre, porém, nenhuma análise criminológica cultural estaria completa sem o terceiro elemento sobre o qual a criminologia cultural foi fundada: uma compreensão de nível micro da dinâmica experencial e fenomenológica que compele um agente a se engajar em violência transgressiva e um outro, no mesmo arranjo sociocultural, a desistir. Aqui, a criminologia cultural se vale da pequena, subterrânea literatura em sociologia e história militar que ilumina intensamente as sensações e emoções associadas com guerra e combate (ver COTTEE e HAYWARD, 2011, e COTTEE, 2011, para úteis introduções criminológicas culturais). Considere, por exemplo, a seguinte citação do brilhante estudo micro-sociológico de combate, de Sebastian Junger (2010), na qual ele tenta explicar a fascinação de tiroteios para soldados de infantaria estadunidenses, servindo no Afeganistão:

> A guerra é um monte de coisas e é inútil fingir que a excitação não é uma delas. Ela é insanamente excitante. A maquinaria da guerra e o som que ela faz e a urgência de seu uso e as consequências de quase tudo sobre ela são as coisas mais excitantes que alguém empenhado na guerra conhecerá. Soldados discutem esse fato uns com os outros e eventualmente com seus capelães e seus psicólogos e talvez até com suas esposas, mas o público jamais ouvirá falar disso. Apenas não é algo que muita gente queira seja admitido. A guerra deveria causar um mal-estar porque, inegavelmente, coisas ruins acontecem nela, mas para um jovem de dezenove anos, atrás de uma calibre .50 durante um tiroteio do qual todos saem ok, a guerra é a vida multiplicada por algum número que ninguém nunca ouviu falar. De certa forma, vinte minutos de combate é mais vida do que você poderia amealhar numa vida inteira fazendo outra coisa. (JUNGER, 2010: 144-5)

Novamente aqui está o imediatismo sensual e a sedução emocional da transgressão violenta — não nas ruas da cidade ou no quarto, mas florescendo no meio dos caprichos do conflito geopolítico.

Essa abordagem multinível é igualmente útil para compreender as ações daqueles que procuram confrontar ou desestabilizar o Estado, seja via operações de contrainsurgência ou campanhas terroristas. Para criminologistas culturais, o objetivo, como notoriamente expôs a estudiosa do terrorismo Martha Crenshaw, é criar abordagens que sintetizem fatores estruturais com uma análise de dinâmica de grupo, influências ideológicas, incentivos individuais e motivações pessoais (GUNNING, 2009: 166). Tais abordagens também devem ser interdisciplinares — porque essa é realmente a única maneira de garantir um entendimento compreensivo de como se entrelaçam dinâmicas macro, médias e micro. Assim, por exemplo, quando olhamos os dados econométricos sobre a pobreza estrutural que produz o apoio palestino às brigadas militares Izz ad-Din al-Qassam do Hamas, nós também devemos aplicar métodos visuais para analisar como pôsteres e *outdoors* de mártires nas ruas de Gaza reproduzem e cultivam uma bizarra cultura de celebridade, a nível de rua, que engrandece atentados suicidas e outras formas de *istishahad* [martírio]. Do mesmo modo, enquanto devemos fazer amplos questionamentos geopolíticos — tais como se o

Iraque e outros países do Oriente Médio teriam sido o objeto de tantas intervenções apoiadas pelos EUA se sua exportação primária não fosse petróleo, mas abacates (STOKES, 2009) —, nós não devemos encerrar nossas análises aí. Ao invés, devemos embarcar em formas de pesquisas mais antropológicas e situacionalmente sintonizadas para dinâmicas de nível local e micro, tais como as particulares técnicas empregadas por forças ocupadoras quando patrulham vizinhanças desconhecidas e coletam inteligência, ou, aliás, os cismas religiosos/sectários preexistentes que possam constituir, em primeiro lugar, a crua realidade espacial daquelas vizinhanças (KILCULLEN, 2009).[10] Uma tal abordagem multidimensional ao estudo do terrorismo espelha intimamente a abordagem mais ampla da criminologia cultural ao estudo da criminalidade — uma que conceitualiza certos comportamentos transgressivos como tentativas de resolver conflitos psíquicos/individuais internos gerados pelas condições ambientais ou estruturais mais amplas associadas com a modernidade tardia (YOUNG, 2003; HAYWARD, 2004: capítulo 5).

O mundo de conflitos internacionais atual é velozmente cambiante e complexo, assolado por problemas tais como o desenvolvimento desenfreado de poder militar privado (BALKO, 2014) e o perigoso reaparecimento do interesse em doutrinas religiosas ortodoxas que vão de encontro à pluralidade de perspectivas e experiências da modernidade tardia. Como tal, torna-se ainda mais importante desenvolver uma criminologia capaz de entender a destruição social que esses desenvolvimentos causam. Assim fazendo, argumentam os criminologistas culturais, devemos sempre permanecer vigilantes ao criticar os processos pelos quais crimes de guerra são definidos e construídos, e o poder estatal é alcançado e exercido. Mas, igualmente, devemos nos resguardar contra a tendência de focar somente nas estruturas de poder existentes e nas contigências sócio-históricas que constituem o poder estatal, para que nossas análises não se tornem grosseiras ou unidimensionais. Pelo contrário, a abordagem criminológica cultural para o estudo do poder é manifestamente multidimensional: um processo contínuo de enriquecimento intelectual mútuo no qual cada dimensão

---

10 Ao desenvolver uma criminologia cultural da guerra ou do terrorismo, é essencial que não se colapse automaticamente religião em política. Ao invés, a religião deve ser reconhecida como uma poderosa força modeladora em si e de si. A criminologia cultural está afinada unicamente para capturar os potentes apelo e fascinação da "violência teística" ou religiosa, e a promessa da felicidade transcendental e da validação heroica que ela oferece (ver COTTEE, 2014).

incorpora alguma coisa da outra, contribui para o desenvolvimento da outra, e assim se torna mais do que qualquer uma poderia ser isoladamente.

Como observou Jock Young (2007), muitos dos crimes e controles sociais do mundo contemporâneo podem ser entendidos como respostas fundamentalistas ao hiperpluralismo e à incerteza ontológica da modernidade tardia. O policiamento espacial de populações sem-teto, os atentados às clínicas de aborto e o terrorismo de militantes Jihadi são decididamente fenômenos diferentes — todavia, cada qual mira um outro essencializado. Assim como o policiamento contemporâneo tenta mapear e gerenciar os inevitáveis deslocamentos e riscos da modernidade tardia, violentos fundamentalistas de todos os matizes se comprometem a colocar a explosiva pluralidade do mundo tardo-moderno de volta na caixa da certeza cultural. Das despercebidas indignidades impostas aos andarilhos sem-teto e aos migrantes em situação irregular, aos mais notórios dos ataques terroristas ou enfrentamentos militares do Oriente Médio, os contornos culturais do poder e controle contemporâneos estão sempre em jogo. E, dessa forma, a questão não é se a criminologia cultural focará nos detalhes da existência cotidiana ou, em vez disso, documentará o largo alcance do poder econômico e político; a questão é como descobrir um no outro, como encontrar e seguir as avenidas pelas quais estruturas de injustiça se infiltram na vida cotidiana, para ali serem aumentadas, mascaradas ou contestadas na sensualidade da experiência vivida (FERRELL, 2012b).

A ESPIRALADA ENERGIA DA IMAGEM E DA REPRESENTAÇÃO

Uma característica ubíqua da vida tardo-moderna é a *"mediascape"* contemporânea, aquela constelação de mídia que fabrica informação e dissemina imagens via uma expansiva variedade de tecnologias digitais. Nessa esfera constantemente em evolução, ocorreu uma inversão extraordinária. Hoje, como um resultado da pervasividade da mídia digital, imagens de crime e de seus controles estão se tornando quase tão "reais" quanto os próprios crime e justiça criminal — se por "real" nós denotarmos aquelas dimensões da vida tardo-moderna que produzem consequências; dão forma a atitudes populares e políticas públicas; fabricam os efeitos do crime e da justiça criminal; geram medo, esquiva e prazer; e afetam as vidas daqueles que estão envolvidos ou são ignorados. Esse é um mundo tardo-moderno onde, como têm comentado criminologistas culturais, "a tela roteiriza a rua e a rua roteiriza a tela " (HAYWARD e YOUNG, 2004: 259), onde a linha entre o real e o virtual (DE JONG e SCHUILENBURG 2006), entre o factual e o ficcional, se torna cada vez mais indistinta, se não totalmente perdida. Nesse mundo, perpetradores e testemunhas postam imagens de crime e violência no YouTube e no Instagram; políticos elaboram políticas de justiça criminal para assegurar que elas "estarão na mídia"; advogados fazem aulas de teatro e promovem releitura de provas para assim influenciar jurados imersos em dramas criminais da televisão; e anunciantes e comerciantes utilizam imagens de crime e transgressão para vender tudo, de bebidas energéticas a carros de família (MUZZATTI, 2010; FERRELL, HAYWARD e YOUNG, 2015).

Alguns argumentariam que isso não é nada novo — que, por mais de um século, a "história do crime" tem sido promulgada e interpretada por meio de diversas formas de mídia — e que o velho interesse da criminologia na relação crime-mídia produziu importantes orientações teóricas e metodológicas com relação à representação popular do crime. Para os criminologistas culturais, no entanto o conhecimento acadêmico subsistente sobre o nexo crime-mídia, embora útil, oferece apenas uma leitura relativamente banal e antiquada da atual relação do crime com a mídia. Claramente, abordagens consagradas, tais como "análise de conteúdo", "pesquisa de efeitos" e "observação de produção de mídia", têm lugar dentro da criminologia cultural, dada a preocupação da criminologia cultural em compreender representações mediadas do crime, seus efeitos sobre o comportamento individual e coletivo, e suas conexões com poder, dominação e injustiça. Entretanto, nenhuma dessas abordagens é suficiente para decifrar as relações complexas, não lineares que agora existem entre crime e a mídia num mundo tardo-moderno saturado com televisão global por satélite, *blogs* independentes de notícias, câmeras de celulares, redes sociais e *websites* duelistas. O que se exige agora são novos modelos de análise que utilizem aspectos das abordagens existentes ao passo que vão além dos dualismos atualmente obsoletos: muito ou pouco conteúdo de mídia a respeito de crime, efeitos ou não efeitos de imagens violentas, cobertura midiática do crime democrática ou elitista. Por consequência, os criminologistas culturais procuram reorientar intelectualmente e repolitizar radicalmente o estudo do crime e da mídia ao explorar as fluidezas circulantes do significado por meio das quais a dinâmica crime-mídia "socializa e dirige nossos pensamentos e ações numa variedade de formas hierárquicas, complexas, matizadas, insidiosas, gratificantes, agradáveis e principalmente imperceptíveis" (CARTER e WEAVER, 2003: 167).

Para os criminologistas culturais, então, consagradas abordagens de mídia que constituem o cânone criminológico demandam uma reinvenção radical, não uma simples regurgitação (ver HALL, 2012). Como ponto de partida, a abordagem mais holística da criminologia cultural para traçar o fluxo de significado num mundo impregnado de imagens de crime e violência enfatiza, no lugar da linearidade causa-e-efeito, a dinâmica, espiralada e de *loopings*, do crime e da mídia — isto é, a maneira na qual diversas imagens de crime e justiça se confrontam e reproduzem umas às outras, enquanto, ao mesmo tempo, vazam para a sala de audiências e para a rua (FERRELL, HAYWARD e YOUNG, 2015). Além disso, os criminologistas culturais destacam os *processos afetivos* da representação do crime, mostrando como imagens viscerais de crime nos afetam não somente em termos de política ou prática da justiça criminal, mas corporal e sensualmente (YOUNG, 2004, 2010). E, no geral, criminologistas culturais vão além das antigas noções "da mídia" para examinar a multiplicidade de formas representacionais enredadas com crime e justiça, da reconstituição da realidade na música *rap* (DE JONG e SCHUILENBURG, 2006) a representações de crime e poder em revistas em quadrinhos (PHILLIPS e STROBL, 2013).

Em meio a esse abrangente trabalho sobre crime, mídia e representação, criminologistas culturais, por seu turno, estão cada vez mais interessados na "vontade de representação" (YAR, 2012). Essa noção assevera que aqueles interessados em estudar a relação entre crime e a mídia agora devem ir além da ideia do público como um internalizador passivo da comunicação de massa, e, em vez disso, devem reconhecer que um grande número de "pessoas ordinárias" agora são produtoras primárias de representações mediadas autogeradas. Graças a redes sociais, câmeras portáteis, *webcams*, *blogs*, *vlogs* e outras novas formas de mídia, o sujeito de hoje "não mais interpreta ou assiste a representações produzidas em outros lugares, mas se torna, ela ou ele próprio, a fonte daquelas representações" (*Ibid.*: 248). Assim, somos confrontados com o espetáculo de indivíduos e grupos encenando, atuando, gravando, compartilhando e publicando seus atos de desvio — tudo, desde *bullying* do pátio da escola a momentos de tumultos e até terrorismo. Em si, isso não é inteiramente novo, mas o que é interessante é a noção de que essa interseção de conteúdo gerado pelo usuário com o desejo de indivíduos de se mediarem por meio da autorrepresentação poderia *ela própria ser um fator motivante para o comportamento criminoso.*

> Esse tipo de "vontade de comunicar" ou "vontade de representação" pode ser visto em si como um novo tipo de induzimento causal ao comportamento de violação de leis e regras. Pode ser que, na nova era midiática, os termos do questionamento criminológico necessitem ser por vezes revertidos: em vez de perguntar se a "mídia" instiga o crime ou o medo do crime, nós devemos indagar como a própria possibilidade de mediar-se a si mesmo a uma audiência

> por meio de autorrepresentação poderia ser vinculada com a gênese
> do comportamento criminoso. (*Ibid.*: 246)

A vontade-de-representação, então, torna-se crucial para entender um mundo tardo-moderno onde indivíduos "desejam ser vistos, e estimados ou celebrados, por outros por suas atividades criminosas". Consequentemente, cada vez mais agora testemunhamos o fenômeno criminogênico de atos desviantes e criminosos sendo engendrados ou instigados especificamente para serem gravados e depois compartilhados via redes sociais e outras plataformas da internet. *Spree killers*[11] como Seung-Hui Cho (massacre da Virginia Tech, 2007) e Elliot Rodger (massacre da University of California, Santa Barbara, 2014), por exemplo, gravam confissões *ex ante* em vídeo ou postam longos "manifestos" *on-line* explicando sua motivação. Rodger, que tinha um histórico de postar vídeos *on-line* sobre si mesmo e era bem consciente da importância de gerenciar sua autoimagem mediada após seu suicídio, chegou ao extremo de até mesmo criar uma série de videoblogs bizarramente convincentes nos quais ele se filmou, sentado em seu carro ou ao lado da estrada, discutindo calmamente seu ódio por minorias étnicas e casais interraciais, sua frustração por não ser capaz de achar uma namorada, e sua virgindade. Enquanto esses vídeos atestam o abjeto narcisismo de Elliot Rodger, eles também ilustram algo mais — uma astuta percepção de sua "presença" digital não degradável, seu *eterno ser mediado*. Em outras palavras, eles dão testemunho de sua vontade-de-representar, tanto antes quando após sua própria morte física.

Atiradores em massa, especialistas em mídia de destaque, são ilustrações claras da vontade-de-representação, mas há incontáveis outros casos onde crimes violentos não estão apenas sendo cometidos, mas, em vez, *encenados* para a câmera. No mundo das gangues de rua dos negros americanos, por exemplo, o termo *"driller"* — um nome dado a membros de gangue que provocam confusão no Facebook, Twitter e Instagram — é hoje mais comum do que alcunhas de gangue das antigas como "OG" (*Original Gangster*). O uso da internet como um meio para iniciar uma *"beef"* [discussão], aumentar a *"rep"* [reputação] e *"call out"* [insultar] outros grupos

---

11 Não há tradução compatível para o português; algumas opções utilizadas são: assassinos impulsivos, assassinos relâmpagos. *Spree killer* é a designação dada a quem comete assassino contra múltiplas e aleatórias vítimas, em locais diferentes, com quase nenhuma pausa entre os crimes. A pluralidade de locais diferencia o *spree killer* do *mass murderer* (que comete o ataque num só local). E o curto período de tempo entre os crimes diferencia o *spree killer* do *serial killer*. (NT)

é agora tão comum que um vídeo de um membro de gangue "*drilling*" [provocando] um rival do outro lado da cidade carregado no YouTube ou Instagram na manhã pode resultar num tiroteio relacionado mais tarde naquele mesmo dia (AUSTEN, 2013). Mas num mundo global impregnado pela tensão entre hiperpluralismo tardo-moderno e essencialismo fundamentalista, talvez a forma mais interessante da vontade-de-representação seja encontrada entre terroristas e insurgentes islâmicos de hoje. É de fato uma ironia, dados os sentimentos antiOcidente, antimodernos do Jihadi, que apoiadores do medieval Califado tenham se tornado tão adeptos do uso de novos modelos de comunicação digital para disseminar sua ruinosa mensagem. Seja o atordoante lançamento de vídeos de decapitação, bárbaros mas cuidadosamente coreografados, ou a propaganda mais sutil de *posts* em *blogs* e *vlogs*, carregados por mulçumanos europeus que documentam suas vidas na Síria, como uma forma de aliciar outros a se juntarem a eles, é claro que o Jihad de hoje, no Levante e em outros lugares, conta profundamente com o próprio espetáculo mediado e a vontade-de-representação que de outro modo ele condena.

Pensar criticamente sobre "crime e mídia" — deixar para trás medidas simples de conteúdo de mídia ou de efeitos de mídia, e avançar para um sentido holístico de voltas e espirais, de fluidez e saturação — não é apenas entender a dinâmica do crime e da transgressão na modernidade tardia, mas abrir novas avenidas de investigação intelectual apropriadas a essas confusas circunstâncias. Nesse contexto, a criminologia cultural se empenha em desenvolver novos modelos criminológicos e críticas criminológicas que podem convergir com a cultura tardo-moderna em geral, e isso pode explicar a complexa interação cultural de crime, controle do crime e representação. Abordagens etnográficas "do instante" e "líquidas" podem sintonizar pesquisadores à dinâmica turbilhonante, de *loopings*, da *mediascape* contemporânea, e ao imediatismo afetivo de seu impacto. Formas de etnografia visual e criminologia visual podem igualmente traçar os contornos, orientados pela imagem, do mundo contemporâneo, e podem capturar um mundo tardo-moderno onde crime e controle do crime são cada vez mais inseparáveis da política de representação (BROWN e CARRABINE, 2016; FERRELL, HAYWARD e YOUNG, 2015; HAYWARD e PRESDEE, 2010).

▶ **A SER CONTINUADA...**

Ao sintetizar tradições criminológicas norte-americanas e britânicas de longa data, ao integrar a essa síntese perspectivas mais novas de uma miríade de campos afiliados, a criminologia cultural tem, desde o início, tentado construir um "cânone desamarrado" (FERRELL, 2010) para a investigação crítica sobre as interseções de crime, controle do crime, representação e significado. Enquanto mantém suas raízes na análise crítica e cultural, a criminologia cultural, dessa forma, está destinada a permanecer aberta e convidativa, uma alternativa animada às ortodoxias reducionistas da criminologia positivista. Ela também está destinada a ser flexível — isto é, destinada a se mover com a emergente dinâmica do crime e do controle do crime na modernidade tardia. Até o momento, essa orientação tem produzido investigações sobre imediatismo e emoção, sobre formas contemporâneas de controle social e cultural, e sobre a espiralada dinâmica do crime e da representação. Essas investigações são hoje, elas mesmas, parte do cânone criminológico cultural, mas elas não são o encerramento dele. Ao invés, como novas interseções de crime e cultura emergem das iniquidades da modernidade tardia, a criminologia cultural permanece a ser continuada.

▶ REFERÊNCIAS

Aiello, M. F. (2014). 'Policing the masculine frontier: cultural criminological analysis of the gendered performance of policing', *Crime, Media, Culture*, 10(1) 59-79.

Appadurai, A. (1996) *Modernity at Large*, Minneapolis: University of Minnesota Press.

Austen, B. (2013). 'Public enemies: social media is fueling gang wars in Chicago', 17 September. Available at www.wired.com/2013/09/gangs-of-social-media/all/

Balko, R. (2014). *Rise of the Warrior Cop*. New York: Public Affairs.

Braverman, Harry. (1974). *Labor and Monopoly Capital*. New York: Monthy Review.

Brotherton, David and Barrios, Luis. (2011). *Banished to the Homeland: Dominican Deportees and their Stories of Exile*, New York: Columbia University Press.

Brown, Michelle and Eamonn Carrabine, eds, (2016). *The Routledge International Handbook of Visual Criminology*. London: Routledge, forthcoming.

Burrows, Dan. (2013). 'Framing the Iraq War', PhD thesis, University of Kent.

Carter, C and Weaver, C. (2003). *Violence and the Media*, Buckingham: Open University Press.

Cottee, Simon. (2010). 'Mind slaughter: The neutralizations of jihadi salafism', *Studies in Conflict and Terrorism*, 33(4) 330-352.

Cottee, Simon. (2011). 'Fear, boredom and joy: Sebastian Junger's piercing phenomenology of war', *Studies in Conflict and Terrorism*, 34 439-59.

Cottee, Simon. (2014). 'We need to talk about Mohammad: criminology, theistic violence and the murder of Theo van Gogh', *British Journal of Criminology*, 54: 6 981-1001.

Cottee Simon and Hayward Keith J. (2011). Terrorist (e)motives: The existential attractions of terrorism. *Studies in Conflict and Terrorism,* 34 (12): 963-986.

Cunneen, Chris. (2010). 'Framing the crimes of colonialism', in Keith Hayward and Mikelex Presdee (eds) *Framing Crime*, London: Routledge.

De Haan, W and Vos, J. (2003). A crying shame: The over-rationalized conception of man in the rational choice perspective. *Theoretical Criminology* 7(1): 29-54.

de Jong, Alex and Schuilenburg, Marc (2006). *Mediaopolis*, Rotterdam: 010 Publishers.

Ferrell, Jeff. (1992). 'Making Sense of Crime', *Social Justice*, 19(2): 110-23.

Ferrell, Jeff. (1996). *Crimes of Style*. Boston: Northeastern University Press.

Ferrell, Jeff. (1997). 'Criminological Verstehen: Inside the Immediacy of Crime' *Justice Quarterly*, 14 (1): 3-23.

Ferrell, Jeff. (2001). *Tearing Down the Streets*. New York: Palgrave.

Ferrell, Jeff. (2004a). 'Boredom, Crime and Criminology' *Theoretical Criminology* 8(3): 287-302. Translated/reprinted in *Revista Brasileira de Ciencias Criminais*, Volume 81/82, Spring 2010.

Ferrell, Jeff. (2004b). 'Speed kills', in Ferrell, Jeff, Hayward, Keith Morrison, Wayne and Presdee, Mike (eds) *Cultural Criminology Unleashed*, London: GlassHouse.

Ferrell, Jeff. (2006). *Empire of Scrounge*. New York: New York University Press.

Ferrell, Jeff. (2010). 'Cultural Criminology: The Loose Can[n]on,' in Eugene McLaughlin and Tim Newburn, eds., *The SAGE Handbook of Criminological Theory*. London: Sage.

Ferrell, Jeff. (2012a). 'Outline of a Criminology of Drift' in Steve Hall and Simon Winlow, editors, *New Directions in Criminological Theory*. London: Routledge/Wilan.

Ferrell, Jeff. (2012b). 'Cultural Criminology: Crime, Meaning, and Power'/'Criminologia Cultural: Crime, Significado e Poder', *Revista Brasileira de Ciencias Criminais*, Volume 99, November-December, pages 173-185.

Ferrell, Jeff, and Mark S. Hamm, eds. (1998). *Ethnography at the Edge*. Boston: Northeastern.

Ferrell, Jeff and Hayward, Keith. (2013). 'Possibilidades insurgentes: As políticas da criminologia cultural', Sistema Penal and Violência, 4 (2) 206-218 – Julho/Dezembro.

Ferrell, Jeff, Keith Hayward, and Jock Young. (2015). *Cultural Criminology: An Invitation*, 2nd ed. London: Sage.

Ferrell, Jeff, Dragan Milovanovic and Stephen Lyng. (2001). 'Edgework, media practices, and the elongation of meaning', *Theoretical Criminology*, 5 (2): 177-202.

Garot, Robert. (2010). *Who You Claim*. New York: New York University Press.

Garrett, Bradley, L. (2014) *Explore Everything: Place-Hacking the City*, London: Verso.

Gunning, J, (2007). 'Social movement theory and the study of terrorism', in R. Jacksonmm. Breen-Smyth and J. Gunning (eds) *Critical Terrorism Studies*, Abingdon: Routledge.

Hall, Steve. (2012). *Theorizing Crime and Deviance*, London: Sage.

Hall, Stuart, Chas Critcher, Tony Jefferson, John Clarke, and Brian Roberts. (2013). *Policing the Crisis, 35th Anniversary Ed.* London: Palgrave Macmillan.

Hamm, Mark. (2007). High crimes and misdemeanours: George W. Bush and the sins of Abu Ghraib', *Crime, Media, Culture*, 3(3)259-84.

Hayward, Keith J. (2002). The vilification and pleasures of youthful transgression. In: Muncie J, Hughes G and McLaughlin E (eds) *Youth Justice*. London: Open University Press.

Hayward, Keith J. (2004). *City Limits: Crime, Consumer Culture and the Urban Experience*, London: GlassHouse.

Hayward, Keith J. (2007). Situational crime prevention and its discontents: Rational choice theory versus the 'culture of now'. *Social Policy and Administration* 41(3): 232-250.

Hayward Keith J. (2012). Five spaces of cultural criminology. *British Journal of Criminology* 52(3): 441-462.

Hayward, Keith J. (2016). 'Cultural criminology: script rewrites', *Theoretical Criminology*, Forthcoming.

Hayward, Keith J and Presdee, Mike. (2010). *Framing Crime: Cultural Criminology and the Image*, London: GlassHouse.

Hayward, Keith J and Jock Young. (2004). 'Cultural Criminology: Some Notes on the Script' *Theoretical Criminology* 8(4): 259-73

Hayward, Keith and Young, Jock. (2015). 'Introducing cultural criminology', Revista de Estudos Criminais (ISSN: 1676-8698) No 58, July/September, 9-38.

Ilan, Jonathan. (2011). 'Reclaiming respectability?: the cross-cultural dynamics of crime, community and governance in inner-city Dublin', *Urban Studies*, 48 1137-1155.

Ilan, Jonathan. (2015). *Understanding Street Culture,* Basingstoke: Palgrave-Macmillan.

Jackson-Jacobs C. (2004). Taking a beating: The narrative gratifications of fighting as an underdog. In: Ferrell, Jeff, Hayward, Keith, Morrison, Wayne, and Presdee, M. (eds) *Cultural Criminology Unleashed*. London: Cavendish.

Jenkins, Phillip. (1999). 'Fighting Terrorism as if Women Mattered,' in Jeff Ferrell and Neil Websdale, eds., *Making Trouble*. New York: Aldine.

Junger, Sebastian. (2010). *War*, London: Fourth Estate.

Katz, Jack. (1988). *Seductions of Crime*. New York: Basic Books.

Killcullen, David. (2009). *Accidental Guerilla*, London: Hurst.

Klein, Joshua. (2011). 'Toward a cultural criminology of war', *Social Justice*, 38(3) 86-103.

Kraska, Peter. (1998). 'Enjoying militarism: Political/personal dilemmas in studying U.S. police paramilitary units. In: Ferrell, Jeff and Hamm, Mark (eds) *Ethnography at the Edge*. Boston, MA, Northeastern University Press.

Linnemann, Travis. (2016) 'Proof of death: police power and the visual economies of seizure, accumulation and trophy', *Theoretical Criminology*, Forthcoming.

Linnemann, Travis, Wall, Tyler, and Green, Edward. (2014). 'The walking dead and the killing state: zombification and the normalization of police violence', *Theoretical Criminology*, 18(4) 506-27.

Lyng, Stephen. (1990). 'Edgework' *American Journal of Sociology* 95(4): 851-86.

Lyng, Stephen, ed. (2005). *Edgework*. New York: Routledge.

Lyng, Stephen and Jeff Ferrell. (2016). 'In Conversation: Stephen Lyng and Jeff Ferrell' *Kinfolk Magazine*, forthcoming.

Mills, C. Wright. (1959). *The Sociological Imagination*. Oxford: Oxford University Press.

Morrison, Wayne. (2004). 'Reflections with memories: everyday photography capturing genocide', *Theoretical Criminology*, 8(3)341-58.

Morrison, Wayne. (2006). *Criminology, Civilization and the New World Order*, London: GlassHouse.

Morrison, Wayne. (2010). 'A reflected gaze of humanity: cultural criminology and images of genocide', in Keith Hayward and Mike Presdee (eds) *Framing Crime: Cultural Criminology and the Image*, London: Routledge.

Muzzatti, Steven. (2010). '"Drive it like you stole it': a cultural criminology of car commercials', in Keith Hayward and Mike Presdee (eds) *Framing Crime: Cultural Criminology and the Image*, London: GlassHouse.

O'Brien, Martin. (2005). 'What is cultural about cultural criminology?', *British Journal of Criminology*, 45(5) 599-612.

Phillips, Nicola. and Strobl, Staci. (2013). *Comic Book Crime: Truth, Justice, and the American Way*. New York: NYU Press.

Presdee, Mike. (2000). *Cultural Criminology and the Carnival of Crime*, London: Routledge.

Presdee Mike. (2004). 'The story of crime: Biography and the excavation of transgression.' In: Ferrell, Jeff, Hayward Keith, Morrison Wayne and Presdee, Mike, et al. (eds) *Cultural Criminology Unleashed*. London: Cavendish.

Presdee, M (2005) 'Burning issues: fire, carnival and crime', in Moira Peelo and Keith Soothill (eds) *Questioning Crime and Criminology*, Cullompton: Willan.

Presdee Mike. (2006). *Only the lonely: Crime and the collective loneliness of contemporary society*. Paper presented at the 58th Annual Meeting of the American Society of Criminology, Los Angeles, 1-4 November.

Presdee, Mike. (2009). 'Volume crime and everyday life', in Hale, Chris, Hayward, Keith, Wahidin, Azrini and Wincup, Emma (eds) *Criminology*, Oxford: Oxford University Press.

Raymen, Thomas. (2016). 'Designing-in crime by designing-out the social?: situational crime prevention and the intensification of harmful subjectivities'. *British Journal of Criminology*, Forthcoming.

Redmon, David. (2015). *Beads, Bodies, and Trash*, London: Routledge.

Root, Carl. Ferrell, Jeff. and Palacious, Wilson. (2013) 'Brutal serendipity: criminological verstehen and victimization', *Critical Criminology*, 21(2)141-55.

Steinmetz, Kevin. (2013). 'Craft(y)ness: an ethnographic study of hacking', *British Journal of Criminology*, 55:1 125-145.

Stokes, Doug. (2009). 'Ideas and avocados', *International Relations*, 23(1): 85-92.

Tierney J (2010). *Criminology*. Harlow: Pearson.

Wall, Tyler and Linnemann, Travis. (2014a). 'Accumulating atrocities: capital, state killing and the cultural life of the dead', in Dawn Roethe and Dave Kauzlarich (eds) *Towards a Victimology of State Crime*, New York: Routledge.

Wall, Tyler and Linnemann, Travis. (2014b). 'Staring down the state: police power, visual economies, and the 'War on Cameras'', *Crime, Media, Culture*, 10(2) 133-49.

Weber, Max. (1978). *Economy and Society*. Berkeley, CA: University of California Press.

Wender, Jonathan. (2004). 'Phenomenology, cultural criminology and the return to astonishment', in Jeff Ferrell, Keith Hayward, Wayne, Morrison, and Mike Presdee (eds) *Cultural Criminology Unleashed*, London: Cavendish.

Wender, Jonathan. (2008). *Policing and the Politics of Everyday Life*, Champaign: University of Illinois Press.

Worthen, Meredith G. F. and S. Abby Baker. (2016). "Pushing Up on the Glass Ceiling of Female Muscularity: Women's Bodybuilding as Edgework." *Deviant Behavior*, 37, forthcoming.

Yar, Majid. (2012). 'Crime, media and the will-to-representation', *Crime, Media, Culture*, 8(3): 245-60.

Young, Alison. (2004). *Judging the Image*, London: Routledge.

Young, Alison. (2010). 'The scene of the crime: is there such a thing as just looking?' in Keith Hayward and Mike Presdee (eds) *Framing Crime: Cultural Criminology and the Image*, London: GlassHouse.

Young, Jock. (2003). 'Merton with Energy, Katz with Structure', *Theoretical Criminology*, 7(3): 389-414.

Young, Jock. (2007). *The Vertigo of Late Modernity*, London: Sage.

Young, Jock. (2011). *The Criminological Imagination*. Cambridge: Polity.

CAPÍTULO DOIS

TÉDIO, CRIME E CRIMINOLOGIA

Jeff Ferrell
Tradução de Álvaro Oxley da Rocha e Salah H. Khaled Jr.

▶ **EU TENHO PENSADO SOBRE O TÉDIO, ULTIMAMENTE.**

A pesquisa de campo que empreendi, recentemente, para um livro sobre a política do espaço urbano, "Tearing Down the Streets" (FERRELL, 2001/2002), me apresentou ao assunto. Ao longo da pesquisa, o "tédio" continuou surgindo como um conceito, um princípio organizador entre aqueles cujos mundos eu compartilhei e estudei. Tocar música com performers de rua, noite após noite, por exemplo, músicas do *Sex Pistols*, do *The Clash*, e de outras bandas punk, regularmente, provocava uma resposta apaixonada — com a música "*London's Burning*", do *The Clash*, oferecendo o gatilho coletivo mais rápido. Enquanto cantávamos o refrão de quatro acordes de "Londres está queimando de tédio agora!" — ou uma variação na qual nós cantávamos, no lugar de "Londres", o nome da cidade em que estávamos tocando — os ouvintes gritavam incentivando, cantavam junto, inventavam letras, agitavam as cabeças para cima e para baixo, riam, gritavam por mais. A canção parecia servir para eles como uma espécie de hino, uma afirmação de algo — ou da falta de algo — em suas vidas. E não foram apenas esses públicos de rua; de membros de gangues experimentando a vida de gangues como "90 por cento de tédio" (RODRÍGUEZ, 1998, p.177) até clientes confrontando o mundo de prazer do "tédio mecanizado" da Disneylândia, (KUNSTLER, 1993, p. 225), o hino tinha, de fato, um grande público.

Enquanto isso, descobri que grupos espaciais urbanos progressistas como *Critical Mass* e *Reclaim the Streets* estavam (des)organizando maiores reuniões ilícitas, destinadas a salvar as ruas da cidade do tráfego automotivo, e restabelecer a vida pública baseada em comunidades fluidas, e *face a face*. Além disso, ativistas desses e de grupos semelhantes enfatizaram que o automóvel, enquanto um problema mortal em si, era na realidade sintomático de um conjunto maior de problemas contemporâneos relacionados ao extermínio em massa da espontaneidade humana, à rotinização da existência cotidiana, e ao enclausuramento da vida humana dentro dos limites da compra e venda ... [dentro de] uma rede de atividades exploradoras e humilhantes, comportamentos que empobrecem a experiência humana e degradam a ecologia planetária" (CARLSSON, 2002: p.76-82). Assim, por exemplo, quando *Reclaim the Streets* fechou ilegalmente a autoestrada M41 em Londres, em 1996, o subsequente "festival de resistência" exibiu música em expansão, dançarinos de rua, figuras carnavalescas e uma grande faixa, sobre as consequências apocalípticas do tédio forçado: "A sociedade que abole toda aventura, torna sua própria abolição a única aventura possível".

Claro que esta faixa não era apenas um aviso, era um fantasma. Mais de um quarto de século antes, a Internacional Situacionista, uma assembleia de artistas, escritores e revolucionários culturais, já havia lançado este e outros slogans subversivos — slogans que motivaram a revolta de maio de 1968, em Paris. A insurreição durou apenas um curto período e, em 1972, figuras de proa situacionistas, como Guy Debord, haviam consignado a própria Internacional Situacionista à lata de lixo da história cultural; mas, como demonstrou Greil Marcus (1990), essa tendência cultural oculta continuou a infiltrar-se, borbulhando alguns anos mais tarde nos uivos apaixonados de Johnny Rotten e na política cultural incendiária do Punk. E, como descobri ao pesquisar *Tearing Down the Streets*, essa mesma tendência continua até hoje, na medida em que ativistas urbanos nos Estados Unidos, na Grã-Bretanha e na Europa evocam o espírito de Paris '68, modelam suas ações no *ethos do it yoursef* de subversão Punk e Situacionista, e, de outras maneiras, ressuscitam a crítica Situacionista à sociedade contemporânea.

Essa crítica, ao que parece, foi construída diretamente com base no tédio. Escrevendo em 1953, Ivan Chtcheglov lançou seu "Formulário para um Novo Urbanismo" — um dos documentos fundantes dos Situacionistas — com uma negação direta: "Estamos entediados na cidade, não há mais o Templo do Sol". Ele continuou, a título de explicação e ameaça: "Não pretendemos prolongar as civilizações mecanicistas e a arquitetura frígida que acabam levando a um entediante lazer ... Uma doença mental varreu o planeta: banalização... todas as razões para a paixão desapareceram" (CHTCHEGLOV, 1953). Refinando a crítica situacionista, Raoul Vaneigem estabeleceu um tom similar, localizando o tédio entre os grandes horrores da vida moderna. "A terra prometida de sobrevivência será o reino da morte pacífica..." ele escreveu em *The Revolution of Everyday Life*. "Não mais Guernicas, não mais Auschwitzes, não mais Hiroshimas... Viva! Mas o que dizer da impossibilidade de viver, que tal essa mediocridade sufocante e essa ausência de paixão...? Que ninguém diga que esses são detalhes menores ou pontos secundários" (VANEIGEM, 2001: 35).

Quando esses textos foram traduzidos, nos muros da cidade, durante Paris '68, esse tom preciso permaneceu. "Não queremos um mundo onde a garantia de não morrer de fome traga o risco de morrer de tédio", disse um grafite. Outro atingiu a política do tédio de frente: "O tédio", declarou, "é contrarrevolucionário". Alguns anos depois, os punks foram igualmente contundentes quanto ao tédio. Como gerente do proto-punk *New York Dolls* em 1974, o primeiro comunicado de imprensa de Malcolm McLaren perguntou: "Quais são as políticas do tédio?" (TAYLOR, 1988, p. 22). Três anos depois, Jamie Reid — o diretor de arte inspirado no Situacionismo — de McLaren e dos *Sex Pistols* — ofereceu uma espécie de resposta em um pôster que ele desenhou para a música "Pretty Vacant": o pôster mostra dois ônibus urbanos; o primeiro dirigindo-se a "Nowhere" (lugar nenhum), o segundo a "Boredom" (tédio). De fato, o historiador Jon Savage argumenta que todo o estilo Punk "fala de tédio" e se tornou "uma expressão teatral da prisão do tédio" e "descreve a política expansiva, obstruída e utópica que se construiu no núcleo dos *Sex Pistols*... todos os envolvidos com os *Sex Pistols* perceberam instintivamente o aspecto espacial do tédio, e usaram sua retórica como chave" (SAVAGE, 1988, p. 48, 52, 54). (ver HEBDIGE, 1979, p. 27-29).

Então, como eu disse, tenho pensado sobre tédio. Ele parece ter emergido ao longo das últimas décadas como uma espécie de motivo subterrâneo, um contexto experimental e conceitual para o ativismo e a crítica, um fio condutor da política, que aproxima o passado do presente. Diante disso, também me vi considerando as condições sociais e culturais mais amplas do tédio e suas consequências. Talvez exista de fato uma "política do tédio". Talvez afirmar que "o tédio é contra-revolucionário" é revelar algo sobre "política utópica", sobre revoluções reais e imaginárias, sobre as possibilidades de mudança social e justiça social. E talvez o tédio possa nos dizer um bom bocado sobre o crime e sobre a criminologia também.

▶ A POLÍTICA E A CRIMINOLOGIA DO TÉDIO

Em sua história literária do tédio, Patricia Meyer Spacks observa que sua narrativa "começa na Inglaterra do século XVIII, porque o conceito de tédio começa lá" (1995, p. ix) e acrescenta:

> as evocações fictícias (e poéticas) do tédio se multiplicam" exponencialmente no século XX, em parte por razões implícitas na compreensão comum da modernidade, que postula um sujeito isolado que existe em um mundo secularizado e fragmentado, marcado por tradições perdidas ou precárias: uma situação paradigmática para o tédio. (1995, p. 219)

Embora seja uma história literária de um 'estado de espírito', as especificidades da narrativa de Spacks em termos de tempo e de lugar, e sua invocação da modernidade, também sugerem uma história política e econômica do tédio. Simplificando, ela sugere que os situacionistas e outros confrontaram não apenas seu próprio tédio nas últimas décadas, mas algo mais: o surgimento e o amadurecimento do tédio moderno.

Se acrescentarmos à caracterização da modernidade de Spacks algumas características adicionais, talvez mais familiares para o sociólogo — racionalização burocrática, eficiência, rotinização, regulação, padronização — nós realmente nos encontramos, ao que parece, em "uma situação paradigmática para o tédio". De fato, as muitas trajetórias da modernidade parecem se fundir claramente em uma vasta maquinaria de tédio. À medida que o zumbido repetitivo da fábrica substitui os ritmos localizados do artesanato, a mesmice embotada do trabalho alienado esvazia o significado do trabalho cotidiano e trai a promessa fraudulenta do progresso moderno. À medida que a eficiência se desenvolve em um valor organizacional e cultural, a previsibilidade prolifera; relatórios estatísticos emergem como medidas de valor; e as peculiaridades da individualidade e da inovação pessoal tornam-se prejuízos, que as muitas organizações da modernidade não podem arcar. Como a obediência a regras externas e regulamentos racionalizados vem a definir o sucesso, até mesmo a moralidade e a mesmice tornam-se virtudes, o pensamento independente um problema e os manuais e livros de regras se tornam a literatura essencial do cânone moderno.

Olhando para o longo amadurecimento do mundo moderno, podemos realmente ver o tédio coletivo institucionalizado dentro da prática da vida cotidiana — e pior, institucionalizado no contraponto existencial ao *ethos* moderno da participação democrática e significativa de cada cidadão na construção da vida cotidiana. O divórcio produzido por Frederick Taylor entre o ofício mental e o trabalho manual, no interesse de construir a "máquina humana" perfeitamente previsível (SOUTHWEST, 1915, p. 19); O ataque de Henry Ford ao "movimento desperdiçado" (em Braverman, 1974, p. 310n) por meio da linha de montagem da estação fixa; a burocracia moderna, "eliminando o amor comercial oficial, o ódio e todos os elementos puramente pessoais, irracionais e emocionais que escapam ao cálculo" (Weber, 1946, p. 216) — traça a mesma trajetória embotadora. Seguindo e reforçando essa trajetória, as escolas públicas emergem como centros de formação para o novo tédio, salas de ensaio para a sublimação da individualidade à eficiência disciplinada; e para aqueles insuficientemente socializados para a nova ordem, o hospital psiquiátrico, a prisão e o aprisionamento juvenil oferecem instituições inteiras dedicadas à aplicação do tédio. Contra essa trajetória, parece que uma revolução é lançada — exceto que o próprio Lênin abraça entusiasticamente o taylorismo, procurando combiná-lo com a "organização soviética de administração" (em Braverman, 1974, p. 12).

E hoje? Poderíamos considerar os funcionários de cadeias de fast food, de *maquiladoras* mexicanas e universidades modernas, suas vidas profissionais e todas as emoções de trabalho gerenciadas com a eficiência de uma linha de montagem (HOCHSCHILD, 1983). Então, novamente, a mesma maquinaria da modernidade, que produziu em massa essas condições cotidianas de tédio, foi creditada como produtora em massa de seu contrapeso e corretivo: um novo mundo cultural de entretenimentos mediados e excitações pré-arranjadas, disponível tanto para o funcionário de produção como para o professor. E, no entanto, parece que cada momento de excitação a mais serve apenas para ampliar o vazio rítmico da vida cotidiana. Thorstein Veblen entendeu isso logo no início; ele sabia que as esteiras das linhas de montagem de Henry Ford zumbiam dentro e fora das fábricas. "Para aproveitar eficazmente o que é oferecido, à medida que as rodas da rotina circulam, em termos de trabalho e lazer, sustento e recreação", escreveu Veblen (1990, p. 313-314), em 1914, o consumidor "deve saber com facilidade o que está acontecendo, e como e em que quantidades, e a que preço e onde e quando... A mecânica simples de conformidade com o horário de vida, implica um grau de discernimento treinado".

Na década de 1940, a Escola de Frankfurt compreendeu, e deu como bem entendido, que o tédio e suas alternativas feitas em massa formavam um círculo fechado de controle, um ciclo contínuo de consumo vazio. "A indústria da cultura engana incessantemente seus consumidores com o que promete, infinitamente. A nota promissória de prazeres, emitida e embalada em prestações, é indefinidamente prolongada", escreveram Horkheimer e Adorno (2002, p. 111, 113). "O entretenimento estimula a resignação que procura esquecer-se do entretenimento." Logo os situacionistas entenderam, também, observando com horror, que o tédio, a alienação e o estranhamento vazavam pela porta da fábrica, se infiltrando por toda a vida cotidiana. Ocupando "a parte principal do tempo vivida fora da produção moderna", o espetáculo, Debord (1983, p. 6, ênfase no original) argumenta, torna-se "o *modelo* atual de vida socialmente dominante", seja experimentado como "informação ou propaganda, como publicidade ou consumo direto de entretenimento". Vaneigem (2001, p. 25-26, ênfase no original) foi mais explícito:

> A sociedade afluente é uma sociedade de *voyeurs*. A cada um o seu próprio caleidoscópio: um minúsculo movimento dos dedos, e a imagem muda [...]. Mas então a monotonia das imagens que consumimos leva vantagem [...] A mesma energia é arrancada do trabalhador em suas horas de trabalho *e* em suas horas de lazer, e isso movimenta as turbinas do poder.

Assim, ao que parece, aqueles que são apanhados pelo tédio moderno podem encontrar pouco alívio no trabalho ou no consumo. Na verdade, seu tédio se torna ainda mais visceral, ainda mais insuportável, na medida em que as promessas não correspondidas de excitação produzida em massa se acumulam, e o *ethos* moderno da realização pelo trabalho, e da participação democrática revelam-se apenas vigarices. Fechando a vida por todos os lados, as contradições do tédio moderno criam uma tensão de proporções Mertonianas (1938), uma disjunção existencial entre a expectativa e a experiência. O que fazer, então, com relação a essa claustrofobia cultural, tão desanimadora que parece sufocar cada tentativa de escapar dela?

O desespero existencial é uma opção, um retiro mertoniano para o sonambulismo fatalista. Resistência é outra. Mesmo enquanto Taylor e Ford estavam calibrando seus instrumentos de tédio organizado, movimentos radicais como os *Industrial Workers of the World* (Os Wobblies), por exemplo, já estavam se organizando contra eles. Conceituando a sabotagem como a "retirada consciente da eficiência" (KORNBLUH, 1998: 37; VEBLEN, 1948), os Wobblies utilizaram a sabotagem para interromper a repetição alienante do trabalho. Da mesma forma, Os Wobblies empregavam poemas, parábolas, canções, piadas, paródias e charges em sua organização cotidiana, cantavam hinos obscenos durante greves e brigas de rua, encenavam desfiles. Os Wobblies foram, por intenção, contra o tédio.

Um século depois, grupos como *Critical Mass* e *Reclaim the Streets* também se insurgem contra o tédio. Uma mistura rolante de ativistas ciclistas e revolucionários culturais, os participantes do *Critical Mass* (Massa Crítica) definem suas exuberantes viagens coletivas de bicicleta não como protestos políticos tradicionais, mas como celebrações, do tipo *do it yourself* (faça você mesmo), animadas por música, decoração e diversão. Os ativistas do *Reclaim the Streets* (Reclame as Ruas) também se propuseram a agitar as regularidades da vida moderna, aproveitando as ruas da cidade para festivais comunitários espontâneos, de prazer e criatividade. Para esses e outros grupos, o objetivo é "romper a normalidade" do tédio cotidiano, e restabelecer na vida cotidiana a possibilidade de surpresa.

É um longo caminho desde os Wobblies até os situacionistas, e até os punks e Critical Mass e Reclaim the Streets, e ainda assim todos parecem encontrar um ponto em comum no tédio moderno, e em seu ataque apaixonado a ele. "A sociedade que abole todas as aventuras", que constrói o tédio coletivo na prática da vida cotidiana, parece desovar aqueles que encontram aventura em abolir exatamente esse mundo. Nesse sentido, como os situacionistas argumentaram, o tédio é de fato contra-revolucionário — se por revolução queremos nos referir à luta contra a padronização desumanizadora da modernidade da experiência, e mercantilização da emoção. Como Vaneigem, aqueles que estão travando essa luta imaginam uma "revolução da vida cotidiana" desencadeada por situações efêmeras de risco e incerteza. "Vamos apenas organizar a explosão", disseram os situacionistas. "A explosão livre deve escapar de nós e de qualquer outro controle para sempre" (em Marcus, 1990, p. 179-180)

No entanto, há um importante qualificador para soluções inovadoras diante do tédio organizado: situações explosivas, sejam viagens/eventos do *Critical Mass* ou de *punk street music*, são comumente e cada vez mais consideradas ilegais pelas autoridades, emergindo sem desfrutar de quaisquer privilégios ou permissões. E há inúmeras outras explosões fora de controle, pequenas revoluções contra a rotina da vida cotidiana que também são contrárias ao tédio e à lei. Voando com *skydivers*, pilotando motos em alta velocidade, Stephen Lyng (1990, p. 869) encontra em "ações-limítrofes" ou de risco, (*edgework*)[12] um contraponto experiencial intoxicante, a um "sistema social associado ao conflito de classes, alienação e ao imperativo do consumo". Pilotando as mesmas motoclicletas velozes,

---

12 Para mais sobre este conceito, ver o capítulo anterior, de Ferrell e Hayward e o capítulo seis, *"Resistência e subversão: crime, cultura e a questão do significado"*, de Khaled Jr.

depois submergindo nas aventuras do *hip hop* underground do grafite, eu (FERRELL, 1996) descubro na "adrenalina", a mesma vívida experiência emocional de resistência ao controle racionalizado. Dragan Milovanovic, Stephen Lyng e eu (FERRELL et al, 2001) registramos uma recuperação emocional similar da identidade humana, enfraquecida nas experiências extremas dos saltadores *base jumpers* de alto risco. Mike Presdee (2000) documenta a dissolução do carnaval, dentro da atomização da sociedade de massa moderna, exumando seus restos emocionais despedaçados, para descobrir alguns fragmentos perigosos atualmente regulados, até mesmo criminalizados, outros revendidos como excitação mercantilizada. Jack Katz (1988, p. 73) explora momentos de excitação sensual em que "os protagonistas... se encantam com as possibilidades ampliadas do eu" — momentos que Pat O'Malley e Stephen Mugford (1994, p. 190) caracterizam como "reações contra a racionalidade mundana e secular e contra as formas (especialmente modernas) do ambiente social, nas quais elas estão inextricavelmente implicadas".

Juntos, esses estudos — frequentemente agrupados sob a rubrica de "criminologia cultural" — revelam grupos criminosos ou criminalizados ativamente inventando experiências que violam de várias maneiras o projeto modernista de tédio. A implantação de técnicas de sobrevivência cuidadosamente aperfeiçoadas em situações perigosas, a integração imediata de práticas artísticas e aventura ilícita, a adoção de rituais emocionais que antecedem a racionalidade moderna — todos sugerem experiências contrárias ao tédio, e que o são porque elas recapturam, ainda que momentaneamente, o imediatismo perdido da experiência humana auto-criada. Eles também sugerem uma questão mais ampla: seriam certos crimes cometidos, não contra pessoas ou contra a propriedade como tal, mas contra o tédio?

Vaneigem oferece uma resposta. "Um assassino de dezesseis anos de idade explicou recentemente: 'Eu fiz isso porque estava entediado'", nos diz Vaneigem (2001, p. 42-43; 162). E então o autor nos diz algo pior. "Qualquer um que tenha sentido a vontade de se autodestruir dentro de si sabe com que negligência pode um dia matar os organizadores do seu tédio." Mais tarde, revela mais sobre os crimes de uma ordem social tão entediante que oferece apenas "morte em um plano de prestação". Um mundo que nos condena a uma morte sem derramamento de sangue é naturalmente obrigado a propagar o gosto pelo sangue. O desejo de viver se sustenta espontaneamente das armas de morte; assassinato sem sentido e sadismo florescem. Porque a destruição da paixão renasce na paixão pela destruição. (2001, p. 162).

Respostas como esta confirmam que os criminologistas devem continuar investigando as circunstâncias do tédio coletivo, circunstâncias historicamente estruturadas e negociadas a cada situação. Tais circunstâncias estultificadoras moldam não apenas momentos de excitação ilícita, mas a política dos movimentos sociais e a dinâmica da rebelião cultural; para Wobblies e situacionistas, como para os *base jumpers* e os grafiteiros, o tédio constitui o insuportável primeiro plano experiencial da modernidade. Na vida cotidiana, a alienação não é uma categoria marxista, a racionalização não é um construto weberiano; a alienação e a racionalização da modernidade atuam, ao contrário, como uma monotonia infinita, um mal incapacitante, para alguns, uma morte arrastada, tão "insistente" que "esvazia o terror da morte real" (VANEIGEM, 2001, p. 163).

Olhando dessa maneira para o tédio, vemos a longa frente da modernidade tardia se desdobrar. Como Jock Young (2003) e Mike Presdee (2000) nos lembraram, descobrimos que o criminoso, o consumidor e o revolucionário cultural são talvez mais parecidos do que diferentes — que para eles o tédio cria um certo vazio em comum. Afinal, desesperadamente à procura de vida, em meio ao tédio mortificante, a linha entre o prazer e a dor, entre o crime e a mercadoria, pode ser de fato bem fina. Aquela calçada cheia de foliões respeitáveis, cantando aos berros, e encontrando afirmação num hino punk ao tédio, pode ficar mais perto da anarquia ilícita do *Reclaim the Streets* e dos solavancos fugazes de uma perseguição de carro roubado, do que alguns gostariam de imaginar. "Um homem injetando heroína em suas veias, o faz, em grande parte, pela mesma razão que você aluga um vídeo", diz o poeta Joseph Brodsky (em RIVENBERG, 2003, p. 1): "esquivar-se da redundância do tempo".

Da mesma forma, o tédio nos oferece uma janela emocional e experimental para os fracassos do projeto da modernidade. O tédio emitido pelo cubículo de escritório e pelo shopping center não é um efeito colateral infeliz; isso decorre diretamente dos processos desumanizadores e das promessas fraudulentas nas quais essas situações são fundadas. Tais situações são entediantes precisamente porque são sistematicamente esvaziadas da habilidade e possibilidade humanas, desprovidas da incerteza e da surpresa que vêm com a criatividade humana. Elas compartilham a supressão intencional das possibilidades humanas, a exclusão de variações de ritmo, significado e intencionalidade; implacáveis em sua gestão de detalhes, elas deixam espaço apenas para tédio em seus efeitos. Assim, enquanto alguns morrem um dia de cada vez, outros procuram derrubar o aborrecimento organizado, aqui com uma lata de spray, ali com uma interrupção vertiginosa do tráfego automotivo. E em muitas dessas grandes e pequenas revoluções há claramente a procura de algo mais do que excitação. A excitação, ao que parece, é na realidade um meio para um fim, um fragmento do que em última análise surge como o antídoto para o tédio moderno: o envolvimento humano (FERRELL, 2004). Excitação, engajamento, manifestações ilícitas e possibilidades explosivas, tudo jogado contra a maquinaria implacável do tédio moderno — isso também sugere outra coisa.

▶ E NADA A PERDER, ALÉM DO TÉDIO

Se ampliarmos ainda mais nossa investigação sobre o tédio organizado — desta vez para incluir nossas próprias vidas institucionais e profissionais como criminologistas — descobrimos uma trajetória paralela: Da mesma forma que as outras instituições da modernidade operaram ao longo do tempo para eliminar o artesanato e a criatividade, a prática da vida, o maquinário moderno da criminologia tem funcionado para exaurir a criatividade manual da investigação criminológica alternativa.

Da mesma forma que a fábrica, a agência e o mercado foram racionalizados no interesse de um controle eficiente, o empreendimento da criminologia foi moldado em direção à eficiência científica, de modo a desumanizar tanto seus pesquisadores quanto aqueles que se propõe a investigar e controlar. Da mesma forma que uma maior evolução da modernidade organizou uma vasta coletividade de tédio, a evolução da criminologia moderna produziu a uniformização do tédio entre seus praticantes, seus estudantes e seus prisioneiros. E, no entanto, da mesma forma que o tédio sistêmico da modernidade desencadeou revoltas contra o próprio tédio — revoltas definidas por sua invenção de engajamento e excitação —, o tédio geral da criminologia tradicional gerou, mais de uma vez, suas próprias e tensas contra-correntes.

Como argumentaram Patricia e Peter Adler (1998: xiii), muitos dos trabalhos fundacionais da criminologia emergiram de uma abordagem idiossincrática e impressionista à investigação etnográfica que, em meados do século XX, foi usurpada por uma tradição de pesquisa de opinião, que desde então dominou a academia. Da mesma forma, Joe Feagan, Tony Orum e Gideon Sjoberg (FEAGAN et al., 1991) também defendem que a "sociologia do artigo *mainstream*" — a produção eficiente e rotineira de relatórios de pesquisa, ao longo do tempo, deslocou os compromissos intelectuais e temporais mais profundos da "teoria sociológica" como medida de sucesso e realização profissional. Nos Estados Unidos, pelo menos, essas mudanças em direção a metodologias de pesquisa racionalizadas e medidas objetivas de produtividade disciplinar foram replicadas nas próprias universidades — organizações cada vez mais pautadas por práticas de gestão corporativa, estruturas burocráticas e cultura de controle atuarial.

Para os criminologistas dos Estados Unidos, em especial, esse mecanismo acadêmico tem se acoplado cada vez mais, por meio de departamentos de justiça criminal e financiamentos públicos de pesquisa, a uma máquina estatal de vigilância, aprisionamento e controle similarmente desumanizadora. Não é de surpreender que os Adlers (1998, p. xiv) rotulem o período atual como *The Dark Ages* — (Idade das Trevas) embora *Modern Times* (Tempos Modernos) possa ser mais apropriado.

Como resultado, a maioria dos principais estudos criminológicos de hoje só pode ser descrita como... entediante. Como outras formas de tédio moderno, esse tédio acadêmico resulta diretamente das condições de sua produção, das rotinizações metodológicas e analíticas, aplicadas contra seres humanos, para extrair palavras áridas e conjuntos de dados de suas vidas. A vívida agonia da experiência de vitimização pelo crime reduzida a empirismo abstrato, a sensualidade do evento criminal catalogada e colocada em notas de rodapé — seria uma conquista notável de saneamento público, suponho, se não fosse tão entediante. Lembrando, além disso, os mecanismos de supervisão burocrática através dos quais esses conjuntos de dados passaram, para serem impressos, percebe-se que os textos revelam precisamente o que os situacionistas anunciaram: um mundo intelectual no qual toda aventura de fato foi abolida.

E, no entanto, criminologistas mais de uma vez se revoltaram contra o tédio manifesto da criminologia. Há, por exemplo, o que os Adler (1998: xiii-xiv) chamam de períodos "renascentistas" e "expressionistas abstratos" na criminologia e na sociologia americanas — períodos em que a ascensão do pensamento dominante da pesquisa empírico-abstrata foi desafiada pela emergência de vívidas etnografias subculturais. Por volta da mesma época, na Grã-Bretanha, há aquele momento de abandono e renúncia que Sir Leon Radzinowicz (YOUNG, 2003) lembra em termos de "estudantes indisciplinados", um momento que deu origem à Conferência Nacional do Desvio e várias inovações no estudo do crime e da cultura. A descrição de Jock Young (2003) da CND como "agitada, irreverente, transgressora e, acima de tudo, divertida", confirma o que seus livros e artigos comprovam há muito tempo: que... não era entediante. E hoje, a criminologia cultural, igualmente, também não é entediante.

E por que não? Suspeito que mesmo os críticos mais severos da criminologia cultural, surgidos de dentro da criminologia convencional, concordariam que ela não é entediante — eles argumentariam: é exatamente esse o problema. Assim como seus colegas em estudos culturais, eles argumentariam, que os criminologistas culturais alimentam a cultura popular, selecionando e escolhendo no meio de detritos culturais, esquisitices e provocações. Descrevendo esses temas degradados com um estilo mais próximo do romantismo ou da reportagem, em prejuízo da análise científica, eles diriam, não é de admirar que a criminologia cultural consiga gerar algum grau de interesse.

Mas, na realidade, eu argumentaria, a sedução da criminologia cultural não reside essencialmente em seu tema; afinal de contas, esse mesmo tema, esses mesmos bandidos e viciados em adrenalina, poderiam facilmente ser reduzidos a abstrações tabuladas — isto é, ao tédio — por qualquer bom empirista abstrato. Em vez disso, a empolgação e o vigor da criminologia cultural vêm de seu engajamento com seus sujeitos de estudo e de sua disposição em confrontar as condições sociais e culturais do tédio que permeiam a prática criminológica oficial. Em outras palavras, o ataque da criminologia cultural ao tédio tem origem tanto na política de sua teoria e método quanto na promessa de seu assunto. E assim, como os criminologistas culturais procuram rehumanizar o processo de investigação e análise criminológica, eles replicam o trabalho de Wobblies e situacionistas, de praticantes de ações-limítrofes (*edgeworkers*) e de ativistas da *Reclaim the Streets*; eles empreendem uma revolta contra o tédio que é, como esses outros, partes iguais de resistência intelectual e transgressão desorganizada. Em particular, eles lançam uma revolta feita de método e momentos.

MÉTODO

A importação de metodologias "científicas" para a criminologia, na esperança de a posicionar como uma ciência social objetiva do crime é similar, portanto, à introdução do gerenciamento científico nos escritórios e nas fábricas: ambas resultaram na desumanização sistemática dos envolvidos, e na institucionalização generalizada do tédio. Assim como o tédio mais amplo da modernidade resulta da redução de sujeitos humanos a categorias racionalizadas de trabalho e consumo, o tédio da criminologia tradicional resulta em grande parte de metodologias projetadas, muito explicitamente, para reduzir os sujeitos humanos a categorias cuidadosamente controladas de contagem e cruzamento de dados. Assim como o tédio da modernidade, por sua vez, deriva do esgotamento sistemático da incerteza e das possibilidades na vida cotidiana, o tédio da criminologia tradicional deriva em grande parte de metodologias projetadas, mais uma vez explicitamente, para excluir a ambiguidade, o inesperado e o "erro humano". Alinhadas ao aparato de controle estatal, organizado em torno de fins comuns, essas metodologias quebram a promessa de uma pesquisa acadêmica significativa, tornando-se a base para o tipo de "Criminologia Judicial" descrito por Ned Polsky (1998 p. 136) — a criminologia do tecnólogo ou engenheiro moral.

Embora nenhum método defina a criminologia cultural, as metodologias etnográficas têm sido amplamente utilizadas como uma via alternativa à análise das dinâmicas do crime e da cultura, pois, como diz Paul Willis (1977: 3), tais metodologias oferecem "uma sensibilidade a significados e valores também como uma capacidade de representar e interpretar articulações, práticas e formas simbólicas de produção cultural". Oferecendo aos pesquisadores vulnerabilidade, humildade, perigo e envolvimento profundo com os sujeitos de estudo, tais metodologias também servem para recuperar o empreendimento criminológico da Criminologia Judicial, da racionalização científica e da objetivação metodológica. Realizados apropriadamente, os estudos etnográficos são impregnados de imprevisibilidade e incertezas. Por natureza, tais estudos são profundamente ineficientes e irão seduzir o pesquisador, que trocará horários profissionalmente adequados por um submundo de vadiagem e atrasos. Por definição, tais estudos incorporam os significados culturais dos estudados e, ao fazê-lo, afirmam a complexa humanidade das pessoas, que do contrário, são reduzidas a resíduos estatísticos e às perigosas ambiguidades do crime e do controle do crime, e desaparecem dentro da pseudoprecisão da "ciência social".

Diante disso, os estudos etnográficos e as sensibilidades etnográficas geram regularmente, para todos os envolvidos, um nível de engajamento e excitação, ausentes nas acumulações eficientes de dados de pesquisas. Assim como o trabalho artesanal qualificado produz desenhos idiossincráticos inimagináveis dentro das repetições da linha de montagem, pesquisas e escritos etnográficos especializados produzem imagens vívidas, *insights* requintados e imagens ilícitas que permanecem inimagináveis, para não mencionar incontroláveis, dentro de metodologias objetivistas. Ao seguir visualizando os etnógrafos e suas audiências dentro de significados culturais marginalizados e tensas situações sociais, as metodologias etnográficas na melhor das hipóteses acabam não se tornando nenhum método, mas sim um estilo de vida para aqueles dispostos a explorar as texturas incertas e em desenvolvimento do crime e do seu controle. Como tal, elas nos permitem perder a nós mesmos e a nossas habilidades como pesquisadores, dentro de uma série de situações ilícitas, e assim abraçar uma criminologia contínua de momentos.

MOMENTOS

Muitas das revoltas políticas e culturais contra o tédio moderno têm compartilhado uma estratégia comum: a fabricação de momentos que transcendem estruturas de tédio e, ao fazê-lo, incorporam dinâmicas de engajamento e excitação. Empregando armas culturais como o *détournement* "desmantelamento" (uma inversão radical de sentido) e a *dérive* "movimento" (uma tendência desorientadora através da paisagem urbana), os situacionistas procuravam derrubar os marcadores do tédio cotidiano e, assim, criar momentos tão epistemicamente instáveis, contrariando o entendimento usual, de subverter o tédio (marasmo) da vida cotidiana. Evitando a política representacional e o planejamento de longo alcance, o *Critical Mass* e o *Reclaim the Streets* também abraçam a dinâmica da ação direta, buscando criar momentos de celebração, em que os prazeres furtivos da interação espontânea retomam as ruas do trabalho enfadonho do comércio. Aqueles que buscam as ações-limítrofes e adrenalina se engajam nesse tipo de revolução impermanente, encontrando uma unidade efêmera de habilidade e aventura em momentos que duram apenas até o paraquedas abrir ou a tinta secar. Todos esses grupos combatem o tédio contínuo com excitação momentânea, criando o que Hakim Bey (1995, p. 39) chama de "zonas temporárias de autonomia" de envolvimento humano e possibilidade esculpida a partir da alienação previsível da existência cotidiana. E para todos esses grupos, esses momentos não são apenas meios para uma revolução maior; eles são a revolução, uma revolução da vida cotidiana que mantém sua urgência humana e excitação desviante, precisamente porque não perdura (FERRELL, 2004).

Embora a pesquisa etnográfica se desenrole com frequência e apropriadamente como um processo de longo prazo, são justamente esses momentos que definem seu potencial — e que, por sua vez, definem o imediatismo experiencial e a vivacidade teórica da criminologia cultural. Perseguindo projetos etnográficos, os criminologistas culturais se veem apanhados em momentos que um *edgeworker* (praticante de ação-limítrofe) pode apreciar, momentos em que as habilidades analíticas colidem com o perigo e a incerteza. Perdendo a nós mesmos, liberando nossas habilidades como pesquisadores, encontramos nesses momentos algo mais do que poderíamos imaginar; descobrimos que, como *edgeworkers* e ativistas do *Critical Mass*, fomos levados além dos limites do cotidiano. Tal como acontece com os situacionistas, nossa crítica ganha vida no primeiro plano fenomenológico da experiência, sua elegância analítica polida pela determinação do crime diário e pelo controle do crime. Contra essa "obstinada preferência inglesa pelo particular, pela coisa em si" (HEBDIGE, 1988, p. 12), a análise torna-se animada; entrelaçado com "inumeráveis particularidades angélicas desenfreadas" (KEROUAC, 1955, p. 172), o *insight* analítico adquire as texturas vívidas da experiência vivida.

Há um tempo, por exemplo, enquanto vasculhava uma pilha de lixo atrás de uma mansão, encontrei Thorstein Veblen. Envolvido em uma etnografia de longo prazo com catadores ilegais de lixo e mendigos, passei um bom tempo em pilhas de lixo — e um dia, atrás dessa grande mansão, descobri uma pilha de lembrancinhas caras, decorações, e presentes de bebê, muitos dos presentes ainda lacrados em suas caixas, o rescaldo de um chá de bebê significativo, principalmente para se exibir. E havia Veblen (1948, p. 112;116), lembrando-me que numa sociedade definida pela aquisição de mercadorias, o consumo se torna não apenas visível, mas "honorífico", e mesmo "cerimonial", um ritual e um vício em andamento, uma questão em sua maior parte, de simbolismo e status.

Em outras ocasiões eu me encontrei compartilhando momentos com Jean Genet. Ele estava lá numa tarde em que uma velha sem-teto e eu revirávamos uma grande pilha de lixo, vendo como ela generosamente me deixava escolher as roupas que ela tirava da pilha. Ele estava lá no pátio do ferro-velho, trocando histórias com velhos catadores — um grupo triste, mas independente, que provavelmente ostenta adesivos do tipo "Eu amo meu chefe —Sou autônomo" nos para-choques traseiros de suas picapes surradas. Genet estava lá no dia em que eu conheci um homem sem-teto desdentado, andando numa bicicleta que ele havia construído com sucata; estava lá no outro dia, em que conheci um velho que catava enquanto rodava em sua cadeira de rodas pela sarjeta. Considerando esse império, que existe apenas nas margens inúteis, Genet (1964, p. 19) lembrou seu próprio império da marginalidade existencial. "Nunca tentei fazer disso algo diferente do que era", ele disse. "Eu não tentei adorná-lo, mascará-lo, mas, pelo contrário, quis afirmar isso em sua exata sordidez, e os sinais mais sórdidos se tornaram para mim sinais de grandeza."

Aliás, parece que não consigo encontrar um momento etnográfico longe de Max Weber. Sua noção de *verstehen* quase me domina toda vez que me envolvo com a generosidade e a engenhosidade dos exilados às margens da ordem (WEBER, 1949, 1978; FERRELL, 1997). Ele também aparece regularmente em outro dos meus projetos de pesquisa: a documentação dos santuários de beira de estrada que famílias e amigos constroem para entes queridos perdidos para a violência do trânsito (FERRELL, 2003). Às vezes, o ímpeto da compreensão empática me alcança à beira da estrada, quando um automóvel passa em alta velocidade, oferecendo-me a proximidade visceral da morte violenta. Outras vezes são os próprios santuários, fotos das crianças órfãs, fixas em suas cruzes, "nós amaremos você para sempre", escritas em suas decorações. E uma vez em um santuário isolado, quando descobri moedas, presentes e notas de simpatia, foi Émile Durkheim (1933) quem apareceu, lembrando-me que tais santuários se acumulam em uma comunidade simbólica, uma vívida solidariedade social emergindo da própria morte solitária.

Em momentos como esses, nós, como criminologistas culturais, reinventamos o mundo moderno, prestando atenção a ele. Descendo por becos ou estradas abertas, encontramos cada nova pilha de lixo ou santuário à beira da estrada como uma surpresa epistêmica, uma fronteira de possibilidades e compreensão. Ao longo da estrada, momentos de *détournement* se desdobram, à medida que a urgência sensual das situações se entrelaça com as nossas próprias predileções analíticas para subverter os tradicionais entendimentos sobre segurança, decência, criminalidade e lei. Tais momentos cintilam com possibilidades humanas, com excitação intelectual, porque fundamentam a análise na experiência — e porque situam nossa análise e experiência dentro da vida cotidiana dos outros. Envolvidos com a generosidade de um catador sem-teto, confrontados com a beleza trágica de um santuário à beira da estrada — perdido em qualquer um dos momentos que compõem a criminologia cultural — recorremos à ajuda daqueles que estudamos para sabotar as máquinas do tédio e desumanização que definem a modernidade e criminologia moderna.

Se continuarmos, deste modo, a confrontar o tédio organizado das massas obedientes — se continuarmos a construir uma orientação que é "agitada, irreverente, transgressora e, acima de tudo, divertida" — poderíamos até transformar a criminologia cultural numa revolução da vida quotidiana. As probabilidades são desfavoráveis; mas elas *sempre* são. Até mesmo Vaneigem, que entendia tanto tais probabilidades quanto qualquer um, estava disposto a apostar em seu "pressentimento de que a paixão pela vida estava aumentando". Eu também estou disposto a fazer essa aposta, em nome da criminologia cultural. Afinal, "temos um mundo de prazer a ganhar", escreveu Vaneigem (2001, p. 7, 279), "e nada a perder, a não ser o tédio".

▶ REFERÊNCIAS

Adler, Patricia A. e Peter Adler, 'Foreword: Moving Backward,' in Jeff Ferrell and Mark S. Hamm (eds) Ethnography at the Edge, p. xii-xvi. Boston: Northeastern. 1998.

Bey, Hakim, 'Primitives and Extropians,' Anarchy14,1995 (4): 39-43.

Braverman, Harry, Labor and Monopoly Capital. New York: Monthly Review,1974.

Carlsson, Chris, 'Cycling Under the Radar', in Chris Carlsson (ed) Critical Mass: Bicycle's Defiant Celebration, 2002, p. 75-82. Oakland, CA: AK.

Chtcheglov, Ivan, 'Formulary for a New Urbanism,' 1953. Reprinted at www.bopsecrets.org.

Debord, Guy ([1967]) Society of the Spectacle. Detroit: Black and Red,1983.

Durkheim, Emile, The Division of Labor in Society. New York: Free Press. 1933.

Feagin, Joe, Anthony Orum, and Gideon Sjoberg (eds) () A Case for the Case Study. Chapel Hill: North Carolina. 1991.

Ferrell, Jeff, Crimes of Style. Boston: Northeastern,1996.

Ferrell, Jeff, 'Criminological Verstehen,' Justice Quarterly14,1997 (1): 3-23.

Ferrell, Jeff, Tearing Down the Streets. New York: Palgrave/St.Martin's/MacMillan. (2001/2002)

Ferrell, Jeff. 'Speed Kills' Critical Criminology11(3): 2003, 185-98.

Ferrell, Jeff, 'The Only Possible Adventure: Edgework and Anarchy,' in Stephen Lyng (ed) Edgework: The Sociology of Risk. London: Routledge, 2004. forthcoming.

Ferrell, Jeff, Dragan Milovanovic, and Stephen Lyng, 'Edgework, Media Practices, and the Elongation of Meaning,' Theoretical Criminology5(2): 2001, 177-202.

Genet, Jean, The Thief's Journal. New York: Grove, 1964.

Hebdige, Dick. Subculture: The Meaning of Style. London: Methuen1979.

Hebdige, Dick. Hiding in the Light. London: Routledge,1988.

Hochschild, Arlie R. The Managed Heart. Berkeley: California, 1983.

Horkheimer, Max and Theodor W. Adorno ([1944/1947]) Dialectic of Enlightenment Stanford, CA: Stanford, 2002.

Katz, Jack, Seductions of Crime. New York: Basic Books,1988.

Kerouac, Jack, On the Road. New York: Viking, 1955.

Kornbluh, Joyce, Rebel Voices: An IWW Anthology. Chicago: Charles H. Kerr. 1998.

Kunstler, James Howard, The Geography of Nowhere. New York: Touchstone,1993.

Lyng, Stephen, 'Edgework: A Social Psychological Analysis of

Voluntary Risk Taking', American Journal of Sociology 95: 1990, 851-886.

Marcus, Greil () Lipstick Traces. Cambridge, MA: Harvard,1990.

Merton, Robert K. 'Social Structure and Anomie', American Sociological Review3, 1938, p. 672-682.

O'Malley, Pat and Stephen Mugford, 'Crime, Excitement, and Modernity',in Gregg Barak (ed) Varieties of Criminology, 1994, p. 189-211.

Westport, CT: Praeger. Polsky, Ned, Hustlers, Beats, and Others. NewYork: Lyons Press, 1998.

Presdee, Mike, Cultural Criminology and the Carnival of Crime. London: Routledge, 2000.

Rivenberg, Roy, 'The Boredom Epidemic,' Fort Worth Star-Telegram (March 1): 2003,1f, 5f.

Rodríguez, Joseph, East Side Stories: Gang Life in East LA. New York: PowerHouse,1998.

Sacks, Patricia Meyer, Boredom. Chicago: Chicago, 1995.

Savage, Jon, 'The Great Rock 'N' Roll Swindle,' in Paul Taylor (ed) Impresario: Malcolm McLaren and the British New Wave, p. 1988, 45-58. Cambridge, MA: MIT. Southwest: Southern Industrial and Lumber Review (1915, May) Houston, TX.

Taylor, Paul, 'The Impresario of Do-It-Yourself,' in Paul Taylor (ed)

Impresario: Malcolm McLaren and the British New Wave,1988, p. 11-30. Cambridge, MA: MIT.

Vaneigem, Raoul [1967] The Revolution of Everyday Life. London: Rebel Press, 2001.

Veblen, Thorstein, 'On Sabotage', in Max Lerner (ed) The Portable Veblen, p. 431-437. New York: Viking, 1948.

Veblen, Thorstein, The Instinct of Workmanship and the State of the Industrial Arts. New Brunswick, NJ: Transaction, 1990.

Weber, Max, 'Bureaucracy', in H. H. Gerth and C. Wright Mills (eds) From Max Weber, p. 196-244. New York: Oxford,1946.

Weber, Max, The Methodology of the Social Sciences. New York: Free Press,1949. Weber, Max, Economy and Society. Berkeley: California,1978.

Willis, Paul, Learning to Labour. New York: Columbia,1977.

Young, Jock, 'Critical Criminology in the Twenty First Century,' at www.malcolmread.co.uk. 2003.

CAPÍTULO TRÊS

CRIMINOLOGIA CULTURAL, CRIME E ESPAÇO: UMA INTRODUÇÃO

Keith Hayward
Tradução de Álvaro Oxley da Rocha e Salah H. Khaled Jr.

A história da fascinação da criminologia pelo espaço é longa e bizantina, englobando desde os primeiros *carthes thematiqués* de Guerry e Quételet no século XIX, até os mais recentes desenvolvimentos em Sistemas Globais de Informação e mapeamento do crime auxiliado por computador.[13] No entanto, sempre que a história da criminologia é retratada, quando é discutida a relação da criminologia com o espaço ("criminógeno"), uma teoria costuma se destacar acima de todas as outras. Trata-se do trabalho da Escola de Sociologia de Chicago, com o qual poucos estudiosos contemporâneos de criminologia não estarão familiarizados, pelo menos até certo ponto, ou seja, com as várias análises teóricas e empíricas da Escola sobre a ligação entre o crime e o "meio ambiente". Os detalhes específicos da abordagem da Escola de Chicago foram bem discutidos em outros lugares e, portanto, não necessitam de exposição aqui. Em vez disso, começo este ensaio recorrendo à Escola de Chicago como uma provocação. Minha posição de abertura aqui é que, apesar de todos os seus numerosos *insights* teóricos e impacto disciplinar inegável, o legado da Escola de Chicago dentro da criminologia não é isento de problemas. Especificamente, a interpretação e a utilização do espaço por parte da Escola colocaram a geografia do crime em um caminho conceitual muito particular e, na minha opinião, bastante estreito, do qual raramente houve desvio. Este capítulo é uma tentativa de

---

13 N.T. Foi mantida em francês a expressão *carthes thematiqués*, ou seja, "mapas temáticos", como no original. A expressão "byzantine" é utilizada em inglês com o sentido de uma maneira habitualmente tortuosa ou sub-reptícia de agir.

traçar algumas rotas alternativas possíveis; o objetivo final é desafiar os criminologistas contemporâneos a pensar diferentemente sobre o papel e a natureza do espaço dentro de nossa disciplina.

▶ 1925: UMA HISTÓRIA DE DOIS ENSAIOS

As coisas estavam agitadas na cidade de Chicago em 1925. A Universidade de Chicago não só abrigava o mais proeminente departamento de sociologia do mundo, como também foi o ano em que Robert Park, Ernest Burgess e seu aluno Roderick McKenzie publicaram a coleção seminal The City. O conceito de ecologia vinha circulando na sociologia americana desde a década de 1880 (ver SMALL e VINCENT, 1894), mas foi este volume, e um ensaio em particular, de Burgess, *O crescimento da cidade*, que solidificou a sociologia urbana no estilo de Chicago, ligando a noção de ecologia humana e competição por espaço ao que Kimball Young descreveu como *"zone thing"* de Robert Park (LINDSTROM e HARDERT, 1988: 270).[14] O famoso mapa de cinco anéis da cidade de Burgess é, talvez, a suprema expressão paradigmática da cidade na modernidade. Certamente, dentro da criminologia, desencadeou um fascínio de longa data por redes ecológicas, modelos de área e outros esforços diagramáticos subsequentes, para estabelecer ainda mais ligações causais entre o ambiente e o desvio/ação social (a mais famosa, é claro, é a representação abstrata de estatísticas de crimes de delinquência juvenil no modelo de círculo concêntrico de Burgess, pelos chicagoanos Clifford Shaw e Henry McKay).

Park e Burgess podiam ter afinidade teórica, mas segundo relatos, suas personalidades eram muito diferentes. Como está bem documentado, Park era um ex-jornalista durão e, como tal, era conhecido por seu estilo de ensino simples, carismático e acessível, que lhe permitia circular bem em grupos sociais de todos os tipos. Já bastante rico, ampliou seu patrimônio quando se casou e, portanto, tinha meios para viajar bastante e satisfazer seus interesses. Burgess, por outro lado, era "uma alma carente de afeto" (BOGUE, 1974), que "parecia um pregador" (LINDSTROM e HARDERT, 1988: 284). Nunca se casou e, com o passar dos anos, tornou-se cada vez mais introvertido. Dos dois, Burgess foi o verdadeiro criminologista. Ambos eram urbanistas sem concessões. Os efeitos sociais da rápida industrialização e expansão da população urbana foram fundamentais para o modo com que compreenderam o espaço urbano e teorizaram a

---

14   N.T.: Optamos por manter o original de Kimball Young.

ligação entre o crime e o meio ambiente. Consequentemente, o trabalho deles encapsulou o dinamismo e o ar de progresso que foi característico da história breve, mas frenética de Chicago. Essa história, é claro, é bem conhecida na criminologia — em maior ou menor grau, está presente em todos os livros de criminologia já escritos. No entanto, neste ponto, nos desviaremos do relato padrão da "sociologia no estilo de Chicago". Como o subtítulo sugere, este é um conto de dois ensaios. Em outro lugar, uma história diferente estava se desenrolando e ela é totalmente desconhecida para a grande maioria dos criminologistas.

Longe dos cortiços e dos arranha-céus de Chicago imaginados por Louis Sullivan, uma América muito diferente estava sob observação. Nos canyons empoeirados do noroeste do México e nas clareiras fecundas de Ozark Highlands, Missouri, um geógrafo treinado pela Universidade de Chicago chamado Carl O. Sauer estava realizando um trabalho de campo que mais tarde se tornaria a pedra fundamental da geografia cultural americana. O contraste entre Sauer e Park não poderia ser mais acentuado. Enquanto fotografias de Park o mostram como um clássico acadêmico de Chicago, com óculos de aro de aço e ternos de Brooke Brothers, Sauer era um geógrafo de campo por excelência. A foto no interior de *Land and Life*, a coleção definitiva de suas obras mais importantes, é típica. Sauer não era um urbanista elegante: aparece coberto de pó, vestido de cáqui, com polainas de couro na altura do joelho, e com o cachimbo de tabaco apertado resolutamente entre os dentes. Seu laboratório era "a paisagem" e sua paixão eram os costumes e normas dos povos indígenas. Dado que a criminologia, com pouquíssimas exceções, tem ignorado firmemente as questões rurais, talvez não seja nenhuma surpresa que Sauer esteja totalmente ausente do cânone criminológico. No entanto, há muito valor para os criminologistas no trabalho de Sauer e seu legado, e não há melhor lugar para começar do que com seu clássico artigo publicado no mesmo ano de o *crescimento da cidade*, de Burgess.

Seria injusto e incorreto sugerir que Park e as primeiras figuras da Escola de Chicago eram deterministas ambientais grosseiros, na tradição de Friedrich Ratzer e Ellen Churchill Semple. De fato, em muitos aspectos, sua teoria da ecologia humana foi uma tentativa de ir além do simples neo-lamarckismo. No entanto, é difícil negar o quanto eles atribuíram de influência causal ao meio ambiente, como RD McKenzie deixa claro quando definiu a ecologia social como: "o estudo das relações espaciais e temporais de seres humanos afetados pelas forças seletivas, distributivas e acomodativas do meio ambiente" (1924: 288). Da mesma forma,

Park ficou feliz pelo fato de as diversas características sociais e culturais de Chicago não serem entendidas como algo gerado por mulheres, mas como produto de um "superorganismo" geográfico. A posição de Sauer era muito diferente. Ele tentou evitar o que descreveu como "geografia causal"; sua premissa inicial simples é que o homem molda o ambiente e não o contrário. Nesse sentido, seu trabalho é uma rejeição explícita ao que ele via como erros fundamentais do determinismo ambiental geográfico. Para Sauer, as qualidades e atividades do homem não são "produtos" de uma "tese estritamente racionalista [que] concebe o ambiente como processo" (1925 [1963]: 349), mas sim:

> o que o homem faz em uma área por causa do tabu ou do totemismo, ou por causa de sua própria vontade, envolve o uso do ambiente, e não a ação ativa do ambiente. Parece, portanto, que o ambientalismo não está atirando nem em causa nem em efeito, mas sim que está disparando em seus próprios espantalhos. (ibid)

O entendimento de Sauer sobre o espaço diferia, então, do proposto pela Escola de Chicago; era uma noção que tentava apreciar e compreender como os indivíduos e os grupos viviam em um lugar e, por sua vez, moldavam-no, e não o contrário. De fato, embora seu principal alvo fosse o determinismo ambiental etnocêntrico com seu "rigoroso dogma da cosmologia materialista", Sauer abriu sua crítica em vários pontos para abordar conceitos que na época eram essenciais para Park e seus adeptos. Citando Park et al, em uma nota de rodapé, Sauer afirma que "os sociólogos têm se aglomerado em torno da ideia de ecologia humana" (ibid: 353); um conceito que, no início de seu ensaio, descartou na seguinte passagem (que também sugere sua aversão generalizada à análise quantitativa): "É melhor não forçar nomenclatura biológica na geografia. O nome ecologia não é necessário... Desde que renunciamos à reivindicação da medição de influências ambientais, podemos usar, de preferência à ecologia, o termo morfologia para aplicar ao estudo cultural, uma vez que descreve perfeitamente o método" (ibid: 342). O método ao qual Sauer se refere é um sistema crítico de fenomenologia material/espacial conhecido como "a morfologia da paisagem cultural". Central para este método é uma compreensão da cultura. Daí a famosa afirmação de Sauer de que: "A paisagem cultural é moldada a partir de uma paisagem natural por um grupo cultural. A cultura é o agente, a área natural é o meio, a paisagem cultural é o resultado" (ibid: 343). Com tais declarações, pioneiras para a época, Carl O. Sauer lançou as bases para a geografia cultural. Um foco em "áreas culturais", particularismo cultural e atividade geográfica humana, a importância de compreender os espaços com base em sua história e corologia,[15] antietnocentrismo e um interesse subjacente na antropologia cultural, são preocupações centrais da longa e distinta carreira de Sauer, e todos eles, conceitos axiomáticos no campo da geografia cultural.

Dois ensaios diferentes, duas histórias muito diferentes. Cada um deles é extremamente influente ao seu próprio modo, pois, como veremos a seguir, cada um deles define o tom da abordagem de sua respectiva disciplina ao estudo do espaço.

ESPAÇO EM CRIMINOLOGIA E GEOGRAFIA CULTURAL: UMA BREVE REVISÃO/COMPARAÇÃO HISTÓRICA

Promovido como um guia introdutório para o "novo e inovador" mapeamento da ciência do crime e voltado em grande parte para "analistas do crime e outros profissionais interessados em visualizar dados criminosos por meio de mapas", a publicação do Instituto Nacional de Justiça dos EUA *Mapeando Crime: Princípio e Prática* (HARRIES, 1999) revela toda a extensão do fascínio atual da criminologia com o método "científico". Talvez o exemplo criminológico mais explícito até hoje de abstração ecológica e ambiental, *Mapeando crime* nos oferece um vislumbre desconcertante de um futuro que já chegou: um mundo de "orientação global por satélite", "diagramas de dispersão", "momentos de crime", "mapas coropléticos" e "stick streets".[16] A abstração, é claro, é totalmente reconhecida. Harries até coloca a questão "quanta abstração podemos tolerar?". A lógica de sua resposta é esclarecedora. Embora inicialmente ele aceite que "mais abstração equivale a menos informação", ele evita o problema afirmando mais tarde que esse *trade-off* pode ser visto de outra maneira: "Mais abstração significa maior simplicidade e legibilidade (comunicação visual mais eficaz)". [Enquanto] Menos abstração é igual a maior complexidade, menos legibilidade (menos comunicação visual efetiva) (ibid: 10)". Assim segue o pensamento por trás do desenvolvimento mais recente da criminologia espacial. Trata-se de uma lógica que muitas vezes permeia a geografia do crime.

---

15   N.T.: A corologia pode significar o estudo das relações causais entre fenômenos geográficos que ocorrem dentro de uma determinada região, bem como o estudo da distribuição espacial de espécies de seres vivos.

16   N.T.: *stick street* é um termo técnico que mapeadores do crime utilizam para referir locais que são importantes para a definição de padrões da criminalidade.

Conceitualmente, é claro, há pouca novidade aqui. Considere, por exemplo, a pintura do final do século XV, "*Cidade Ideal*" (com templo circular), pelo Círculo de Pierro della Francesca. Em um nível, esta célebre obra de arte pode ser lida como uma simples vista cívica renascentista, repleta de colunas clássicas e detalhes arquitetônicos. No entanto, em outro nível, a imagem conta uma história muito diferente sobre a relação entre desenvolvimento tecnológico e espaço urbano. Se hoje estamos testemunhando notáveis transformações na representação técnica do espaço por meio da combinação de mapas auxiliados por computador e imagens ortorretificadas (tanto de fontes de satélite quanto de fontes aéreas), uma revolução semelhante estava em andamento durante o tempo de Pierro della Francesca. Brunelleschi não apenas inventou e introduziu o uso da perspectiva linear geométrica na pintura, como o desenvolvimento do "plano iconográfico" melhorou muito o poder de representação do arquiteto. Esses desenvolvimentos, juntamente com a crescente precisão e sofisticação dos instrumentos de desenho e levantamento do Renascimento, contribuíram para o pronunciado distanciamento do arquiteto de seu objeto. Esta "distância" é exemplificada pela *Cidade Ideal*, de Francesca (com o templo circular), uma pintura desprovida de pessoas, que também não contempla a confusão e complexidade da vida urbana. Essa forma de representação é interessante por dois motivos. Primeiro, por causa da maneira como essas novas comissões, projetadas segundo padrões absolutos, refletiam abertamente a ordem econômica e a política dominante da sociedade idealizada da Renascença. Em segundo lugar, como afirma Ruth Eaton, destacam "a objetivação progressiva da cidade e a abordagem afastada e intelectualizada adotada pelo planejador" (2001: 41):

> O fato de os próprios edifícios terem se tornado os principais atores dessas cenas é um testemunho de que a cidade é considerada de maneira cada vez mais objetiva. Acima de tudo, o espaço — não mais apenas um ambiente ao qual o indivíduo é subjugado — tornou-se racionalizado, a mente humana expressou sua superioridade sobre as circunstâncias naturais, e questões importantes tornaram-se irrelevantes. (ibid: 50)

Meu ponto aqui, é claro, é que, seja nos desenvolvimentos do século XV na representação tecnocrática, ou nos modos mais novos de "comunicação visual" associados ao mapeamento do crime contemporâneo, o fascínio pela tecnologia frequentemente triunfou sobre outras abordagens mais humanísticas. Isto é certamente verdade quando se trata da relação de longa data da criminologia com o espaço. O resultado, como afirmei em outro lugar (HAYWARD, 2004), é uma "fuga da realidade", pela qual a criminologia muitas vezes destila a experiência humana vivida e o tecido inerentemente pluralista da vida, deixando apenas o discurso da demografia, estatística e multifatorialismo. Para ilustrar este ponto de forma mais completa, voltemos à Escola de Chicago.

Ao contrário da maioria dos relatos criminológicos, a Escola de Sociologia de Chicago não começou com Park, Burgess e um mapa de círculos concêntricos — longe disso. Originalmente, a Universidade de Chicago era mais conhecida por sua associação com o pragmatismo americano e os trabalhos de Dewey, Mead e Tufts. Ocasionalmente, reconhece-se a influência desses "chicagoanos de primeira geração" no trabalho subsequente da Escola (ver SUMNER, 1994, para um exemplo raro). No entanto, o que quase nunca é reconhecido é o quanto esses pragmatistas influenciaram inovadoras análises espaciais de Chicago, que antecedem o trabalho de Park e seus seguidores por várias décadas. A socióloga feminista reformadora e pioneira Jane Addams mantinha estreitas relações de trabalho com a maioria dos principais pragmatistas de Chicago e, como tal, estava comprometida com o progresso social por meio da "liberação" da educação e de outras práticas emancipatórias radicais. O "pragmatismo crítico" de Addams levou-a a fundar o assentamento de Hull-House e, finalmente, a publicar *Mapas e Documentos de Hull-House* (1895), uma coleção de ensaios e micromapas de ruas (compilados por residentes) detalhando as favelas de Chicago a leste de Casco. O trabalho de Addams estava tão à frente de seu tempo que é difícil fazer justiça a ele (ver comentário sobre ADDAMS — e W E B DUBOIS In SIBLEY, 1985). Ela não apenas foi uma progressista, reformadora social e ativista política, mas também fundiu o pragmatismo crítico com o que Mary Jo Deegan (1988) chamou de "feminismo cultural"; a crença (setenta anos à frente das feministas de segunda geração) de que um mundo organizado em torno de valores femininos seria mais produtivo, pacífico e justo. Dado que o corpo de trabalho de Addams muitas vezes continha um forte componente espacial, incluindo o mapeamento de características sociais e demográficas de populações dentro de uma área geográfica, por que Addams e o assentamento de Hull-House aparecem tão raramente no cânone criminológico? Novamente, a resposta está no fascínio da criminologia pela tecnologia, neste caso, com o cientificismo associado aos métodos estatísticos de demografia e ecologia humana aplicados à "cidade como laboratório social" (PARK, 1919).

Como Deegan deixa claro em seu fascinante livro *Jane Addams e os Homens da Escola de Chicago*, apesar de todas as suas realizações inegáveis, Park, Burgess e outras figuras-chave da Escola de Chicago têm uma mancha em sua reputação coletiva: a marginalização sistemática do trabalho de Addams e de seus colegas sociólogos do assentamento de Hull-House. Essa marginalização assumiu várias formas. Desesperados para criar uma área respeitável de especialização, Park e Burgess fizeram tudo o que puderam para legitimar o "novo campo" da sociologia. Assim, o "assentamento" logo foi rejeitado em favor do "laboratório da cidade", no qual, como Park afirmou em 1919, "a civilização e o progresso social assumiram... algo do caráter de um *experimento controlado*" (PARK, citado em ibid 34, grifo de HAYWARD). Esse tipo de pensamento era anátema para os sociólogos de Hull-House, cujo humanismo significava que rejeitavam categoricamente o cientificismo, como Addams deixa claro na seguinte passagem:

> Sempre me opus à frase "laboratório sociológico" aplicada a nós, porque os assentamentos devem ser algo muito mais humano e espontâneo do que essa frase conota, e, no entanto, é inevitável que os residentes conheçam seus próprios bairros mais do que qualquer outro; e que a sua experiência deve afetar suas convicções (ADDAMS, 1910, citado em ibid: 35).

Addams, ao que parece, não era apenas a progenitora do feminismo cultural, ela também era uma criminologista cultural *avante la lettre!*[17]

A tensão sobre o método científico que existia entre os sociólogos da Universidade de Chicago e os pesquisadores do assentamento de Hull-House não deve ser subestimada; ela mascarou outras razões para o ostracismo de Jane Addams — não apenas pela Escola de Chicago, mas por sucessivas gerações de sociólogos americanos. Não há dúvida de que tanto Park quanto Burgess foram muito influenciados pelos mapas e papéis de Addams e Hull-House — especialmente Burgess. Antes do seu posto docente em Chicago, ele havia estado no assentamento de Hull-House, citou seu trabalho em tom de congratulação, e era ele mesmo um pretenso reformador social, posição da qual mais tarde se distanciaria abertamente.[18] À medida que o tempo passava, Park influenciou Burgess

---

17 N.T. "avante la lettre!" Antes da criação da própria criminologia cultural.

18 Um bom título para autobiografia incompleta de Burgess seria "Eu renuncio à Reforma e ao Reformador: a história de um conflito de papéis sociais". Quase se pode sentir a sombra de Park no ombro de Burgess, assentindo com aprovação.

e ele começou a subestimar os esforços dos sociólogos de Hull-House, descartando-os como "trabalho social" destinado a "reportar" ao público "os sentimentos daqueles que vivem nas favelas" (BURGESS citou em ibid: 63). Ao mesmo tempo, em uma tentativa de promover a abordagem "científica e objetiva" da sociologia da Universidade de Chicago, Burgess apressou-se em receber crédito pelos primeiros mapas oficiais de delinquência juvenil, apesar de os pesquisadores de Hull-House terem produzido esses mapas muito antes. O papel de Park na marginalização de Addams foi ainda mais pronunciado. Apesar de uma história pessoal de advocacia e postura críticas, é justo dizer que, quando se tratava de sociologia empírica, Park estava ansioso por adotar uma posição muito mais segura, "livre de valor", como Deegan deixa claro: "Park incorporou profundamente os conflitos da nova sociologia. Ele legitimou um papel político conservador para os sociólogos e deixou um legado para os futuros sociólogos que trabalharam para manter o status quo, ao mesmo tempo em que o condenava levemente "(ibid: 158). Em suma, a política radical e a mudança social substantiva não estavam na agenda dos sociólogos da Universidade de Chicago dos anos 1920.[19] Consequentemente, Addams foi condenada ao ostracismo e seu "status como socióloga diminuiu drasticamente" (ibid: 144). Adicione a isso o fato de que Addams e as sociólogas de Hull-House foram ainda mais prejudicadas pelo anti-feminismo que era sintomático da sociologia de Chicago de 1920 (Deegan 1988) e é claro que, assim como a cidade ideal de Francesca era emblemática do poder renascentista, o mapa de círculos concêntricos de Burgess era igualmente uma expressão da ordem ideológica e política dominante da sociedade capitalista americana idealizada do começo do século XX (ver SMITH, 1988).

Mas e quanto ao outro aspecto da sociologia da Escola de Chicago: seu foco etnográfico no "mundo privado do desviante" e nos processos sociais mundanos e inovadores que constituíam o modo de vida urbano? Apesar do papel pioneiro da Escola na sistematização de novos métodos de pesquisa, como a observação participante e a história de vida, o legado "apreciativo" da escola (ver MATZA, 1969), orientado para o ambiente urbano, foi cada vez mais vítima da influência política externa e da abstração racional (ver em detalhe, PLATT, 1994), que conforma-

---

19   Este ponto é apoiado pelas restrições não escritas impostas à escrita crítica e ativismo docente pelos administradores da Universidade de Chicago. As controvertidas demissões de W I Small e Edward Bemis são um testemunho dessa atmosfera de controle.

vam processos, que por sua vez, colocaram uma forte ênfase em várias formas "correcionais" de pensamento.[20] Matza deixa isso claro em seus comentários sobre o estudo "apreciativo" do naturalista seminal Nels Anderson, *The Hobo*:

> O estudo de Anderson, como a maioria proveniente da escola de Chicago, foi apoiado e parcialmente financiado por agências e comissões municipais que estavam interessadas em melhorar as graves condições associadas ao vício, álcool, vagabundagem, vadiagem e mendicância. Assim, a mistura de sentimentos naturalistas e correcionais era institucional e existia como uma tensão intelectual no trabalho da escola de Chicago. (MATZA, 1969: 26)

Assim, a rua é cooptada "de cima", por planejadores urbanos e agências governamentais e cívicas, que atuavam sob a perspectiva de um ideal orientado para políticas racionais — uma estrada que levou, em última análise, à criação de variantes disciplinares, como a criminologia ambiental e administrativa.[21] A vantagem dessa abordagem, é claro, é que ela produz resultados prontamente quantificáveis, geralmente na forma de estatísticas policiais ou pesquisas processadas por computador. Essas estatísticas, por sua vez, contribuem para uma estrutura mais ampla de redes de governo baseadas em torno de uma abordagem atuarial e de cálculo para o controle e a gestão (de risco) dos problemas sociais. Sob tal sistema, o espaço urbano — como a escola, o tribunal e a prisão — torna-se foco somente de análise estatística; ao mesmo tempo um local de auditoria e um campo de testes para novas iniciativas e implementação de políticas públicas. Em outras palavras, a identificação de "espaços criminogênicos" simplesmente constitui um novo local de intervenção para práticas governamentais: um novo objeto, bastante distinto dos

---

20 N.T. Em *Becoming Deviant*, David Matza trabalha com o que define como estrutura "correcional" e "apreciativa". A primeira seria tão obcecada pelas supostas "causas" do desvio, que daria pouca atenção ao fenômeno em si mesmo, que necessitaria empatia por parte do criminologista, que atuaria segundo a perspectiva apreciativa.

21 Curiosamente, esse processo de abstração também ocorreu de maneira sociológica e estatística. Como Henry e Milovanovic (1996: 22) apontam em sua análise da Escola de Chicago, com o passar do tempo, a rua tornou-se conceitualizada em termos ambientais cada vez mais abstratos por meio de noções como a "subcultura" da gangue de rua, a "identidade". do bairro, as 'normas sociais' da prostituição, evasão ou vadiagem e a 'ordem' das relações estruturais de classe.

infratores individuais e sujeitos legais que antes formavam os alvos para o controle do crime. Além disso, a situação criminogênica é como "a economia" ou "a população": um domínio com suas próprias dinâmicas e processos internos "(GARLAND, 1997: 187). Tal abordagem representa nada menos que a deformação do espaço público e o esvaziamento do ambiente urbano. As complexas dinâmicas sociais urbanas não são facilmente integradas ao tipo de estrutura gerencialista, especificada segundo códigos postais, que sustenta o novo espaço de intervenção / prevenção / mapeamento do crime (ver BURROWS, 2008; BURROWS e GANE, 2006) e, como resultado, os vários processos e particularidades culturais que se manifestam no nível da rua são despojados de sua especificidade inerente, significado e serendipidade.

O que a criminologia pode fazer para superar essa geografia rígida e formalizada do crime? Na minha opinião, uma resposta pode ser encontrada na tradição cultural geográfica originada por Carl Sauer, subsequentemente desenvolvida na Universidade de Berkeley e mais tarde em outros departamentos de geografia da Costa Oeste. Vamos agora nos voltar para a maneira como o espaço é conceituado dentro desse campo.

Apesar de todos os *insights* de Sauer, sua pesquisa foi mais geográfica do que cultural. Era necessário que alguém mudasse o foco da paisagem para o mundo da vida e colocasse o "cultural" firmemente na geografia cultural. A primeira tentativa notável de fazer isso foi com um dos alunos de Sauer, Wilbur Zelinsky. Em seu clássico de 1973, *The Cultural Geography*, dos Estados Unidos, Zelinsky celebrou a cultura — mas a cultura de uma forma particular. Apesar de todas as suas idiossincrasias, Zelinsky acreditava que a cultura americana ainda poderia ser entendida como uma totalidade, um "superorganismo" — não no sentido parkiano de um superorganismo ambientalmente causal, mas como uma cultura holística compartilhada, que "é algo que é simultaneamente de e além dos membros participantes. Sua totalidade é palpavelmente maior do que a soma de suas partes, pois é superorgânica e supraindividual por natureza, uma entidade com estrutura, conjunto de processos e momento próprio, embora claramente não intocada por eventos históricos e condições socioeconômicas" (1973: 41). Como Sauer, Zelinsky foi um veemente defensor de diversos grupos e etnias marginalizadas. O problema, no entanto, era que ele estava tentando elaborar uma teoria assimilacionista da cultura e do espaço no exato momento — 1973 — em que o "Sonho Americano" estava sendo atacado por todos os lados. Em suma, a geografia cultural de Zelinsky era basicamente singular. O que era preciso naquela época era um conjunto de geografias culturais, capazes de teorizar a dissidência e a heterogeneidade espacial tanto quanto o consentimento e a experiência mútua. E graças à "virada cultural" uma geografia cultural exatamente assim acabou surgindo.

Pode-se argumentar que nenhuma disciplina foi mais afetada pela virada cultural dos anos 1970 do que a geografia. Se alguém pudesse caracterizar o debate de Sauer e Zelinsky como um pequeno tiroteio à beira do império, em meados da década de 1980 o interior da geografia tinha sido invadido por algo parecido com uma guerra disciplinar total. Neste ponto, nossa história de geografia cultural se tornará familiar para os criminologistas. Algumas das principais influências que transformaram a geografia humana e cultural na década de 1980 — Foucault, Gramsci e Stuart Hall e a Escola de Birmingham de estudos culturais — também influenciaram muito a criminologia, ou pelo menos partes dela, principalmente a criminologia subcultural e feminista. E esta é a diferença. Embora a criminologia convencional permanecesse em grande medida inalterada pela revolução teórica social introduzida pela virada cultural, a relação que surgiu da geografia com ela era substantiva e duradoura (MATLESS, 1995); um ponto que Don Mitchell deixa claro: a virada cultural "não se limita ao subcampo da geografia cultural. Em vez disso, em todos os tipos de geografias humanas — do econômico ao político, do urbano ao regional, do feminista ao marxista — a "cultura" se tornou um ponto focal principal de estudo" (2000: 63). Não é de surpreender, portanto, que um dos livros definidores da pós-modernidade tenha sido escrito por um geógrafo — *A Condição da Pós-modernidade*, de David Harvey; um texto brilhante que documenta, de forma erudita, como as trajetórias do político, do espacial, do temporal e do econômico se cruzam com o cultural. Mas e quanto à geografia cultural, especificamente? Como reemergiu das guerras disciplinares provocadas pelas transformações culturais e espaciais? A resposta a essa pergunta é prefigurada em críticas anteriores a Sauer e Zelinsky.

Se, em muitas disciplinas, a virada cultural é vista como um momento apolítico, esse não era o caso da geografia humana e social. Os debates sobre o espaço e a natureza político-cultural do pluralismo e da oposição provocaram uma postura política mais pronunciada entre muitos geógrafos, resultando no desenvolvimento de formas mais radicais de análise espacial e cultural. Em nenhum lugar isso foi mais aparente do que na geografia cultural (COSGROVE, 1983). Três figuras se destacam: Denis Cosgrove, James Duncan e Peter Jackson, os quais, à sua maneira, foram os primeiros críticos da geografia cultural orientada para a paisagem, de

Sauer. Significativamente, Duncan acreditava que Sauer e Zelinsky não haviam conseguido compreender o papel que o poder desempenhava na formação da cultura. Como corretivo, ele propôs uma concepção de cultura que priorizava "as muitas problemáticas relações sociais, políticas e econômicas" que ditam as condições em que vivemos nossas vidas (DUNCAN, 1980: 198). Jackson (1989) concordou, adicionando mais tarde uma crítica do viés rural / ecológico da antiga geografia cultural, que era o legado, segundo ele argumentou, da sensibilidade tradicional de trabalho de campo geográfico de Sauer. Se a geografia cultural fosse permanecer vital em tempos desafiadores e em mudança, ela precisaria deixar de lado seu fascínio por celeiros, loteamentos e postos avançados indígenas e, em vez disso, concentrar-se nos problemas mais prementes da agitação cívica e nas consequências materiais e espaciais da recessão econômica. Assim, graças em grande parte aos esforços de Cosgrove, Duncan e Jackson, nasceu "a nova geografia cultural", uma variante mais diversificada e politicamente carregada do que sua prima mais antiga.

É esta última variante que pode ser de uso considerável para criminologia em geral, e para a criminologia ambiental e a criminologia cultural, mais especificamente (HAYWARD, 2004). Minha posição aqui pode ser expressa nos seguintes termos:

> 1. Se a criminologia ambiental contemporânea e suas práticas espaciais abstratas, como o mapeamento do crime e o policiamento "*hot spot*", são assombradas por uma falha em considerar a intrincada natureza do espaço e a diversidade e complexidade das ações humanas dentro do espaço, a nova geografia cultural, com sua ênfase na relação entre cultura e espaço, pode fornecer um corretivo útil.
> 2. Embora a criminologia tenha uma tradição longa e produtiva de considerar questões-chave como poder e significado, muitas vezes essas análises apenas se ocuparam perifericamente de questões relacionadas à espacialidade. Com sua ênfase na natureza espacial do poder político e econômico, e em como as paisagens funcionam como sistemas de reprodução social (incluindo as geografias culturais de raça, gênero e resistência), a nova geografia cultural pode melhorar muito a investigação criminológica existente sobre significado, poder e economia política.
> 3. Em sua principal variante, a criminologia ficou aquém de um envolvimento significativo com os debates teóricos sociais que buscam explicar as várias transformações socioeconômicas e culturais que poderíamos descrever aqui como "modernidade tardia". Certamente, uma grande parte da criminologia empírica / estatística procede como se desconhecesse completamente as complexidades

associadas à condição moderna tardia — sejam essas complexidades relacionadas com as temáticas de espaço, cultura ou identidade. Se a criminologia pretende continuar a se desenvolver como uma disciplina científica social vital e equilibrada, sintonizada tanto com os tempos atuais quanto com o discurso teórico social que envolve esses tempos, ela não pode mais prosseguir nesse estado intelectual isolado. Com o objetivo de usar a teoria social contemporânea e a interdisciplinaridade para celebrar a complexidade e entender a aquiescência e a resistência culturais, a nova geografia cultural poderia ajudar a criminologia a resolver essa lacuna.

Certamente, estas são propostas ousadas e tais objetivos não serão alcançados facilmente — mas isso não deve nos impedir de tentar. Em uma tentativa de dar o pontapé inicial no processo, a seção final deste capítulo oferece algumas maneiras potenciais de alcançar pelo menos aspectos das declarações acima sistematizadas. Os exemplos que se seguem não pretendem ser exaustivos; são apenas alguns pensamentos para provocar mais discussões sobre como podemos desenvolver uma compreensão do "espaço criminogênico" que, como a geografia cultural, é infundido com uma forte abordagem interdisciplinar e uma capacidade de pensar além de interpretações superficiais — sejam elas teóricas, estruturais ou espaciais.

▶ PENSANDO DE MANEIRA DIFERENTE SOBRE CRIME E ESPAÇO

Nesta seção final, quero usar alguns exemplos proeminentes de trabalhos em andamento, no campo da geografia cultural, os quais parecem apropriados para a pesquisa criminológica, seja de natureza teórica ou empírica. Por economia de espaço, aliei cada subtema de geografia cultural a uma das três esferas ou registros — "conceitual / teórico", "material / físico" e "virtual / em rede". Várias outras áreas da geografia cultural são igualmente aplicáveis (ver HAYWARD, a ser publicado para uma elaboração desse argumento).

Conceitual / teórica: Vamos começar com os desenvolvimentos em curso na chamada Teoria Não Representativa, TNR. Embora complexa, no fundo, a TNR pode ser entendida como uma tentativa de ir além dos relatos geográficos estáticos ou fixos da paisagem, em uma tentativa de criar uma abordagem alternativa que incorpore ativamente os aspectos experienciais, afetivos e intermateriais do espaço, que raramente aparecem em geografia representacional tradicional (ou, aliás, na maioria das criminologias). Expresso de maneira diferente, a ideia chave aqui é a de que há um "banho" afetivo, que embebe a espacialidade cotidiana. Na TNR, portanto, fala-se acerca de "espaços relacionais e envolventes", "complexidade", "sensações de eventos", e da importância da interdisciplinaridade e da necessidade de uma "multiplicidade de vozes teóricas" (THRIFT, 1996). Tais termos confirmam a influência abertamente reconhecida do pós-estruturalismo e, em particular, "as linhas de pensamento abertas pela tradução da obra de Deleuze e Latour" (ANDERSON e HARRISON, 2010, p. 3). No entanto, a relação entre a TNR e o pós-estruturalismo precisa de esclarecimento, se a TNR não deve ser descartada como apenas mais uma fatia da pretensiosa teoria espacial pós-moderna. A primeira coisa a afirmar é que, enquanto a TNR é claramente devida à 'nova geografia cultural' mencionada acima (ibid., p. 5-6), ela não deve ser vista simplesmente como uma extensão do tipo de construtivismo social geográfico que caracterizou muita geografia cultural nos anos 80 e 90. Reconhecidamente, a TNR está interessada em significado simbólico e representação cultural, mas também prioriza o material (veja abaixo), algo exemplificado em uma pergunta feita por Anderson e Harrison em sua introdução pensativa à TNR: 'se a vida é construída, como ela parece tão imutável?' Para colocar de outra forma, apesar de seu nome, a representação (crítica) realmente importa para a TNR. Essa tensão é bem encapsulada por Hayden Lorimer, que em uma revisão da TNR argumenta que, ao usar a palavra "não" em seu nome, a TNR está se modificando: "Uma alteração no título escolhido pode ajudar os iniciantes. Eu prefiro pensar na geografia *mais do que representacional*, a teleologia do *não-título original* tendo provado um obstáculo infeliz" (2005, p. 84). Lorimer continua a oferecer sua própria explicação sobre a TNR, que vale a pena citar na íntegra. A TNR, ele opina, se trata de:

> expandir nossa compreensão, uma vez confortável de "o social", e como ele pode ser considerado como algo pesquisável. Isso geralmente significa pensar em intervenções localmente formativas no mundo. A princípio, os fenômenos em questão podem parecer notáveis apenas por sua aparente insignificância. O foco (da TNR) recai sobre como a vida toma forma e ganha expressão em experiências compartilhadas, rotinas cotidianas, encontros fugazes, movimentos incorporados, gatilhos precognitivos, habilidades práticas, intensidades afetivas, impulsos duradouros, interações não-excepcionais e disposições sensuais. A atenção a esse tipo de expressão, afirma-se, oferece uma fuga do hábito acadêmico estabelecido de procurar e descobrir significados e valores, que aparentemente aguardam nossa descoberta, interpretação, julgamento e, por fim, representação. Em suma, tanta ação ordinária

não dá aviso prévio do que será. No entanto, ainda faz diferenças cruciais para nossas experiências de espaço e lugar. (ibid.)

A linguagem de Lorimer é agradavelmente clara — algo que nem sempre acontece com a TNR. Essa tendência à conceituação desnecessariamente densa é claramente um produto da influência pós-estrutural mencionada anteriormente. É algo que precisa ser tratado, se a TNR quiser ter valor em outros campos, além da geografia cultural e humana (LORIMER, 2007, p. 97). É minha opinião que a criminologia, com sua aplicação mais prática, pode ser útil aqui, não apenas em termos de restringir os piores excessos do discurso pós-estrutural, mas em fornecer uma saída tangível para alguns dos princípios espaciais associados à TNR. Vamos explorar mais este ponto, examinando o potencial da TNR dentro de um ramo específico da teoria criminológica contemporânea — a criminologia cultural (por exemplo, FERRELL et al, 2008).

A possibilidade de explorar a utilidade mais ampla da TNR dentro da criminologia cultural foi recentemente explorada por Elaine Campbell (2012) em um interessante artigo que investiga as práticas performativas de perseguição. Campbell destaca a "ressonância considerável" entre os desenvolvimentos na TNR, e "uma abordagem criminológica cultural que enfatiza as relações subjetivas, afetivas, corporificadas, estéticas, materiais, performativas, textuais, simbólicas e visuais do espaço, bem como reconhecer que as configurações e os crimes não são nem fixos nem inevitáveis, mas são relacionais, improvisados, contingentes, construídos e contestados por meio de uma série de práticas culturais criativas e dinâmicas, tornadas significativas e mediadas por processos mais amplos de transformação social" (2012, p. 401). Campbell se debruçou sobre algo importante, um relacionamento que poderia de fato ser "totalmente recíproco e mutuamente benéfico". Com o seu estilo de prosa acessível e deliberadamente provocativo, juntamente com o seu enfoque duradouro nos excessos do capitalismo e as estratégias de exclusão associadas à cultura de consumo, a criminologia cultural poderia desmistificar potencialmente a "linguagem inacessível" associada muitas vezes à TNR, ao mesmo tempo oferecendo uma base materialista mais robusta para as supostas aspirações políticas da TNR. Por sua vez, a TNR poderia ajudar a criminologia cultural em sua tentativa de combater a sanitização de lógicas da justiça criminal, como "pontos quentes", "zonas seguras" e outras estruturas atuariais específicas de código postal que constituem grande parte da geografia formalizada do crime. Então, que aspectos da TNR são mais imediatamente aplicáveis à criminologia cultural? Três áreas se destacam.

Primeiro, o enfoque da TNR em paisagens afetivas ou espaços experienciais onde os sentimentos de *inter alia,*[22] medo, perigo, enfado, repulsa, tédio, isolamento, hedonismo ou empolgação permeiam.[23] Até certo ponto, essa abordagem tinha sido prenunciada por criminologistas feministas, em trabalhos anteriores, que utilizaram a psicogeografia e o mapeamento cognitivo, para articular o medo das mulheres nos espaços públicos. No entanto, em vez de localizar uma emoção como o medo em um mapa, a TNR procura mostrar como as emoções realmente influenciam ou moldam o espaço mais do que surgem no espaço (ver ANDERSON, 2004, sobre a espacialidade do tédio, uma emoção muito discutida pelos criminologistas culturais: FERRELL, 2004). O que está sendo buscado aqui é a territorialização do afeto (influência no sentido da noção de "as relações sociais da emoção" de Pile (2005, p. 48), uma geografia da sensação que pode ser materialmente representada. Isso é importante por várias razões, mas, a título de exemplo, consideremos como as emoções prenunciam a exclusão física e a opressão; um ponto que o criminologista Leo Cheliotis deixa claro ao criticar a falta de atenção à realidade empírica na sociologia/dicotomia do espaço de Zygmunt Bauman: "Concluir que as raízes da exclusão física estão na própria exclusão física não significa evitar uma questão: como é que as vítimas se encontram separadas dos algozes, em primeiro lugar? A separação prévia não ocorre sob condições de proximidade espacial e visibilidade interpessoal óptica?" (2010, p. 132).

Em segundo lugar, um interesse na paisagem multissensual resulta inevitavelmente em que os adeptos da TNR treinem a atenção em ações corporativas e "performances". Aqui, mais uma vez, muitos dos aspectos mais interessantes da TNR estão envoltos em semântica pós-estrutural insondável. No entanto, é possível discernir algumas ideias úteis para ampliar a leitura homogênea da criminologia do espaço moderno. A ênfase colocada em "eventos", por exemplo, é útil tanto em termos de mapeamento de protesto performativo (um empreendimento representacional), como para compreender o modo pelo qual ações e práticas locais podem ser incorporadas em formas de ativismo comunitário ou "cosmopolíti-

---

22 N.T.: Latim: "Entre outras coisas".

23 Importante na TNR, "afeto" e "emoção" não são a mesma coisa. Assim, por exemplo, enquanto a revista de geografia *Emotion, Space and Society* foca em geografias emocionais, a TNR considera as emoções cognitivas e, portanto, menos importantes do que considerações pré-cognitivas ou não-representacionais.

ca" — esforço representativo). Nas palavras de Anderson e Harrison, as teorias não representacionais (e eles preferem a expressão plural) "são marcadas por uma atenção aos eventos e as novas potencialidades de ser, fazer e pensar que os eventos podem produzir" (2010, p. 19, ênfase no original). Em termos menos abstratos, consideremos como esse enfoque nos eventos poderia ser aplicado ao interesse da criminologia cultural na resistência nas ruas, nos movimentos sociais ambientais e políticos, ou em ações alternativas de justiça comunitária em torno de questões como policiamento, gangues ou *surveillance / sousveillance*. Curiosamente, a preocupação da TNR com esse assunto pode ser rastreada, desde a geografia cultural saueriana inicial e, especificamente, à ideia de que os geógrafos precisam estudar a relação íntima e material do homem com o solo / terreno. Consequentemente, muito trabalho não representativo tem se concentrado em áreas como horticultura urbana, jardinagem e comunidades de loteamentos. No entanto, mais recentemente, a TNR saiu do "canteiro" e adotou uma postura política mais efetiva. Aqui a ênfase está no potencial participativo, transformador e emancipatório das paisagens performativas, e no potencial de formas políticas "flexíveis",[24] nascidas de conexões experimentais, na constante proliferação de eventos (LORIMER, 2007, p. 91).

Em terceiro lugar, o foco da TNR nas chamadas "materialidades relacionais" e "associações não humanas" oferece potencial para estabelecer um elo de longa data entre a criminologia e a "teoria da rede de atores". Em termos simples, a teoria do ator-rede é um arcabouço teórico social antiessencialista que surge nos estudos de ciência e tecnologia que procura compreender as relações em rede entre fenômenos humanos e não humanos (ver MURDOCH, 1998, e WHATMORE, 2003, para exemplos de teoria de ator-rede aplicada ao espaço). Ela rejeita o determinismo técnico e social e apresenta, em vez disso, uma conta "sociotécnica" na qual nem o social nem o técnico são priorizados. Um exemplo óbvio seria o surgimento de telefones inteligentes (enquanto os smartphones parecem ser o produto de desenvolvimentos puramente técnicos, na verdade, eles são, em parte, projetados por engenheiros de software que são informados pelas necessidades humanas das redes sociais. Correspondentemente, as redes sociais são elas próprias o produto da inovação tecnológica). A TNR está empenhada em desenvolver uma abordagem "relacional-material" ou "associativa" do "social" que procura entender o lugar / paisagem em termos da interação entre humanos, objetos, máquinas, tecnologia

---

24   N.T.: "Suppler politics" no original.

e até animais: "Essas entidades não existem independentemente uns dos outros, nitidamente separados em domínios ontológicos discretos; em vez disso, todos coexistem no mesmo "plano de imanência" (ANDERSON e HARRISON, 2010, p. 14). Tal afirmação pode parecer abstrata, mas considere como essa abordagem pode ser útil quando se trata de entender como os seres humanos se relacionam e interagem com fenômenos criminológicos, como formas públicas e privadas de vigilância descentralizada (tanto em termos de tecnologia de câmera tradicional quanto desenvolvimentos recentes na vigilância auditiva) ou o tipo de práticas físicas de "endurecimento de alvos" defendidas por defensores situacionais do crime.

Físico / material: Apesar dos avanços feitos pelos proponentes da TNR em termos de entender o lugar como se fosse uma coisa viva, um congresso de múltiplas camadas de dinâmica emocional, encarnada, relacional, cultural, política e espacial, a crítica óbvia é de que falta uma dimensão física tangível. Até certo ponto, essa crítica pode ser combatida por outros desenvolvimentos dentro da geografia cultural contemporânea — mais notavelmente a noção de "espaço parafuncional".

Como vimos, o mapeamento do crime repousa sobre uma morfologia de forma e função ("forma dita função; função segue forma"). O resultado é uma grade sem intervalos, utilitária, intencional e semioticamente inequívoca, que mapeia as hierarquias sociodemográficas e econômicas. Espaços / mapas parafuncionais são muito diferentes. Meu ponto de partida aqui é um ensaio colaborativo do sociólogo Nikos Papastergiadis e da fotógrafa Heather Rogers (1996). Baseando-se no trabalho de Michel de Certeau, Papastergiadis e Rogers empregam o termo espaço parafuncional para se referir a espaços urbanos que parecem ter 'abandonado' a luta pela modelagem do tempo e do espaço, ou onde o mais fundamental dos elos modernos é rompido, o link funcional entre utilidade e espaço, operacionalizado por nomes. Considere a seguinte interpretação do espaço parafuncional, conforme apresentada pela equipe de ensino da Escola de Arquitetura e Design da Universidade da Austrália do Sul:

> Espaços liminares existem no meio — talvez eles tenham sido abandonados ou arruinados, talvez eles sejam um conjunto ou constelação de superfícies, talvez eles sejam denominados "resíduos", talvez sejam "condenados". Esses espaços não funcionam como poderíamos pensar funções de função — como significado. Esses espaços não fazem a função que deles é dita. (Esta é uma frase para se imaginar: coloque ênfase em "fazer" e "dizer", por exemplo).

> Isto é, eles não servem ou operam "o tipo de ação ou atividade propriamente dita" à sua forma (Intenção original). Enquanto eles funcionam, o funcional não pode ter uma relação exata com o design, já que esses espaços são marcados pelo ainda a ser...[25]

Esses espaços parafuncionais sem função, evidentemente não modernos, representam o exato oposto da disciplina. Não só eles normalmente não têm mecanismos formais de vigilância, eles representam os espaços abandonados, anônimos e aparentemente sem sentido em nosso meio — os lugares na borda (metafórica) da sociedade (ver FRANCK e STEVENS, 2006, sobre "espaço solto").

Do ponto de vista criminológico, são espaços parafuncionais problemáticos — o parquinho degradado, a rua lateral mal iluminada, o espaço informal de sono dos sem-teto — que tipicamente preocupam criminologistas administrativos, mapeadores do crime e estrategistas de prevenção do crime. Por exemplo, Papastergiadis descreve como as autoridades estaduais e municipais tentam manter espaços específicos à sua especificidade: o assento é mudado nas salas de espera das ferrovias e nas plataformas para desencorajar o sono dos desabrigados (Reino Unido, EUA), para não afundar em um estado parafuncional de ambiguidade e contaminação (2002, p. 45). Nesse sentido, os estrategistas de prevenção do crime situacional estão essencialmente buscando recuperar espaços, que perderam sua função no interior da grade moderna ordenada pelo planejador. Re-linkar "espaço" e "uso" em uma funcionalidade inequívoca é, portanto, um projeto de desambiguação semiótica — a tentativa de encerrar a referência espacial de um objeto/lugar para que ele tenha apenas um significado único: assentos são apenas para sentar — não para dormir, andar de skate, festejar, ou *busking*.[26] Sob essa rubrica, o controle do crime torna-se tão simples quanto mapear lugar, função e significado, de modo que o sujeito racional, em busca de utilidade, não tenha mais que lidar com qualquer forma de complexidade. No entanto, como qualquer um que tenha tempo para caminhar, ou pedalar pela cidade, certamente lhe dirá, as ruas e os espaços da cidade, raramente, ou nunca, são ambíguos.

---

25 Disponível em: <http://ensemble.va.com.au/home/prjct_nts.html>. The School's particular interpretation of parafunctional space is based primarily on Papastergiadis's article 'Traces Left in Cities' (2002).

26 N.T.: Atividade de artistas de rua, que com frequência utilizam assentos de lugares públicos, como suporte para suas performances.

Em suma, o conceito de espaço parafuncional pode ajudar os criminologistas a entender lugares em termos de práticas microculturais ocultas, biografias espaciais distintas, relações (ou não-relacionamentos) com espaços/estruturas circundantes, interações com diferentes temporalidades, papéis sociais intrínseco(s) — percebidos e reais — e redes de sentimentos e significados semióticos. Categorias de conhecimento que não fazem parte dos tipos de mapeamento assistidos por computador, que impulsionam o mapeamento digital contemporâneo do crime.

Virtual / em rede: Do físico ao virtual. Como a Internet e a tecnologia de comunicação digital transformaram a sociedade, a criminologia tem sido empregada para explicar e combater as inúmeras formas de crime, perigo e desvio que rapidamente apareceram na esteira da "revolução digital". Um excelente trabalho surgiu no florescente campo do crime na Internet (ver JEWKES e YAR, 2010 para uma visão geral). No entanto, embora o 'crime cibernético' seja agora uma área consagrada de atenção criminológica, a maioria das pesquisas tendeu a se concentrar na explicação e identificação de várias formas de crime on-line (por exemplo, "hacking", "scamming", "roubo de identidade", etc.) ou formas de combatê-lo, seja através de regulamentação e lei da Internet, seja pelo policiamento da computação forense, e da Internet. Isso é compreensível, pois há grandes problemas a serem resolvidos e, além disso, esses problemas são fluidos, mutáveis e em constante evolução, refletindo a natureza de "contração rápida" da Internet e suas formas de tecnologia digital. Que outras ferramentas, então, podem ajudar os criminologistas em sua compreensão do crime na internet? A seguir, vou expor os modos pelos quais os desenvolvimentos em curso na geografia cultural, e na teoria espacial associada, podem ser aliados de extrema utilidade para a criminologia, na medida em que buscam entender o ciberespaço, e como as pessoas o usam e abusam.

No nível conceitual, pode-se dizer que o trabalho criminológico e legal em curso sobre cibercrime está primariamente preocupado com a difusão, seja em termos das oportunidades criminais aumentadas, proporcionadas pelas redes descentralizadas, ou a potencial difusão de vitimização associada a crimes digitais, como e-mail phishing, golpes, ou roubos de identidade. Nesse contexto, consideremos, por exemplo, o caso da resposta legal/preventista à compactação e compartilhamento generalizado de arquivos de música digital. O pânico inicial da indústria da música/gravadoras, foi seguido por dispendiosos processos judiciais, e por uma subsequente enxurrada de legislação excessivamente proibitiva, que não apenas errou a meta, mas acabou perdendo o objeto, pois apesar de afirmar o contrário, os conglomerados de mídia continuaram a crescer e lucrar, em grande parte porque logo se adaptaram e adotaram novos modelos de negócios, que trabalham a favor, e não contra a "geração de downloads". A partir de uma perspectiva espacial, pode-se dizer que, em vez de enfatizar modelos de difusão, uma melhor maneira de pensar sobre atividades digitais/criminais é como processo, ou seja, como fenômenos em constante diálogo e transformação com outros fenômenos/tecnologias. Aqui entramos no território familiar do "espaço de fluxos" em rede, de Manuel Castells (em contraste com a geografia fixa do "espaço de lugar"), e a menos familiar, e mais esotérica teoria social do rizoma de Deleuze e Guattari, um subterrâneo e metafórico caule, que liga qualquer ponto a qualquer outro ponto. De uma perspectiva espacial: "O rizoma pertence a um mapa que deve ser produzido, construído, um mapa que é sempre destacável, conectável, reversível, modificável e tem múltiplas entradas e saídas, e suas próprias linhas de fuga" (1988, p. 23). Tal raciocínio permite que os sociólogos da Internet pensem diferentemente sobre o espaço online e a cultura digital, desenvolvendo conceitos como "virtualidade", "telepresença", "convergência" e "presença", os quais têm uma potencial aplicação criminológica.

O termo "convergência" será bem conhecido por muitos especialistas em crimes cibernéticos, pois em um nível descreve a convergência direta dos recursos tecnológicos (os recursos de rede, compressíveis e manipuláveis do formato digital) e os processos regulatórios associados à experiência de mídia digital. Aqui fala-se de "dinheiro sem peso" (por exemplo, transferências em dinheiro), "produtos sem peso" (por exemplo, eBooks e "bens virtuais" em plataformas de jogos online) e a "economia sem peso" (por exemplo: "leis de propriedade intelectual" e "colonialismo informacional"). Essas áreas interessam criminologistas, é claro, porque geram fenômenos criminógenos, como "lavadores de dinheiro sem peso", "falsificadores leves" e "PI[27] e bio piratas sem peso". Em outro nível, entretanto, a convergência é um processo mais complexo, especialmente quando considerado em relação ao discurso teórico em torno da virtualidade e à distinção nebulosa entre o virtual e o real. Consideremos crimes on-line perpetrados contra perfis / identidades cibernéticas, como avatares de jogos. Tribunais em várias jurisdições já ouviram uma série de casos envolvendo roubo online, fraude e até cyber bullying e assalto em jogos de RPG on-line para vários jogadores, como *Second Life* e *World of Warcraft*. Apesar de muitas vezes referida como empolgante, essa indefinição do virtual e do real é tipicamente limi-

---

27   N.T.: Propriedade Intelectual.

tada a questões monetárias, pois os jogadores se descobrem com dinheiro real como resultado do furto de, por exemplo, "mercadorias" virtuais ou "terras". No entanto, por vezes, esse processo de borrar o real e o virtual é mais complexo e espacialmente interessante. Recentemente, a Linden Lab, empresa que desenvolveu e opera o Second Life, encontrou-se no centro de uma tempestade de mídia depois que a emissora de TV alemã ARD alegou que um jogador do *Second Life* pagava por sexo com jogadores menores ou jogadores posando como crianças (digitais). Em última análise, constatou-se que os jogadores envolvidos no incidente eram um homem de 54 anos e uma mulher de 27 anos que usavam seus avatares on-line para representar um ato sexual virtual entre um homem e um avatar infantil. A nível prático, este incidente destaca questões de jurisdição — o jogador envolvido era alemão, e na Alemanha o sexo simulado com crianças é punível com até cinco anos de prisão (em outros países, não é uma ofensa). No entanto, o que é discutivelmente mais interessante é como esse incidente destacou a natureza e o papel da intencionalidade dentro do espaço virtual. Há algum tempo, a intencionalidade tem sido uma causa suficiente para processos judiciais em casos reais, que envolvem abuso on-line de crianças, por pedófilos. No entanto, o caso do *Second Life* ilustra que ações/intenções virtuais também podem levar a consequências reais. A ARD transmitiu as imagens para um procurador do estado em Halle; enquanto a Linden Lab contatou as autoridades alemãs, e subsequentemente deixou bem claro que eles não tolerariam erotismo envolvendo crianças a adolescentes em seu site, e fariam tudo o que pudessem no futuro, para levar pedófilos virtuais e da vida real à justiça.

Indo além das questões legais de intencionalidade, esses incidentes levantam outras questões interessantes, sobre como o espaço on-line é navegado e concebido por indivíduos. A chave aqui é a noção de "telepresença", que tem sido usada para descrever a experiência imersiva, associada a certos aspectos da cultura digital. As tecnologias de comunicação, simplesmente afirmadas, têm o potencial de alterar a maneira como experimentamos a sensação de *estar* em um ambiente:

> A presença é relativamente não problemática, em situações não mediadas; estamos onde estamos [...] No entanto, quando a comunicação mediada ou interação de longa distância é introduzida na equação, as coisas começam a mudar. Nessa situação, ganhamos a capacidade de existir simultaneamente em dois ambientes diferentes ao mesmo tempo: o ambiente físico no qual o nosso corpo está localizado, e o "espaço" conceitual ou interacional que nos é apresentado, através do uso do meio. (MILLER, 2010, p. 31)

O "espaço interacional" associado à telepresença tem conotações criminológicas interessantes. Obviamente, a tecnologia digital cria o que se poderia descrever como *espaços de subjetividade* porosos, nos quais os movimentos, feitos através da internet rizomática e hiperlinkada, parecem material ou espacialmente insignificantes, mas na realidade, têm consequências tangíveis. Exemplos óbvios aqui incluem o surfe para imagens sexuais "*sub rosa*"[28] (ver JENKINS, 2001, por exemplo, sobre as práticas subculturais online associadas à pornografia infantil), e o tipo de discurso de ódio que agora é uma característica comum de "comentários" e "quadros de mensagens". De fato, a natureza "espacial" das "comunidades" online realmente se presta ao "dumping emocional" e outras manifestações de auto-expressão pessoal que nunca seriam toleradas no espaço físico, da "conversa virtual de vingança" e "vigilantismo online". (ver COTTEE, 2011), para 'cyber bullying' e "online stalking".

A telepresença tem sido muito discutida pelos geógrafos culturais interessados na cultura digital. No entanto, o que é ainda mais relevante para os criminologistas (especialmente aqueles preocupados com a difusão da vitimização) é o interesse mais recente na presença digital (LICOPPE, 2004). O mais importante aqui é o trabalho recente de Vince Miller, sobre como o *self on-line* é carregado e apresentado por meio de perfis de rede, fóruns ativos e não ativos, e registros de chats, blogs abandonados e contas de compras on-line e o que ele descreve como comunicação "fática", como atualizações de status, gestos sem informações (cutucadas), "gritos" nos microblogs, e outras formas de interação digital, que priorizam "conexão e reconhecimento sobre conteúdo e diálogo" (MILLER, 2011, p. 205). Tais informações, Miller argumenta, constituem nossa "persona" digital; um semiprivacidade incorpora essa "persona" virtual, que existe em vários pontos da arquitetura espacial da Internet. Se, historicamente, a privacidade girava em torno do sigilo, do anonimato e da solidão, hoje há um vasto reservatório on-line de informações pessoais sobre cada um de nós, desde fotos marcadas, até nossas preferências e hábitos de navegação. No espaço virtual nunca dormimos, estamos sempre por aí, "vivos" por assim dizer. Além disso, os "vestígios pessoais" digitais, ao contrário das informações de "cópia impressa", têm um tempo de vida permanente. Como Miller sugere, não há mais "esquecimento social", nossa "presença" virtual está lá para ser explorada, extraída de dados e traçada por todos, desde agências de crédito e de consumo até organizações anônimas de vigilância, e vigilância de dados. O conceito de presença de

---

28 N.T.: A expressão sub rosa denota segredo ou confidencialidade.

Miller tem uma aplicação criminológica óbvia; não apenas em termos de crimes cibernéticos específicos, como furto de identidade, mas também em outras áreas, como a reabilitação de criminosos e em como a identidade pós-divulgação/processo pode ser afetada pela presença online residual de alguém, ou em relação a outras áreas de pesquisa digital, como a noção de Mark Poster de panóptico digital, e questões relacionadas sobre as dimensões legais de privacidade e coleta de dados.

▶ CONCLUSÃO

Este capítulo ofereceu algumas formas alternativas e imaginativas de pensar sobre o espaço e o crime. Meu ponto de partida foi simples: que muitas criminologias específicas (tanto históricas quanto contemporâneas) tendem a matematizar a questão do ambiente, priorizando o espaço abstrato para além do lugar fenomenológico. Ao fazê-lo, abandonam qualquer tentativa de uma análise cultural (completamente) apreciativa da dinâmica interna do espaço, enfatizando abstrações racionais e análises multi-fatoriais rígidas que, embora sejam úteis para a redução do crime a curto prazo, pouco ajudam a entender melhor problemas espaciais e estruturais. Embora, às vezes, minha argumentação tenha sido provocativa, minha intenção não era minar todos os aspectos da criminologia ambiental e espacial — ao contrário, grande parte desse trabalho — de Burgess a Bottoms, de Herbert a Harries — é de uma percepção considerável. Diferentemente, meu objetivo primordial é simplesmente tentar melhorar a pesquisa existente sobre a relação entre espaço e crime. Creio que a geografia cultural pode ajudar nesse processo. Eu não sou ingênuo o suficiente para sugerir que a geografia cultural e conceitos como a teoria não-representacional abrangerão métodos criminológicos existentes, mas que talvez essas abordagens mais experimentais possam ser úteis como um "zumbido de fundo", fazendo perguntas de estilo, forma, técnica e método" (LORIMER, 2008, p. 556) afinal, a criminologia está sempre precisando de novas direções.

▶ REFERÊNCIAS

Anderson, B (2004) 'Time-stilled space-slowed: how boredom matters', *Geoforum* 35 739-54.

Anderson, B and Harrison, P (2010) *Taking-Place: Non-Representational Theories and Geography*, Farnham: Ashgate.

Bogue, D. J (1974) *The Basic Writings of Ernest W. Burgess*, Chicago: Community and Family Study Center.

Burgess, E W (1925) 'The Growth of the City' in Park, R E Burgess, E W and McKenzie, R D (eds), *The City,* Chicago: University of Chicago Press.

Burrows, R. (2008) 'Geodemographics and the construction of differentiated neighbourhoods' in J. Flint and D. Robinson (eds) *Cohesion in Crisis?,* Bristol: Policy.

Burrows, R. and Gane, N (2006) 'Geodemographics, software and class', *Sociology,* 40 (5) 793-812.

Campbell, E. (2012) 'Landscapes of performance: stalking as choreography', *Environment and Planning D,* 30 (2) 400-17.

Cheliotis, L (2010) 'The sociospatial mechanics of domination: transcending the 'Exclusion/Inclusion dualism, *Law Critique,* 21 131-145.

Cosgrove, D (1983) 'Towards a radical cultural geography' *Antipode,* 15, 1-11.

Cottee, S (2011) 'Virtual revenge talk: the bloody rhetoric of an internet comment-thread', Forthcoming.

Deegan, M. J. (1988) *Jane Addams and the Men of the Chicago School,* New York: Transaction.

Deleuze, G and Guattari, F (1988) *A Thousand Plateaus,* London: Athlone

Duncan, J (1980) 'The Superorganic in American cultural geography', *Annals of the Association of American Geographers,* 70, 181-198.

Eaton, R (2001) *Ideal City: Utopianism and the (Un)Built Environment,* London: Thames and Hudson.

Ferrell, J (2004) 'Boredom, Crime, and Criminology' *Theoretical Criminology* 8(3) 287-302.

Ferrell, J Hayward, K and Young, J (2008) *Cultural Criminology,* London: Sage.

Franck, K and Stevens, Q (eds) (2006) *Loose Space,* London: Routledge.

Garland, D (1997) "Governmentality' and the problem of crime: Foucault, criminology and sociology' *Theoretical Criminology* 1 (2): 173-214.

Harries, K (1999) *Mapping Crime: Principles and Practice,* National Institute of Justice, Washington: DC.

Hayward, K J (2004) *City Limits: Crime, Consumer Culture and the Urban Experience,* London: GlassHouse.

Hayward, K J (2012) 'Five spaces of cultural criminology', Forthcoming

Henry, S and Milovanovic, D (1996) *Constitutive Criminology,* London: Sage.

Jackson, P (1989) *Maps of Meaning: An Introduction to Cultural Geography,* London: Unwin-Hyman.

Jenkins, P, (2001) *Beyond Tolerance: Child Pornography on the Internet,* New York: NYUP.

Jewkes, Y and Yar, M (2010) *Handbook of Internet Crime,* London: Sage

Licoppe, C (2004) '"Connected" presence: the emergence if a new repertoire for managing social relationships in a changing communication technoscape', *Environment and Planning D*, 22(1) 135-156.

Lindstrom, F B and Hardert, R A (Eds.) (1988) 'Kimball Young On The Founders Of The Chicago School' *Sociological Perspectives* 31(3) 269-297.

Lorimer, H (2005) 'Cultural geography: the busyness of being 'more-than-representational', *Progress in Human Geography* 29 (1) 83-94.

Lorimer, H (2007) 'Cultural geography: worldly shapes, differently arranged', *Progress in Human Geography* 31 (1) 89-100.

Lorimer, H (2008) 'Cultural geography: non-representational conditions and concerns', *Progress in Human Geography* 32 (4) 551-559.

McKenzie, R. D. (1924) 'The ecological approach to the study of the human community', American Journal of Sociology, 30 (3) 287-301.

McKenzie, R. D. (1925) 'The ecological approach to the study of the human community', in Park, R E, Burgess, E W and McKenzie, R D (eds), *The City,* Chicago: Chicago University Press.

Matless, D (1995) 'Culture run riot?: Work in social and cultural geography, 1994', *Progress in Human Geography*, 19: 395-403.

Matza, D (1969) *Becoming Deviant,* Englewood Cliffs, NJ: Prentice Hall.

Miller, V (2011) *Understanding Digital Culture*, London: Sage.

Mitchell, D (2000) *Cultural Geography*, Oxford: Blackwell.

Murdoch, J. (1998) 'The Spaces of Actor-Network Theory', *Geoforum, 29,* 357-374.

Papastergiadis, N and Rogers, H (1996) 'Parafunctional Spaces' in J Stathatos (ed), *Art and the City*, London: Academy Group.

Papastergiadis, N (2002) 'Traces Left in Cities' *Architectural Design, Poetics in Architecture* No 156.

Park, R E (1925a) 'The city as a social laboratory' in T.V Smith and L. White (eds) *Chicago: An Experiment in Social Science Research*, Chicago: Chicago University Press.

Park, R E (1925b) 'The city: suggestions for the investigation of human behaviour in the urban environment' in Park, R E, Burgess, E W and McKenzie, R D (eds), *The City,* Chicago: Chicago University Press.

Park, R E, Burgess, E W and McKenzie, R D (eds), *The City,* Chicago: Chicago University Press.

Pile, S (2004) *Real Cities*, London: Sage.

Platt, J (1994) "The Chicago School and first hand data" *History of Human Sciences* 7: 57-80.

Sauer, C O (1925[1963]) 'The morphology of landscape', in Leighly, J (ed) *Land and Life: A Selection of the Writings of Carl Ortwin Sauer*, Berkeley: University of California Press.

Sibley, D (1985) *Geographies of Exclusion*, London: Routledge.

Small, A and Vincent, G, (1894) *Introduction to the Study of Society*, New York: American Book Co.

Smith, D (1988) *The Chicago School: a Liberal Critique of Capitalism*, New York: St Martin's Press.

Sumner, C (1994) *Sociology of Deviance: an Obituary*, Buckingham: Open University Press.

Thrift, N (1996) *Spatial Formations*, London: Sage.

Thrift, N (2008) *Non-Representational Theory: Space, Politics, Affect*, London: Routledge.

Whatmore, S. (2003) 'Generating materials', in M. Pryke, G. Rose, and S. Whatmore (Eds.), *Using Social Theory. Thinking Through research* (London: Sage.

Zelinsky, C (1973) *The Cultural Geography of the United States*, Englewood Cliffs, NJ: Prentice-Hall.

CAPÍTULO QUATRO

CRIMINOLOGIA CULTURAL: REFERÊNCIAS BÁSICAS E PROPOSTAS[29]

Álvaro Filipe Oxley da Rocha

Como primeira aproximação da Criminologia Cultural, é possível afirmar que esta trata de colocar o crime em seu contexto cultural, o que implica ver tanto o crime e as organizações de controle social como produtos culturais, os quais devem ser lidos a partir dos significados que carregam. Além disso, a Criminologia Cultural procura aclarar a dinâmica entre dois elementos-chave nessa relação: a ascensão e o declínio desses produtos culturais. O que se busca é focar a contínua geração de significados que surgem: regras são criadas ou quebradas, em uma constante interação entre iniciativas moralizantes, inovação moral e transgressão. Em razão da complexidade desse foco, a Criminologia Cultural é essencialmente interdisciplinar, e se utiliza de uma grande variedade de ferramentas de análise, que se inicia com uma interface direta, não apenas com a Criminologia, a Sociologia e o Direito Penal, mas com perspectivas e metodologias advindas dos estudos culturais, midiáticos e urbanos, filosofia, teoria crítica pós-moderna, geografia humana e cultural, antropologia, estudos dos movimentos sociais e abordagens de pesquisa ativa.

É possível perceber, da perspectiva destacada por Hayward,[30] que é bastante grande o complexo de interpelações e homologias que ligam crime e cultura, as quais têm sido, ao longo dos anos, uma grande fonte de inspiração para os criminologistas. Entretanto, apesar de esse complexo

---

29 O presente trabalho resulta de pesquisa do autor, em Criminologia Cultural, decorrente de pós-doutorado, na SSPSSR da Kent University – UK, a convite do Prof. Keith J. Hayward.

30 HAYWARD, Keith [e] YOUNG, Jock. (2007), "Cultural Criminology". Em: MAGUIRE, Mike et al. The Oxford Handbook of Criminology. London/New York, Oxford University Press, p. 102.

haver possibilitado a existência de alguns dos trabalhos fundamentais da Criminologia,[31] a trajetória do chamado "foco cultural", nessa disciplina, tem passado por fases alternadas de interesse e de esmorecimento por parte de seus estudiosos. O que resulta dessa dinâmica é que, hoje, aproximar-se desse conhecimento significa tomar ciência de uma disciplina na qual se cruzam e competem muitos paradigmas teóricos e ideológicos. Isto se torna ainda mais perceptível no que concerne à relação entre crime e cultura. Há pouco mais de uma década, porém, iniciou-se uma retomada da tradição cultural com o surgimento de um fluxo mais consistente de trabalhos, que gravitam em torno de um movimento intelectual conhecido como Criminologia Cultural,[32] no qual se destacam os trabalhos de Ferrell e Sanders (1995); Ferrell (1999); Banks (2000); Presdee (2000); Hayward e Young (2004); Ferrell et al. (2004), além de outros autores que, embora não se intitulem criminologistas culturais, muito têm colaborado nesse sentido, pelo que serão referidos ou citados oportunamente.[33] É preciso também fazer menção ao fato de que a Criminologia Cultural é ainda tema pouco conhecido e difundido no Brasil, embora estudos sobre as relações entre a cultura e a sociedade brasileiras já venham sendo desenvolvidos.[34]

Desse modo, nas palavras de Hayward,[35] "a responsabilidade da criminologia cultural é manter 'girando o caleidoscópio' sobre as maneiras pelas quais pensamos sobre o crime, e mais importante, sobre as respostas jurídicas e sociais à quebra de regras". Deve-se destacar ainda que, apesar dos avanços já produzidos no desenvolvimento do pensamento criminológico (ou "imaginação criminológica"), a Criminologia Cultural está trabalhando para estabelecer mais firmemente suas trajetórias e métodos. Contraditoriamente, essa busca pode ser seu ponto fraco, mas também pode ser seu ponto mais forte, dado que ela procura ser menos um paradigma definitivo e mais uma matriz de perspectivas sobre o crime

---

31 Destaca-se como exemplo, nesse sentido, a obra sociológica clássica de Émile Durkheim.

32 "Cultural Criminology", em inglês (Nota de Tradução).

33 Pelo absoluto ineditismo do tema no Brasil, somos obrigados a referir, por enquanto, apenas a copiosa literatura estrangeira sobre o tema, ainda sem traduções disponíveis em português.

34 Ver COUTINHO, Carlos Nelson. Cultura e sociedade no Brasil: ensaios sobre ideias e formas. Rio de Janeiro, DP&A Editora, 2000.

35 HAYWARD [e] YOUNG. (2007), *Op. cit.*, p. 103.

e o controle da criminalidade,[36] o que evita a centralização e a limitação das propostas conhecidas.

▶ SOBRE A CRIMINOLOGIA CULTURAL: REFERÊNCIAS INICIAIS

Em seus primeiros desenvolvimentos, nos Estados Unidos, a Criminologia Cultural se apresentava mais como uma referência operacional de pesquisa, ligada aos estudos de imagem, significados e interações entre crime e controle, especialmente voltada para as estruturas sociais emuladas, e às dinâmicas de experiência relacionadas às subculturas ilícitas, à criminalização simbólica das formas culturais populares, à construção mediada do crime e dos temas ligados ao seu controle, além das emoções incorporadas à coletividade, as quais moldam o significado do crime. A Criminologia Cultural, entretanto, ganhou força no Reino Unido, onde se procurou introduzir uma estrutura mais consistente em sua base teórica.[37] O nome "Criminologia Cultural",[38] em acordo com O'Brien e Yar,[39] pode ser visto como uma designação para um determinado número de interesses criminológicos, situados na confluência entre "crime" e "cultura", tomados em seu sentido mais difundido.

Sobre as relações entre crime e cultura, Ferrell[40] estabelece alguns parâmetros, afirmando que nas sociedades contemporâneas a interseção entre atos criminosos e dinâmica cultural está inserida na vida diária, e que muitas das formas do crime emergem de subculturas, moldadas por convenções sociais de significado, simbolismo e estilo. Essas subculturas, então, devolvem intensamente ao grupo social experiências coletivas e emoções que definem as identidades de seus membros e reforçam o "sta-

---

36 FERRELL, J. (1996), Crimes of Style: Urban Graffiti and the Politics of Criminality. Boston, MA, Northern University Press, p. 396.

37 O'BRIEN, M. (2005), What's Cultural about Cultural Criminology?. British Journal of Criminology, 45 (5), p. 605.

38 Ver a obra de O'BRIEN, Martin [e] YAR, Majid. (2008), Criminology: the Key Concepts. Oxon, UK/ New York, USA, Routledge. Essa obra desenvolve boa parte das referências conceituais e bibliográficas aqui utilizadas, além de ser um excelente repositório conceitual, bibliográfico e crítico para o estudo da criminologia em todos os níveis.

39 Ibidem.

40 FERRELL, J. (2007), "Crime and Culture". Em: HALE, Chris et al. Criminology. London / New York, Oxford University Press, p. 139.

tus" social marginalizado dos mesmos. Destaca que, ao mesmo tempo, aqueles que se encarregam de empreendimentos culturais, como música popular, fotografia artística, filmes e programas de televisão, com frequência são acusados de promover comportamento infracional ou mesmo criminoso, e comumente enfrentam denúncias e inquéritos policiais, além de processos, em nome da moralidade coletiva.

Hoje todos esses fenômenos, desde identidades criminosas, controvésias populares, campanhas para o controle de crimes, experiências de vitimização, são cada vez mais oferecidos e exibidos para o consumo público. Além disso, segundo o autor, todos esses fenômenos ganham forma dentro de um grande universo de mediação, no qual subculturas criminosas se apropriam das imagens populares e criam suas próprias formas de comunicação mediada; líderes políticos iniciam campanhas públicas de criminalização e pânico sobre o crime e os criminosos, e os cidadãos têm consumido o crime diariamente, como notícias e entretenimento. Em razão disso, afirma Ferrell, os criminologistas, hoje, entendem que uma consciência crítica da dinâmica cultural das sociedades modernas é necessária se quisermos entender até mesmo algumas das dimensões mais fundamentais dos fenômenos do crime e do controle da criminalidade.[41]

A Criminologia Cultural foi inicialmente desenvolvida por Jeff Ferrell e Clinton Sanders.[42] Essa abordagem pode ser, entretanto, rastreada no passado, até escolas sociológicas e criminológicas bem anteriores. O próprio Ferrell se refere à "nova criminologia" dos anos 70[43] e, em particular, à Escola de Estudos Culturais de Birmingham.[44] Os mesmos antecedentes são também registrados por outros autores, como Presdee,[45] que desenvolve aspectos relacionados aos clássicos da Sociologia, em especial os trabalhos de Karl Marx, Èmile Durkheim, Talcott Parsons e

---

41 Optamos por não ocupar o reduzido espaço de um artigo para expor as definições e as controvérsias em torno de crime e cultura, o que implicaria longas incursões laterais em Sociologia, Filosofia e Direito Penal.

42 FERRELL, J. [e] SANDERS, C.R. (eds.). (1995), *Cultural Criminology*. Boston MA, Northeastern University Press.

43 TAYLOR, I. et al. (1973), *The New Criminology*. New York: Harper & Row.

44 HALL, S. et al. (1978), *Policing the Crisis*: Mugging, the State, and Law, and Order. London, Macmillan.

45 PRESDEE, M. (2000), *Cultural Criminology and the Carnival of Crime*. London, Routledge.

Robert Merton. Ao mesmo tempo, Hayward e Youn[46] avançam no que diz respeito à antropologia social e à sociologia urbana de Jonathan Raban e Michel de Certeau. Esses desenvolvimentos, em particular as referências aos precursores intelectuais, convenceram Ferrell[47] a sugerir que a criminologia cultural "é menos um paradigma definitivo do que uma matriz emergente de perspectivas", preocupadas com representações, imagens e significados do crime.

É importante notar que muitos criminologistas atuais pesquisam as relações entre dimensões de cultura e crime, mas sem se considerarem criminologistas culturais. Este dado não facilita a tarefa de produzir uma definição de criminologia cultural. Entretanto, pode-se citar Rafter,[48] que tem pesquisado o crime apresentado nos filmes de Hollywood, e também McLaughlin,[49] que esboçou as construções populares do típico policial inglês, o "bobby", na Inglaterra do pós-guerra, enquanto Winlow e Hall[50] investigaram cuidadosamente a cultura da violência na chamada "economia noturna". Todos esses trabalhos e autores levam muito a sério a noção de cultura na pesquisa do crime e do controle da criminalidade, embora nenhum deles se intitule abertamente como criminologista cultural. Além disso, algumas abordagens criminológicas, que se afirma lançarem luz sobre o crime e o controle da criminalidade, como as teorias das atividades de rotina[51] e a teoria do controle, são abertamente rejeitadas pelos criminologistas culturais.

O que se busca destacar até aqui é que as características de preocupação ou compromisso com a análise das relações entre crime e cultura não são

---

46 HAYWARD, K.J. (eds.). (2004), "Cultural Criminology: some notes on the script", *Theoretical Criminology*, 8 (3).

47 FERRELL (1996), *op. cit.*, p. 396.

48 RAFTER, N.H. (2000), *Shots in the Mirror*: Crime Films and Society. Oxford, Oxford University Press.

49 McLAUGHLIN, E. (2005), "From Reel to Ideal: the Blue Lamp and the Popular Cultural Construction of the English 'Bobby'". *Crime, Media, Culture* 1 (1), p. 11-30.

50 WINLOW, S. [e] HALL, S. (2006), *Violent Night*: Urban Leisure and Contemporary Culture. Oxford, Berg.

51 COHEN, L. [e] FELSON, M. (1979), "Social Change and Crime Rates Trends: a Routine Activity Approach". *American Sociological Review*, 44, p. 588-608.

suficientes para uma definição satisfatória de criminologia cultural, visto que seu objetivo, na realidade, não se insere em nenhuma tradição, e se define, na maioria das vezes, mais pelo combate do que por aquilo que apoia. Os seus adeptos rejeitam particularmente a criminologia administrativa, a prevenção situacional do crime e a teoria da escolha racional. Destaca-se Presdee,[52] que acusa a criminologia administrativa de ser apenas uma "fábrica de dados", que nada mais faz do que produzir estatísticas que são "demandadas e devoradas" por seus chefes políticos. Hayward e Young[53] afirmam que tal criminologia desenvolve "teorias doentias e análises retrógradas, geralmente seguidas de resultados inconclusivos". Deve-se destacar que muitas dessas hostilidades e críticas sobre escolas e teorias conhecidas indicam que a Criminologia Cultural parece se posicionar mais como uma abordagem política[54] do que analítica em face do entendimento do crime e do controle da criminalidade. Basta citar Ferrell et al.[55] quando afirmam que o ataque da Criminologia Cultural contra a "chatice"[56] da criminologia "empírico-abstrata" deriva mais da "política de seus métodos e teorias" do que de seu objeto em si mesmo.

Para fins de localização temporal, mas também como um bom exemplo da proposta da Criminologia Cultural, destaca-se a obra Crimes of Style,[57] de Jeff Ferrell,[58] na qual o autor relata sua experiência entre os grafiteiros de Denver, Colorado (USA), movimento no qual o pesquisador se inseriu especialmente entre o grupo de grafiteiros conhecidos como "Syndicate". A obra aponta algumas das fontes culturais do estilo "hip-hop" de grafite, as conexões e as distinções entre o grafite e a arte "oficial" e a de vanguarda. Descreve as reações das autoridades e da mídia locais ao grafite, e conclui com uma análise política do grafite como forma de resistência subcultural, um contraponto de estilo às imposições de autoridade, uma

---

52 PRESDEE, 2000, *op. cit.*, p. 276.

53 HAYWARD, 2004, *op. cit.*, p. 262.

54 FERRELL, Jeff, HAYWARD, Keith [e] YOUNG, Jock. (2010), "Tédio, crime e criminologia: Um convite à criminologia cultural". *Revista Brasileira de Ciências Criminais*, 82, p. 339.

55 FERRELL, J. et al. (2004), *Cultural Criminology Unleashed*. London, Glasshouse Press, p. 296.

56 *Boredom*, no original (NT).

57 Em português, "Crimes de Estilo", sem versão em língua portuguesa (NT).

58 FERRELL, 1996, *op. cit.*

ação irreverente contra a inércia do conformismo, e uma fuga dos canais convencionais de autoridade e controle. Desse modo, os grafiteiros não são apresentados como vândalos, antissociais ou inconvenientes, e sim como indivíduos de estilo criativo, os quais aceitam se arriscar a sofrer sanções legais a fim de expressarem sua individualidade artística.

Ferrell afirma que o sentido do grafite é menos depredar a paisagem urbana ou marcar território, com seus símbolos coloridos, e muito mais uma busca subcultural pela "adrenalina da criação ilícita", um desafio e uma celebração da imensa ilegalidade do ato de escrever, no sentido da transgressividade presente nessa ação. Esta última referência destaca uma das principais características da Criminologia Cultural: um forte interesse pelo primeiro plano, ou pelo momento "experiencial" do crime; nesse sentido, a criminologia Cultural se preocupa com o "sentido localizado da atividade criminosa",[59] ou com "quadros interpretativos, lógicas, imagens e sentidos através dos quais e nos quais o crime é apreendido e realizado.[60] O interesse no "sentido localizado", e nos "quadros interpretativos" pode ser referido à obra de Jack Katz, *Seductions of Crime*: Moral and Sensual Attractions in Doing Evil.[61] Nesta obra, o autor estabelece uma distinção entre o que chama de "emoções morais" (humilhação, arrogância, desejo de vingança, indignação etc.) espreitando no primeiro plano do crime, e "condições materiais" (especialmente gênero, etnicidade e classe social) como antecedentes do crime.

O argumento central de Katz é o de que uma criminologia que procura entender os crimes "normais" — agressão, assalto, coação, rufianismo, e assim por diante — deve prestar especial atenção às recompensas morais e emocionais que essas ações fornecem àqueles que as cometem. Com frequência, esses crimes não são apenas explicáveis a partir de eventuais recompensas materiais, destacando-se especialmente a violência doméstica, incluindo homicídio. Ao contrário, tais crimes surgem no contexto de profundas necessidades emocionais e sensoriais, e é somente pela apreensão dessas profundas sensações que variações nos fatores antecedentes podem ser explicadas: por exemplo, por que os homens cometem

---

59 FENWICK, M. (2004), "New Directions in Cultural Criminology". *Theoretical Criminology*, 8 (3), p. 385.

60 KANE, S.C. (2004), "The Unconventional Methods of Cultural Criminology". *Theoretical Criminology*, 8 (3), p. 303.

61 Em português, "Seduções do Crime: Atrativos Morais e Sensoriais na Prática do Mal", sem versão em língua portuguesa (N.T.).

mais crimes do que as mulheres, por que algumas pessoas que vivem na pobreza se voltam para o furto e os assaltos, mas não outras, e por que existem variações na participação étnica em diferentes tipos de crimes. Para Ferrell, esse foco no primeiro plano das sensações ligadas ao crime leva a atenção da criminologia para longe das colunas de estatísticas, que mostram propositalmente a extensão do "problema do crime", e a leva (a criminologia) para as "imediatas e incandescentes integrações entre risco, perigo e habilidade que moldam a participação nas subculturas desviantes e criminosas".[62] Por fim, o autor escreve que o foco no primeiro plano do crime serve para "resgatar o empreendimento criminológico de uma criminologia aprisionada no edifício da racionalização científica e da objetivação metodológica".[63]

Um outro importante avanço para a Criminologia Cultural, que deve ser citado, foi o produzido por Stephen Lyng,[64] que juntou o conceito de ação-limite[65] ao interesse pelo primeiro plano do crime. Este conceito é utilizado para descrever o comportamento de risco voluntário. Embora não tenha sido desenvolvido, pelo menos inicialmente, para os interesses da Criminologia Cultural, ele tem sido aceito para significar a ligação entre comportamentos criminais e desviantes na aceitação voluntária de riscos em esferas de atividade mais convencionais como, no caso do autor, o paraquedismo. A ação-limite está referida à experiência subjetiva que decorre da prática de atividades que contenham riscos pessoais inerentes: esta seria uma forma de "ação proposital, baseada no emocional e no visceral", e na "excitação imediata" que provém da ação arriscada por si mesma.[66] Embora aparentemente restrita à experiência subjetiva e ao significado da aceitação de riscos, Lyng e seus colegas argumentam que tais significados estão sempre relacionados a um contexto subcultural: os participantes aprendem o significado do seu comportamento pela

---

62 FERRELL, 1996, *op. cit.*, p. 404.

63 FERRELL, 2004, *op. cit.*, p. 297.

64 LYNG, Stephen. (1998), "Dangerous Methods: Risk Taking and Research Process". Em: FERREL, J. [e] HAMM, M.S. (eds.). Ethnography at the Edge: Crime, Deviance and Field Research. Boston, MA, Northeastern University Press.

65 *Edgework*, no original, sem tradução direta em português (NT).

66 FERRELL, J. et al. (2001), "Edgework, Media Pratices and Elongation of Meaning: A Theoretical Ethnography of the Bridge Day Event". *Theoretical Criminolog*, 5 (2), p. 178.

interação com outros, engajados nas mesmas atividades. Além disso, eles desenvolvem distintas estruturas linguísticas e simbólicas: códigos específicos, imagens e estilos pelos quais comunicar e entender suas experiências. Desse modo, o sentido de correr riscos está invariavelmente relacionado às "comunidades de significados mediados e representações coletivas".[67] Portanto, uma psicologia social do comportamento de risco estará vinculada aos estilos subculturais, símbolos e valores do grupo ao qual os que se arriscam estão referidos, aquele em que, por sua vez, ambos se baseiam para desafiar a cultura mais ampla em que eles estão situados.

Por este ponto de vista, destaca-se que uma das mais importantes preocupações da Criminologia Cultural é estabelecer em que medida o comportamento desviante ou criminoso desafia, subverte ou resiste aos valores, símbolos e códigos da cultura dominante. Nesse sentido, a preocupação em investigar as subculturas desviantes, nos termos precisos de desafios e resistências que elas oferecem, é a principal linha divisória entre a Criminologia Cultural e aquelas criminologias que levam a cultura a sério, mas não representam o desvio como desafio e resistência. É preciso ter presente que a ideia segundo a qual subculturas desviantes desafiam a cultura dominante não implica que elas o façam de maneira consciente ou direta. Embora Ferrell, em especial, tenha se dedicado à detalhada exploração dos grupos "outsiders,[68] incluindo grafiteiros, anarquistas urbanos e grupos distintos de catadores de lixo, alguns criminologistas culturais estão mais preocupados em expor o contexto cultural e social no qual esses grupos de "outsiders" agem.

Desta forma, é relevante a obra de Jock Young, cujo interesse em Criminologia Cultural é descrever como "as intensas emoções associadas à maioria dos crimes urbanos está relacionada a problemas significativos e dramáticos da grande sociedade",[69] que ele descreve como se constituindo de insegurança, pessoal e econômica, numa combinação de inclusão cultural e exclusão social, e perda das identidades conhecidas (baseadas em classes sociais), através das quais se pode compreender coletivamente o mundo social. Embora esses problemas não possam ser tomados em si mesmos como causas diretas do crime, eles fornecem as condições de possibilidade em que o crime e a transgressão se desenvolvem. Numa

---

67 Ibidem, p. 179.

68 Esta palavra inglesa, de uso consagrado em português, tem originalmente o significado de "estranho" ou "forasteiro" (NT).

69 YONG, Jock, 2003, p. 391.

cultura que promete prazeres imensos e liberdade para todos pelos meios de comunicação de massa, a realidade da marginalização econômica e da exclusão social conduz a sensações generalizadas de humilhação. Em contrapartida, segundo o autor, é a experiência de humilhação que fundamenta, na contemporaneidade, uma parte significativa do crime.

Ao descrever criminosos violentos e usuários de drogas, Young[70] afirma que estes "transgressores são movidos por energias de humilhação". Da mesma forma, Hayward[71] também procura ligar insegurança e exclusão aos problemas do crime, argumentando que muitas formas de crime e desvio são respostas psicológicas às experiências de impotência e marginalização vividas pelos pobres do meio urbano. Hayward e Young,[72] ao deslocarem o foco da discussão do indivíduo para o grupo, propõem que "é através das quebras de regras que os problemas subculturais procuram solução". Em outras palavras, formas de crime e desvio são os sinais visíveis de problemas coletivos profundos: os criminosos aprendem a quebrar regras no contexto de subculturas específicas, que mais tarde aparecem precisamente como respostas aos grandes problemas coletivos. Por essa via, estes autores procuram ligar os sentimentos individuais de impotência e exclusão aos estilos subculturais, códigos e valores que caracterizam de forma central o trabalho de Ferrell, Lyng e outros.

▶ ALGUMAS PROPOSIÇÕES EM CRIMINOLOGIA CULTURAL

Ferrell[73] destaca que, entre as muitas interseções entre crime e cultura, portanto entre as principais referências da Criminologia Cultural, podem ser destacadas cinco, que aparentemente apresentam os "insights"[74] mais significativos para a compreensão da complexa dinâmica social, dentro da qual a prática criminosa e o controle da criminalidade tomam forma. São

---

70   Ibidem, p. 408.

71   HAYWARD, K.J. (2004), *The City Limits*: Crime, Consumer Culture and the Urban Experience. London: Cavendish, p. 165.

72   HAYWARD, 2004, *op. cit.*, p. 266.

73   FERRELL, 2007, *op. cit.*, p. 141.

74   Não há tradução direta para o português. Poder-se-iam utilizar as palavras "compreensão" ou "achado", que não carregam, entretanto, um efeito dinâmico, mais próximo do metafórico "estalo" mental da compreensão súbita, como na sensação da descoberta, o clássico "eureka" (achei!) dos gregos (NT).

elas: 1. subcultura e estilo; 2. ação-limite, adrenalina e compreensão criminológica;[75] 3. cultura como crime; 4. crime, cultura e exibição pública; e finalmente, 5. mídia, crime e controle da criminalidade. Apresentaremos a seguir, de forma condensada, cada um destes pontos.

Quanto à relação entre subcultura e estilo, o autor[76] afirma que muitos dos objetos que os criminologistas estudam são organizados e definidos por subculturas criminosas que fornecem um repositório de habilidades, do qual seus membros obtêm o "aprendizado" que lhes permitirá ter sucesso em ações criminosas, como, por exemplo, o uso correto das ferramentas adequadas para furto de veículos ou de residências, ou o manejo de armas e técnicas para a violência efetiva. Destaca, entretanto, que o mais importante é que essas subculturas criam um "ethos" coletivo que pode ser descrito como um conjunto de valores e orientações (ou "regras") que definem o comportamento criminoso de seus membros como adequado, ou mesmo louvável. Nesses meios sociais também surgem as contraculturas criminosas, cujo estilo de vida se opõe aos conceitos convencionais de legalidade, moralidade e realização e conflita com eles. Na maioria dos casos, essas orientações e esses valores vêm incorporados ao estilo que distingue cada subcultura, a qual convenciona o modo de vestir, de comportar-se, o uso de códigos lingüísticos muitas vezes incompreensíveis aos estranhos e os rituais diários criados para definir os limites da adesão. Esses aspectos, porém, vão muito além da simples associação, criando verdadeiras comunidades simbólicas que definem para seus membros o sentido da criminalidade, muito mais do que o crime em si mesmo.

Ainda sobre essa relação, dois aspectos importantes se destacam, segundo este autor; primeiro: a difusão desses símbolos subculturais exibidos na vida diária de seus membros, em atividades como dança e música, como no "hip-hop" americano, em comportamento social e roupas e em suas marcas pictóricas nas ruas, não soaria também como um "convite" a uma maior vigilância e controle por parte das autoridades? Entretanto, como se trata, na verdade, de marcas de estilo e identidade subculturais, seria adequada a utilização desses símbolos como indicadores de criminalidade?; segundo: seria adequado que os símbolos de estilos de subculturas ilícitas, a partir da difusão midiática e da apreensão desses símbolos por grandes empresas, fossem largamente utilizados para a

---

75 *Criminological verstehen*, inglês e alemão, no original (NT).

76 FERRELL, 2007, *op. cit.*, p. 142.

venda de produtos no mercado, especialmente para o público jovem? Ao mesmo tempo, deveriam pais e autoridades escolares se preocupar com o fato de os jovens começarem a usar roupas, linguagem e produtos cuturais associados a subculturas criminosas?[77]

No que se refere à noção de ação-limite, adrenalina e compreensão criminológica, Ferrell[78] alega que, além dos aspectos antes citados, as vidas dos engajados em atividades criminosas também é moldada por algo mais: uma variedade de experiências coletivas intensamente significativas e emocionais.[79] Ao examinar uma ampla gama de atividades, desde brigas de rua a incêndios, esses criminologistas perceberam que tais indivíduos, com frequência, aceitam o perigo e os altos riscos que acompanham essas ações. Ao invés de evitarem os riscos, ou vê-los como uma infeliz consequência de seus atos, eles passam a desfrutá-los, a ponto de regularmente afirmarem estar "viciados" em experiências perigosas, ou na "adrenalina" do crime. Essas afirmações contrariam a ideia psicanalítica de "desejo de morte", e sugerem, no discurso dos agentes, a referência simbólica e de linguagem vivida e dividida pelos membros dessas subculturas.

Com o fim de estender as possibilidades da pesquisa, o autor propõe uma revisão dos métodos criminológicos que, segundo ele, não devem ficar apenas na organização de dados estatísticos e de questionários, afirmando que métodos como esses não podem penetrar nos significados transacionados das experiências vivas de primeiro plano. Ao contrário, fazem-se necessários métodos que coloquem os criminologistas tão perto quanto possível do imediatismo dos fatos e das situações criminosas. Indo além da pesquisa de campo convencional, a proposta seria a aproximação, no sentido da obtenção da chamada "compreensão criminológica", um entendimento profundo e até mesmo emocional das perigosas experiências que definem a criminalidade, como uma forma de obter "insights" criminológicos inacessíveis à pesquisa convencional. Trata-se de assumir riscos que trazem ao criminologista-pesquisador desafios relativos às convenções sobre "objetividade" da pesquisa científica, sobre criminologia como "sociologia" do crime e do controle da criminalidade, e também traz desafios envolvendo moralidade e legalidade.

---

77 FERRELL, 2007, *op. cit.*, p. 143.

78 Ibidem.

79 KATZ, Jack. (1988), *Seductions of Crime*: Moral and Sensual Attractions in Doing Evil. New York, Basic Books; LYNG, 1998, *op. cit.*; FERRELL, 1996, op. cit.; HAYWARD, 2004, *op. cit.*, cap. 5.

Entretanto, segundo o autor, se o significado do crime é em grande medida construído no momento de sua experiência, de que outra maneira podem os criminologistas investigá-lo e entendê-lo? Finalmente, Ferrell pergunta se existem tipos de crime que não são moldados pela ação-limite e pela excitação. E caso existam, como diferenciar essa suposta categoria de crimes daqueles definidos pela ação-limite? Ainda mais, indaga se haveria limites para a pesquisa entre criminosos orientada pela compreensão criminológica, e se há tipos de crime para os quais não se deveria procurar uma compreensão emocional; e se existem, qual seria a razão que fundamenta uma suposta negativa.

Sobre a cultura como crime, o autor aponta principalmente as questões que se relacionam à ação da mídia. Referindo-se ao conceito de cultura pelo seu significado de complexo de imagens e símbolos, Ferrell faz menção a todos os agentes ligados à produção desse ambiente cultural midiático, ou seja, artistas, músicos, fotógrafos, cineastas e diretores de televisão, por exemplo. Muitos deles produzem e se vinculam ao que se identifica como "alta cultura", filmes, música, fotografia etc., que é apreciada pelas elites instruídas, que está em museus, galerias de arte etc. Outros se dedicam às chamadas formas populares da cultura, como programas de televisão, filmes comerciais, música popular etc., em geral tomadas como "cultura popular". Independente de em que nível atuem, nunca eles estão livres de terem seus produtos redefinidos como criminosos, e de serem, conforme a época, acusados de disseminar obscenidades, pornografia, violência, estimulando o comportamento social criminoso, influenciando especialmente os jovens a cometerem estupros, consumirem drogas, praticarem assaltos, homicídios ou suicídios, ou ainda a cometerem crimes copiando[80] ou imitando os conteúdos disseminados pela mídia.

Em alguns casos, as acusações apenas circulam, em outros, chegam a se tornar queixas, inquéritos e processos judiciais. Todo esse processo mobiliza empreendimentos morais, movimentos de indivíduos ou grupos sociais para redefinir o que surge na cultura como crime. Estes, no entanto, ocupam os mesmos espaços de mídia (especialmente a televisão) através dos quais se veicularam os conteúdos considerados indutores da criminalidade. O autor propõe um caso e pergunta:[81] se num processo judicial alguém é acusado por um crime, e a defesa alega ter sido ele

---

80   O crime que decorre da imitação de conteúdo midiático é chamado *copy-cat crime*, em inglês (NT).

81   FERRELL, 2007, *op. cit.*, p. 147.

provocado por excessiva exposição a imagens violentas transmitidas pela mídia, isto é, o acusado simplesmente imitou o que viu e, desse modo, não seria pessoalmente responsável, que tipo de prova se poderia usar para apoiar essa alegação? E que prova se poderia apresentar em contrário? Ao mesmo tempo, que diretrizes poderiam ser desenvolvidas para amenizar o potencial dano decorrente de imagens violentas transmitidas pela mídia, contrariando valores humanísticos de liberdade de expressão? A mídia deveria ser limitada em função das preocupações sobre seus danos sociais em potencial?

Ao procurar relacionar "crime, cultura e exibição pública", Ferrell estabelece que os meios de comunicação de massa produzem e expõem diariamente um número incontável de imagens relacionadas a crime e controle da criminalidade para o consumo público. Mas esta não é a única maneira pela qual os temas da criminalidade são exibidos na sociedade contemporânea: eles também são exibidos como parte da movimentação social das interações diárias, como parte do ambiente construído dentro do qual a vida da sociedade continua. Nesse sentido, uma série de outros elementos relacionados ao crime são mostrados: objetos públicos depredados, pessoas maltrapilhas e maltratadas, crianças abandonadas, lixo, paredes sujas, janelas quebradas. Essas considerações inspiraram o modelo das janelas quebradas,[82] utilizado por grupos políticos conservadores para exigir e justificar ações duras contra mendigos, sem-tetos, grafiteiros e outros grupos visíveis relacionados aos crimes contra a "qualidade de vida" nas áreas urbanas, concentrando-se na ação policial na vida diária. Para o autor,[83] a fim de melhor pensar sobre essa relação, seria útil questionar, ao nos movermos em nosso ambiente urbano, quantos símbolos ligados ao crime, ao controle da criminalidade ou à vitimização são identificáveis? Como os interpretamos no sentido de nossa segurança ou vulnerabilidade? Como se pode esperar que variem as interpretações das pessoas sobre esses símbolos, com base em seu gênero, suas orientação sexual, classe social, idade ou origem étnica?

Finalmente, Ferrell procura relacionar mídia, crime e controle da criminalidade. Destaca que na sociedade contemporânea a mídia detém a preponderância sobre o crime e o controle da criminalidade. Desse modo, para compreender temas como o apoio público à disseminação das em-

---

82   WILSON, J.Q. [e] Kelling, G. (1982), "Broken Windows: The Police and Community Safety", *Athlantic Monthly*, March, p. 29-38.

83   FERRELL, 2007, *op. cit.*, p. 150.

presas de segurança privada, ou as preocupações sobre a criminalidade no dia a dia, as várias formas dos meios de comunicação de massa devem ser examinadas. E desse exame, segundo o autor, resulta um padrão significativo: a mídia de massa transmite não apenas informação, mas emoção. Tanto nas notícias quanto em programas de entretenimento, a mídia superenfatiza, com regularidade, o crime de rua, muito mais do que os crimes empresariais; focaliza a criminalidade entre estranhos, mais do que a violência doméstica; a criminalidade violenta mais do que os crimes não violentos e silenciosos contra a propriedade. Enquanto parte desses padrões de sensacionalismo resulta em manipulação política da mídia e confiança da mídia nas fontes oficiais, eles parecem ser conduzidos, em sua maioria, pela busca obsessiva da mídia por altos índices de audiência, maior venda de jornais e revistas e aumento de lucros financeiros. Entretanto, quaisquer que sejam suas fontes, o efeito cumulativo dessas distorções permanece claramente político; eles regularmente ampliam e agravam o medo público do crime, estabelecem inapropriadamente agendas públicas punitivas visando ao controle da criminalidade, e preparam o público para a crise seguinte de pânico moral em face do crime e da criminalidade.

Não é nenhuma surpresa que o objeto dessas ações — indivíduos e grupos criminosos e criminalizados — também participem do processo interminável de negociação mediada. Esses grupos, por exemplo, "gangs" de rua, "skinheads", grafiteiros e outros, com frequência têm websites construídos para apresentar seus próprios pontos de vista sobre crime e sociedade ou, no mesmo sentido, produzem vídeos de suas ações criminosas. Essa disputa em torno da "verdade" sobre o crime justifica as crises de pânico moral e os movimentos de "empreendedorismo" moral administrados pela mídia e que envolvem o público, e medeia a negociação sobre o significado do crime em si mesmo. Essas negociações necessitam, segundo o autor, de mais pesquisa criminológica, pois são de extremo relevo para a compreensão das mudanças na sensibilidade social.

Nessa linha, surge então a questão sobre o que pode ser feito para corrigir as distorções da mídia de massa e a superdramatização dos temas do crime. Além disso, seria adequado a criminosos e grupos criminalizados a produção de seus próprios websites e vídeos? Deveria haver limites para esses tipos de mídia ilícita? Finalmente, o autor observa:

> As interseções entre crime e cultura estão hoje emergindo como uma área extremamente relevante da crise política e moral da sociedade contemporânea. É nele que os temas fundamentais da identidade

humana e da justiça social estão sendo contestados. O objetivo da vigilância e do conhecimento dos perfis criminosos, o equilíbrio entre livre expressão e o potencial de danos sociais, a negociação dos limites que separam arte e obscenidade, o papel adequado das várias formas de mídia no controle da sociedade contemporânea, todos esses temas tomam forma na interseção entre crime e cultura. Por esta razão, a análise da relação entre crime e cultura não é um mero exercício intelectual abstrato; ela é, antes de tudo, um exercício de cidadania engajada e ativismo informado (FERRELL, 2007, p. 153).

O autor, desse modo, reafirma o papel político do estudo científico da criminalidade assumido pela Criminologia Cultural. Não se trata apenas de rever e reconstruir o pensamento e a metodologia criminológicos, mas de estabelecer parâmetros para avanços sociais reais (FERRELL et al., 2010), levando em consideração o conhecimento sociológico, mas sem se afastar da realidade social contemporânea, por mais caótica que ela se apresente. É um posicionamento pouco convencional da tradição das ciências sociais, mas que parece se justificar, hoje, pelo avanço lento de outras metodologias, em contraste com a forte demanda por respostas consistentes das ciências sociais sobre os problemas objetivos do crime e do controle da criminalidade.

▶ CONCLUSÕES

Não se pode negar que a Criminologia Cultural se apresenta como uma arena nova, emocionante e politicamente carregada para a pesquisa e a teoria criminológicas. Como referimos no início do capítulo, a ideia de manter girando o caleidoscópio pelo qual se estuda o crime e as respostas jurídicas a ele é fundamental. Assim, a Criminologia Cultural pode ser vista, em alguns sentidos, como um ramo da criminologia crítica, na medida em que muitas vezes procura como ela avançar na ligação do mundo do desvio e da criminalidade com a imensa pressão social e econômica enfrentada pelos pobres urbanos nas sociedades contemporâneas. Entretanto, da leitura de seus críticos aqui destacados, fica evidente que ainda persistem questionamentos sobre de que forma as noções de subcultura, subversão e transgressão fornecem pontos de referência adequados para explicar o comportamento desviante e criminoso.

Como antes afirmado, essa referência de análise está em desenvolvimento e, por sua postura mais flexível, acreditamos que merece ser conhecida, acompanhada e desenvolvida entre nós. Os novos pontos de vista metodológicos propostos, embora passíveis de questionamentos, inegavelmente produzem "insights" por demais instigantes para serem ignorados. Para finalizar, lembramos que a Criminologia Cultural foi e segue sendo desenvolvida a partir da realidade social na qual se inserem seus autores, principalmente Inglaterra e Estados Unidos, visam a essa mesma realidade, não podendo seus avanços e questionamentos serem simples e diretamente transpostos para a obtenção de análises adequadas à realidade social brasileira. É necessário antes estudar, comparar e revisar seus conceitos e instrumentos cuidadosamente em função deste objetivo. Assim, este artigo também se constitui em um convite aos leitores e pesquisadores interessados no sentido de buscar o aprofundamento dessa referência e os modos pelos quais os conceitos, os posicionamentos e os métodos da Criminologia Cultural podem se tornar referências valiosas e/ou de auxílio na produção e na operacionalização de instrumentos de análise adequados ao contexto brasileiro de debates em Ciências Humanas e Sociais.

▶ REFERÊNCIAS

COHEN, L. [e] FELSON, M. (1979), "Social Change and Crime Rates Trends: a Routine Activity Approach". American Sociological Review , 44, p. 588-608.

COUTINHO, Carlos Nelson. (2000), Cultura e sociedade no Brasil: ensaios sobre ideias e formas. Rio de Janeiro, DP&A Editora.

FENWICK, M. (2004), "New Directions in Cultural Criminology". Theoretical Criminology, 8 (3), p. 385.

FERRELL, J. et al. (2001), "Edgework, Media Pratices and Elongation of Meaning: A Theoretical Ethnography of The Bridge Day Event". Theoretical Criminology, 5 (2), p. 178.

_____. (2004), Cultural Criminology Unleashed. London, Glasshouse Press, p. 296.

_____. (2007), "Crime and Culture". Em: HALE, Chris et al. Criminology. London/New York, Oxford University Press, p. 139.

_____. (1996), Crimes of Style: Urban Graffiti and the Politics of Criminality. Boston, MA, Northern University Press, p. 396.

FERRELL, Jeff; Keith HAYWARD [e] YOUNG, Jock. (2010), "Tédio, crime e criminologia: Um convite à criminologia cultural". Revista Brasileira de Ciências Criminais, 82, p. 339.

FERRELL, J. [e] SANDERS, C.R. (eds.). (1995), Cultural Criminology. Boston MA, Northeastern University Press.

HALL, S. et al. (1978), Policing the Crisis: Mugging, the State, and Law, and Order. London, Macmillan.

KANE, S.C. (2004), "The Unconventional Methods of Cultural Criminology". Theoretical Criminology, 8 (3), p. 303.

HAYWARD, K.J. (ed.). (2004), "Cultural Criminology: some notes on the script". Theoretical Criminology, 8 (3).

_____. (2004), The City Limits: Crime, Consumer Culture and the Urban Experience. London, Cavendish, p. 165

HAYWARD, Keith [e] YOUNG, Jock. (2007), "Cultural Criminology". Em: MAGUIRE, Mike et al. The Oxford Handbook of Criminology. London/NY, Oxford University Press, p. 102.

KATZ, Jack. (1988), Seductions of Crime: Moral and Sensual Attractions in Doing Evil. New York, Basic Books.

LYNG, Stephen. (1998), "Dangerous Methods: Risk Taking and Research Process". Em: FERREL, J. [e] HAMM, M.S. (eds.). Ethnography at the Edge: Crime, Deviance and Field Research. Boston, MA: Northeastern University Press.

McLAUGHLIN, E. (2005), "From Reel to Ideal: the Blue Lamp and the Popular Cultural Construction of the English 'Bobby'". Crime, Media, Culture, 1 (1), p. 11-30.

O'BRIEN, M. (2005), "What's Cultural about Cultural Criminology?". British Journal of Criminology, 45 (5), p. 605.

O'BRIEN, M. [e] YAR, M. (2008), Criminology: the Key Concepts. London, Routledge.

PRESDEE, M. (2000), Cultural Criminology and the Carnival of Crime. London, Routledge.

RAFTER, N.H. (2000), Shots in the Mirror: Crime Films and Society. Oxford, Oxford University Press.

TAYLOR, I. et al. (1973), The New Criminology. New York, Harper & Row.

WILSON, J.Q. [e] KELLING, G. (1982), "Broken Windows: The Police and Community Safety". Athlantic Monthly, March, p. 29-38.

WINLOW, S. [e] HALL, S. (2006), Violent Night: Urban Leisure and Contemporary Culture, Oxford, Berg.

YOUNG, Jock. (2003), "Merton with energy, Katz with structure: the Sociology of vindictiveness and the criminology of transgression". Theoretical Criminology, 7 (3), p. 389-414.

CAPÍTULO CINCO

CRIMINOLOGIA CULTURAL E DIREITO: SOMOS TODOS TRANSGRESSORES NA MODERNIDADE TARDIA?

Álvaro Filipe Oxley da Rocha
Tiago Lorenzini

▶ INTRODUÇÃO

Nas últimas décadas — e especialmente após a virada cultural dos anos 1960 —, as fronteiras objetivas, racionais e precisas entre a modernidade e a pós-modernidade têm se apagado e, paradoxalmente, se entrelaçado no presente. Isso porque o que predomina agora é uma crise geral e global de legitimidade das instituições sociais (trabalho, casamento, Estado, etc.) e suas respectivas metanarrativas, motivo pelo qual estamos a viver dentro de um novo modelo de ordem social transitória que aponta, de um lado, para o fracasso ou a exaustão do projeto da modernidade em sua fase tardia e, de outro, em direção ao novo mundo pós-moderno que ainda não se materializou, estrutural e funcionalmente.

Como consequência desse quadro, a sociedade da modernidade tardia passa a experimentar uma série de tensões, conflitos, representações culturais e emoções no presente, como resultado de sua desincorporação das estruturas sociais, que não mais são capazes de proporcionar uma identidade e sentido, seguros e firmes, para esses sujeitos que estão transitando, epistemológica e culturalmente, entre os estilos e as fronteiras da modernidade e da pós-modernidade ou, mesmo, entre o controle e o descontrole social.

Em contrapartida, o discurso jurídico, aquele protagonizado e protegido pelo jurista, necessita contar com a legitimidade do projeto da modernidade, isto é, com a crença de que a lei ou o Direito não é apenas um instrumento eficiente de combate à criminalidade (controle social), mas também uma Grande Narrativa importante, do mundo moderno. Do contrário, o sistema jurídico, em sua totalidade, deixa de existir pela falta de condições essenciais em sua "racionalidade" (WEBER, 2010, p. 61 e ss.). Todavia, embora a "cultura do controle"[84] da modernidade continue sendo uma perspectiva teórica e metodológica defendida pelas agências institucionais brasileiras, a lógica punitivista que faz parte da narrativa jurídica estatal, e que busca focalizar somente no lado racional do desvio, fracassa complemente na modernidade tardia.[85]

Em outros termos, enquanto a lei ou o Direito são utilizados no Brasil como uma metanarrativa de promoção de campanhas morais pelo endurecimento e pela repressão máxima do Estado, através da pena, sobre aqueles ditos criminosos, as taxas de criminalidade brasileiras continuam a aumentar, exponencialmente (TREVIZAN, 2017). Assim sendo, precisamos de novas ferramentas metodológicas para melhor reavaliar essas problemáticas fundamentais ao jurista, uma vez que este procura preservar um sistema de justiça criminal anacrônico, que está interessado em tratar as diversas emoções e contextos culturais humanos como atos de patologia ou de irracionalidade social.

Por esse motivo, a Criminologia Cultural tem um papel urgente nesse debate, no sentido de explorar os processos contemporâneos da vida social e diária para além das taxas de criminalidade (FERRELL e SANDERS, 1995, p. 304; HAYWARD, 2010, p. 1-5). Ao fazer isso, essa metodologia criminológica se manifesta tanto como uma "provocação crítica" quanto como uma "crítica cultural do poder" institucional, direcionada contra os sistemas de dominação social. Especialmente porque, a Criminologia Cultural vem tentando demonstrar que as políticas iluministas de controle social geram o efeito oposto ao que pretendem combater/solucionar, o descontrole das

---

84 Sobre o termo "cultura do controle" e sua respectiva proposta de estudo, *ver* Garland (2001, p. 105-106; 167-168). No entanto, a Criminologia Cultural não está preocupada em desenvolver uma teoria "conservadora" e capaz de reduzir a complexidade cultural dos processos sociais contemporâneos (FERRELL, et al., 2008, p. 53-54).

85 Sobre essa crítica, apontamos previamente os trabalhos de: Ferrell (et al., 2008, p. 51 e ss.; 168-172); Young (2004, p. 13-14); Hayward (2004, p. 154-155); entre outras pesquisas.

práticas diárias (desvios) que, por sua vez, não estão mais amparadas dentro dos limites do projeto da modernidade (FERRELL et al., 2004, p. 1 e ss.; FERRELL et al., 2008, p. 5; 7-8; PRESDEE, 2000, p. 158 e ss.).

Assim, o objetivo desse capítulo é justamente aproximar o jurista brasileiro do método de análise da Criminologia Cultural, a fim de que ele consiga edificar o seu próprio "arsenal de recursos culturais" (FERRELL, 1996, p. 161), isto é, instrumentos de análise melhores equipados para a compreensão do tempo e das práticas excitantes e sedutoras do presente, visíveis no funcionamento dos meios de comunicação, na sociedade capitalista e na cultura do consumo, na forma de regulação das agências de controle formal, entre outros setores. Nesse sentido, amparamo-nos no seguinte questionamento: Quais são as principais contribuições tanto teóricas quanto metodológicas que a Criminologia Cultural pode ofertar ao jurista e à melhor compreensão do discurso jurídico, na modernidade tardia?

A título de hipótese, tendo em vista o modo de abordagem da Criminologia Cultural, entendemos que, primeiramente, somos todos "criminosos" ou transgressores na modernidade tardia, uma vez que transgredir as regras e os limites racionais da modernidade é uma avenida excitante de construção de estilo e de "autêntica" identidade (HAYWARD, 2004, p. 143, 147-154; PRESDEE, 2000, p. 6-7; 21; 33; 45; FERRELL, 1996, p. 161-162). Dessa forma, por causa desse novo fato cultural da vida contemporânea, em segundo lugar, estudar e refletir sobre os estilos e as fronteiras culturais da modernidade é uma condição essencial para a avaliação de outras realidades do desvio, que não se resumem através do foco delimitado e teorizado (racional), especialmente pelas agências de controle formal.

▶ SOMOS TODOS TRANSGRESSORES (OU CRIMINOSOS) NA MODERNIDADE TARDIA

Comecemos nossas investigações pela reflexão dos múltiplos sentidos, significados e tensões culturais que podem ser extraídas de termos aparentemente neutros e abstratos, como crime e controle social. Isso porque, enquanto que o discurso jurídico moderno procura se utilizar dessa artificialidade, tanto em matéria legislativa quanto judiciária, para propor uma série de finalidades ideológicas e institucionais próprias, a exemplo do discurso jurídico do campo da lei como instrumento eficaz de controle da criminalidade, é possível que as expressões "crime" e "controle" sejam apenas: *uma tentativa institucional de criminalização da cultura de determinados subgrupos.*

Assim sendo, embora o discurso jurídico busque edificar uma estrutura dogmática em torno do significado do crime, como uma ação ou omissão típica, antijurídica e culpável, essa não é a única forma de conceituar ou significar essa terminologia. Dessa forma, crime não é apenas um desvio contra a ordem jurídica, uma ofensa aos valores morais dos grupos dominantes e nem, tampouco, um artefato estático e estagnado no tempo, construído historicamente. Pelo contrário, os significados em decorrência dessa expressão estão em constante flutuação na sociedade da modernidade tardia.

Do mesmo modo, o termo controle social não é uma tentativa institucional de limitar as ações dos sujeitos ou, ainda, alocar os "descontrolados" dentro de locais fechados e sem direitos humanos (presídios). Além disso, a inversão dessa terminologia (controle), o "descontrole" social não é uma histeria coletiva, moral ou mesmo um evento fictício que existe sob a forma de uma imaginação ilusória ou irreal. É o oposto, controle e descontrole social são práticas ou produtos culturais, cujas representações e contornos simbólicos dificilmente conseguem ser definidos na sociedade da modernidade tardia.

Por esse motivo, a Criminologia Cultural (FERRELL et al., 2008, p. 5; 7-8) não está preocupada em explorar o lado racional/moral das expressões crime e controle social, porém procura estudá-las enquanto produtos culturais carregados de significados, tensões, interpretações e representações simbólicas na vida contemporânea. Isso acontece porque o método dessa Escola Criminológica deseja fazer sentido ou focalizar as perspectivas geralmente ignoradas pelos órgãos de controle formal (Estado, família, trabalho, etc.), de modo a visualizar no tempo presente os inúmeros processos, contradições ou ironias da vida social (*lato sensu*).

Dentro desse contexto, o que a Criminologia Cultural tem almejado construir nos últimos anos é uma orientação híbrida, na medida em que deseja trazer para dentro da Criminologia o estudo das teses pós-modernas e outras perspectivas relevantes para a análise da transgressão (FERRELL, 1999, p. 396-397; 399; YOUNG, 2004, p. 13 e ss.). Ao fazer isso, a metodologia dessa linha de pesquisa é capaz de olhar para as margens ou para os esquecidos pelos grupos dominantes (desviantes tradicionais, como é o caso dos pichadores, grafiteiros, usuários de drogas, etc.) e perceber que são nesses espaços simbólicos que culturalmente conseguimos evidenciar as maneiras pelas quais existem agora processos de criminalização da cultura desses subgrupos e concretizadas pelas agências regulatórias.

Como explicam Ferrell e Sanders, as histórias contadas pelos subgrupos são extremamente ricas no estudo dos processos contemporâneos e mais amplos que afetam nossas vidas diárias, pois são nessas emoções que conseguimos perceber a necessidade atual e humana em adotarmos uma postura "pós-moderna" em relação as nossas reflexões, a fim de compreendermos "forma como conteúdo" e "estilo como substância" (FERRELL e SANDERS, 1995, p. 302-303; FERRELL, 1996, p. 161-162; FERRELL et al., 2008, p. 8-9).

Sobre essa necessidade de incorporar as análises e atitudes pós-modernas dentro da Criminologia, Ferrell (et al., 2008, 42-43; 48-49) explica que a Criminologia Cultural tem o objetivo de (re)escrever as práticas e as tensões diárias da sociedade da modernidade tardia, desde a tradição dos estudos culturais, especialmente em relação à teoria do "pânico moral" e a fenomenologia da transgressão e da vingança, de Cohen (2002) e de Katz (1988), respectivamente. Nesse sentido, Cohen pretendeu demonstrar de que forma os pânicos morais possuíam uma "trajetória" e um contexto específico para a sua reprodução/promoção, na medida em que eles eram — e continuam sendo sempre — uma "construção coletiva", em que diversos órgãos institucionais, meios de comunicação, grupos sociais dominantes, entre outros, procuram associar determinados sujeitos alvos dos pânicos morais, como fontes de criminalidade ou de perigo social, isto é, verdadeiros "demônios folclóricos" ou populares (COHEN, 2002, p. vii e ss.; xxxviii-xxxix; 18-19; 36-38).[86]

Em contrapartida, não apenas Cohen (2002, p. 13-37) buscava propor uma nova teoria social, que entendesse determinados "tipos sociais" como artefatos construídos a partir de produtos simbólicos, e criados por diversos estilos culturais, mas também Katz estava atento a essa condição de "transcendência" dos subgrupos, uma vez que tanto o dito criminoso quanto a sociedade da modernidade tardia desejam agora desenvolver novos modos de experimentar o mundo social. Assim, atuar fora dos limites racionais do projeto da modernidade é uma prática sedutora para ambos os lados, uma vez que é nessa ilicitude praticada contra esses contornos certos e precisos do mundo moderno, que encontramos diversos modos de transcender a arquitetura racional e instrumental que nos é imposta, diariamente (KATZ, 1988, p. 7-8; 198).

---

86 No original, *folk devils*, sem tradução em língua portuguesa (Nota de Tradução).

Conforme defendeu Katz, em seu estudo etnográfico, necessitamos encontrar outras maneiras de compreender o crime e o controle social, isto é, o plano de fundo ou as condições econômicas e sociais de uma sociedade, anteriores à prática de delitos, não são capazes de explorar as múltiplas avenidas ilícitas e excitantes da vida diária contemporânea. Pelo contrário, os eventos ou as experiências que experimentados na vida cotidiana exigem a análise das "forças transcendentes" que nos motivam a viver e a construir outros mundos ou biografias possíveis (KATZ, 1988, p 3-8; 10).

De fato, como explica Young, a Criminologia Crítica britânica conseguiu oferecer importantes contribuições à Criminologia, como disciplina de estudo, baseada na proposta de que um aumento proporcional das taxas de criminalidade acontecia em decorrência de um desequilíbrio entre poder e riqueza de uma sociedade, ao invés de acreditarmos, por outro lado, que o crime é uma causa patológica humana (1998a, p. 14-15; TAYLOR et al., 1973. p. 281). Todavia, esse método de análise não conseguia mais acompanhar, segundo Young, as mudanças culturais que ocorriam na modernidade tardia, a exemplo da deterioração das fronteiras normativas entre a modernidade e a pós-modernidade, o "pluralismo" de valores e a procura dos sujeitos pelo encontro de sua própria narrativa, motivo pelo qual, portanto, era necessário edificar uma Nova Criminologia, que permitisse analisar e contextualizar as narrativas que são constantemente "quebras e reescritas" diariamente, assim como a reflexividade de valores em conflito, na sociedade da modernidade tardia. (YOUNG, 1998a, p. 15; 1998b, p. 259-262; 2007, p. 2 e ss.)

Em outras palavras, era imperativo ao estudo do crime e do controle social procurar desenvolver um método de pesquisa criminológico que pudesse refletir sobre as práticas diárias e, em especial, aquelas praticadas pelos subgrupos culturais, dentro da Criminologia (YOUNG, 2004, p. 13-14). Isso porque o que justifica a forma de trabalho e a expressão "cultural" no nome dessa Escola Criminológica reside no fato de que ela está interessada em adicionar a essa disciplina de estudo uma textura cultural e emocional humana, ao invés de reduzir a complexidade da expressão "cultura", como uma ação que afronta os padrões racionais delimitados pelos grupos sociais dominantes, esses ambarados, não raras vezes, em uma perspectiva positivista de uma determinada cultura social. (HAYWARD e YOUNG, 2007, p. 105-106)

De qualquer sorte, os limites fronteiriços de realidade entre a modernidade e a pós-modernidade têm estado cada vez mais caóticos na sociedade da modernidade tardia, ao passo que as visões binômicas do projeto moderno têm se apagado, de forma contínua e reflexiva. Nesse sentido, somos desafiados diariamente a tentar distinguir o criminoso da vítima, o certo do errado, a verdade da mentira, o real do irreal, etc. Da mesma forma, também o discurso jurídico, legitimado por essas dicotomias entre o permitido e o proibido, está frequentemente sendo contestado e perdendo a racionalidade que lhe faz existir, enquanto discurso oficial.

Não por outro motivo, o projeto da modernidade foi construído e ampliado pela noção de que é necessário ao desenvolvimento da coletividade, que as estruturas ou instituições sociais devem regrar a vida coletiva, assim como precisam também restringir as suas respectivas ações através do discurso jurídico (DURKHEIM, 1960, p. 28-29; 33-34; 46-47; 64). Por outro lado, Weber também apontava que o sistema racional estatal (o que chamou de "burocrático") deveria ser capaz de dominar a todos por meio da racionalização de suas práticas. Dessa forma, o Estado moderno ou burocrático seria aquele que obteve êxito em expropriar para fora do topo da estrutura hierárquica todos os indivíduos e seus funcionários oficiais, de forma a exercer um controle racional e igualitário do mundo (WEBER, 2004, p. 62; 1992, p. 173-174).

Em contrapartida, como explica Presdee, a racionalidade instrumental percebida por Weber não cessa de "sufocar" o espírito ou a consciência da sociedade da modernidade tardia, haja vista que ninguém mais suporta viver dentro dos parâmetros definidos por esse projeto moderno. Como consequência desse quadro, segundo o autor, construímos então uma série de estilos e performances divertidas e excitantes no presente, uma vez que vivemos agora nessa zona carnavalesca do crime, onde a certeza do mundo moderno se confronta e se dramatiza com a incerteza, o risco e a sedução do mundo pós-moderno. Nesse sentido, não temos mais meios de distinguir, com mínima precisão, quais contornos fixos devem possuir as expressões controle e descontrole social. Por causa disso, não somos mais reféns da gaiola de ferro racional-instrumental, uma vez que desejamos construir vários mundos, estilos, performances e vidas paralelas, onde a transgressão passa a ser a regra, e a obediência se torna a exceção. (PREESDEE, 2000, 7-8; 27; 30; 32 e ss.; 158-161)

Sobre essa dificuldade em estabelecermos o que é real ou imaginação, segundo Hayward, é impressionante o número de shows ou programas televisivos que utilizam a transgressão como narrativa e mensagem principal de seu enredo, a fim de conectar a história contada pela tela (imagem) com o expectador ou consumista do desvio, como prática excitante. Assim, tanto o crime quanto o controle/descontrole social foram convertidos em produtos culturais na modernidade tardia, especialmente em face do sistema capitalista e pela cultura do consumo, motivo pelo qual as políticas de controle social das agências regulatórias e institucionais somente são hábeis a oferecer-nos uma coisa: o tédio e a claustrofobia, isto é, elas não motivam a fugir da "hiperbanalização diária", que estamos acometidos a todo momento. (HAYWARD, 2004, p. 152-155)

Por esse motivo, explica Ferrell, é que a sociedade da modernidade tardia perpassa agora por um verdadeiro estado de "ambiguidade", uma vez que esse mundo "plural e eclético" nos oferta a possibilidade de experimentarmos múltiplos estilos de vida, uma vez que não somos mais definidos, individual e socialmente, por um estilo ou, mesmo, por um único significado. Isso porque o estilo racional e pré-fabricado pela modernidade está constantemente sendo reinventado pelos sujeitos do presente, de forma a transformá-lo em algo divertido, prazeroso e excitante. Além disso, já podemos perceber esse cenário, segundo o autor, em relação ao subgrupo cultural dos artistas/desenhistas grafiteiros, em Denver (USA), haja vista que o tédio diário que todos nós somos obrigados a suportar todos os dias é precisamente o que encoraja esses indivíduos a propor um novo estilo social. Nesse sentido, podemos perceber dentro da lógica dessa cultura ou forma de vida que, quanto mais contestamos o projeto da modernidade, isto é, quanto maior for o risco no empreendimento ilícito, maior o retorno simbólico, no sentido de retomar o controle perdido pelo fracasso do projeto da modernidade e de suas metanarrativas. (FERRELL, 1996, p. 28-29; 161-162)

Em relação a esse contexto de análise, destacamos que essa linha criminológica de estudos não está preocupada em explicar a transgressão como sendo uma operação de cálculo-benefício, que o sujeito realiza em virtude da possível recompensa monetária que ele possa vir a receber pela prática do ilícito. Pelo contrário, estamos a tratar do fenômeno chamado de "ação-limite"[87] e o risco voluntário que assumem determinados subgrupos culturais, de forma a reconquistar o controle perdido em suas vidas. Sobre esse tema, Ferrell (et al., 2008, p. 72 e ss.) afirma que os paraquedistas, corridas de carro e práticas ilícitas de grafite, por exemplo, não simbolizam subgrupos culturais que estão enlouquecidos, descontrolados ou que possuem um desejo desesperador pela morte, mas sim que eles propositalmente se colocam no limite de suas práticas ilícitas, isto é, eles encontram na ilicitude uma fonte de vida e de afirmação de sua própria identidade.

---

87   No original, *edgework*, sem tradução em língua portuguesa (NT).

Como adverte Presdee, de modo exemplificado, alguém já parou para refletir por que o grafite, geralmente, é visto como "destruição" e, no caso da pintura a óleo, essa é vista pela maioria social como "arte"? Para o autor, o desvio pode ser uma maneira de criação de um estilo cultural próprio, pois a avenida ilícita é, não raras vezes, um produto cultural sedutor, onde a recompensa pelo dito desvio social é, quase nunca, a pecúnia em si, mas precisamente a sensação simbólica em se colocar até o limite epistemológico do que separa o permitido do proibido, o certo do errado ou, ainda, a ordem da desordem (PRESDEE, 2000, p. 24-25). Em contrapartida, como mostra o caso dos desenhistas grafiteiros, em Denver, Ferrell adverte ainda que esse subgrupo não está somente procurando edificar um estilo próprio para si, como um suposto exercício de auto expressão, porém que eles desejam estabelecer coletivamente um significado simbólico enquanto subgrupo, na qual cada grafite adiciona uma nova camada ou textura cultural para afirmação desses sujeitos perante as estruturas sociais. (FERRELL, 1996, p. 52 e ss.)

Dito outro modo, quanto mais as políticas de controle das agências institucionais desejam impor a lei e a ordem, encarcerar, bater e enfrentar violentamente esses atos ilícitos praticados, maiores são as chances e mais aumenta o desejo dos grafiteiros de se gratificar novamente, uma vez que aumentou muito o grau de ilicitude, no mercado de negação dos significados do crime e do controle social, quanto à possibilidade deles empurrarem ainda mais a zona que separa o permitido e o proibido até o limite máximo de suas narrativas. Ademais, como lembra Katz, essa experiência diária de transcendência, geralmente realçadas pelos subgrupos culturais, não manifesta *nenhuma dimensão patológica*. (1988, p. 7-8; 198; 312 e ss.)

De fato, precisamos saber do que estamos tratando quando contestamos as políticas iluministas de controle social, que procuram, por sua vez, impor à maioria social um único significado para a transgressão: a excitação, o desejo e o prazer desses sujeitos como sendo uma patologia ou um caso de estudo psiquiátrico (HAYWARD, 2004, p. 148-149; 163-167; 189). É o oposto, afirmar que o "carnaval" do crime ou do descontrole social que vivemos na atualidade é uma prática doentia humana é, em verdade, uma explicação simplificadora dos múltiplos contextos e ações culturais do presente, que alteram as nossas percepções sobre a realidade. (PRESDEE, 2000, p. 42)

Todavia, ainda sobre a ação-limite de determinados subgrupos culturais, Lyng explica que, embora o projeto de racionalização do mundo social tenha buscado construir uma jaula de ferro racional através do "desencantamento" do mundo pré-moderno para a modernidade,[88] as consequências de viver nessa jaula fugiram do controle desse projeto racional, no sentido de que essa ação-limite ilícita, concretizada pelos subgrupos, incorpora uma atitude "pós-moderna" que procura criar as suas próprias oportunidades sociais. Isso porque, uma vez que esses sujeitos que compõem diversos subgrupos são constantemente humilhados pelos sistemas tradicionais de classificação e de organização social que não garantem, por vezes, o seu respectivo acesso a vida coletiva, as estruturas e as lógicas socias/institucionais acabam sendo uma fonte de humilhação diária perante esses indivíduos. Assim, essa humilhação gerada pelo próprio Estado moderno ou racional motiva determinados sujeitos a construírem não só seu próprio estilo e identidade individual/social, mas também converte sentimentos como raiva e humilhação em prazer e excitação pelos praticantes dessas ações-limites[89]. (LYNG, 2005, p. 23; 29-34; 1998, 226-232)

Por outro lado, outro importante diagnóstico que aponta para a comprovação da premissa deste trabalho, na qual somos todos "criminosos" ou transgressores na sociedade da modernidade tardia, pode ser visualizado na distinção ilusória entre quem são os "incluídos" (grupos) e aqueles considerados "excluídos" (subgrupos) pelos sistemas sociais.

Conforme aponta Young, o que predomina como um dado inédito da nova realidade social, e na fase tardia da modernidade, é justamente a alteração de sua natureza fenomenológica, isto é, estamos imersos em uma cultura "bulímica", na qual o apagamento dos limites das fronteiras da modernidade e da pós-modernidade no presente fez com que não necessitemos mais dessa distinção social. Dessa forma, o excluído (subgrupos) é tão vital à sobrevivência do incluído (grupos dominantes) quanto vice-versa. (YOUNG, 2003, p. 397-408; 2011, p. 4-5; 221)

Em outra linha, Presdee também nos adverte acerca dessa reciprocidade e reflexividade entre os incluídos e os excluídos que estão acometidos pelos mesmos processos ou práticas culturais da modernidade tardia.

---

88   Sobre esse desencantamento da crença na tradição ou no mito pré-moderno, como condição essencial ao surgimento do Estado moderno, racional ou burocrático, *ver* Weber (2004, p. 30-31).

89   No original, *edgeworkers*, sem tradução em língua portuguesa (NT).

Novamente, ao utilizar a categoria do "carnaval" do crime, Presdee chama a atenção para o fato de que o mundo no qual vivemos está virado de cabeça para baixo, porém não pelas razões que imaginamos, popularmente. Pelo contrário, nós o percebemos/sentimos desse modo porque as estruturas sociais apresentam atualmente uma "distorção" reflexiva, isto é, tanto os poderosos (grupos) quanto os enfraquecidos por aqueles que controlam o poder (subgrupos) estão atravessados pela mesma "faca-limite",[90] que busca trazer alguma harmonia as suas vidas. (PRESDEE, 2000, p. 42-56)

De acordo com Presdee, a complexidade do termo "carnaval" advém de suas inúmeras possibilidades de aplicações, uma vez que temos condições de utilizá-lo através do método da Criminologia Cultural, para a análise das revoluções criativas que ocorrem na sociedade da modernidade tardia. Dito de outro modo, o carnaval expressa uma "revolução" divertida e prazerosa, na medida em que, por um lado, tanto os geralmente "excluídos do discurso do poder" (subgrupos) podem, muito bem, "levantar as suas vozes em raiva e celebração" contra os sistemas e grupos de dominação social quanto, de outro lado, os grupos dominantes incorporam o carnaval do crime, diariamente, para se vingar das transgressões excitantes dos subgrupos e, por isso, desejam reestabelecer a ordem de qualquer maneira. (PRESDEE, 2000, p. 41-42)

Finalmente, cabe ressaltar que o jurista necessita adicionar à sua compreensão fenomenológica, novas ferramentas de análise, no sentido de ampliar os seus horizontes para as diversas práticas e estilos culturais excitantes, que estão sendo desenvolvidos, de forma circular, pelos grupos e subgrupos sociais. Todavia, se o jurista almeja empregar o método da Criminologia Cultural em seus trabalhos, ou mesmo, em sua vida cotidiana, ele precisará também abraçar o lado irônico, absurdo e perverso dos limites que separam a modernidade e a pós-modernidade no presente, a fim de adquirir um novo foco visual sobre as dimensões emocionais, excitantes e prazerosas da transgressão e do controle social.

Como alerta Ferrell, a Criminologia Cultural não está interessada em promover análises que tratem das "estruturas de autoridade" social, sem que o seu leitor perceba a importância da consciência de que o trabalho investigativo, desde a construção do método de pesquisa, deve exigir uma certa dose, ou "faísca" criativa, sobre os diversos modos (não tradicionais) pelos quais podemos compreender as agências e as estruturas humanas.

---

90 No original, *knife-edge*, sem tradução em língua portuguesa (NT).

Qualquer coisa menos que isso, e estaremos *somente a reproduzir* as zonas intelectuais e emocionais de controle dos cânones oficiais da ciência moderna, e servindo aos modos de legitimação do lado racional do crime e do seu controle. (FERRELL, 1996, p. 173 e ss.; 2009, 14 e ss.)

▶ CONCLUSÃO

Uma vez que vivemos na modernidade tardia, uma verdadeira crise global de validade das estruturas sociais e de suas respectivas metanarrativas ou discursos de legitimação, este capítulo objetivou oferecer novas ferramentas de estudo aos leitores, particularmente aos juristas, no sentido de possibilitar uma melhor avaliação dos múltiplos contextos e práticas culturais, tanto excitantes quanto sedutoras, que hoje impactam continuamente o discurso jurídico, afastando o tradicional entendimento de que o único significado e estilo cultural que importa às reflexões sobre crime, transgressão e controle social é aquele de ordem patológica, irracional ou similares, promovidos pelo projeto desatualizado e ineficaz da modernidade.

Assim sendo, como procuramos demonstrar através do método da Criminologia Cultural, as políticas de controle legitimadas pelo discurso jurídico e que buscam reforçar somente o lado racional-instrumental do desvio, com apoio de instituições sociais como o Estado, fazem parte do modelo social de mundo "moderno", que está voltado, por sua vez, à imposição de tentativas institucionais de criminalização da cultura de determinados subgrupos. Em contrapartida, se os limites certos e precisos entre a modernidade e a pós-modernidade se confundem, e se apagam na modernidade tardia, tanto os indivíduos pertencentes aos grupos dominantes quanto aqueles amparados por subgrupos, são agora atravessados por um similar desejo, ou interesse: o de *transgredir os limites normativos e fronteiriços da modernidade tardia, de forma a edificar a sua própria narrativa, estilo ou fronteira cultural.*

Por esse motivo, passa a ser cada vez mais problemática a tarefa de distinguir entre o certo e o errado, o permitido e o proibido, o controle e o descontrole, a modernidade e a pós-modernidade, reunindo as condições para tanto. Nesse sentido, tal novo desafio possui um impacto expressivo em relação ao *modus* de construção do discurso jurídico, a ser verbalizado pelo jurista, na medida em que ele não mais tem a alternativa de continuar a justificar as suas práticas diárias, com base em visões dicotomizadas do passado (modernidade), no presente (modernidade tardia). Isso porque enquanto o Estado moderno continua a tratar o tema transgressão através de políticas iluministas (séc. XVIII) que proíbem as escolhas do indivíduo por esse estilo (cultural) de vida, no caso da sociedade da modernidade tardia, esta já foi capaz de perceber que não apenas há outros significados relevantes em torno dessa expressão, como também a cultura do consumo pode inclusive transformar esse tópico em produto de performance e de entretenimento digital.

Não há escapatória, somos todos "criminosos", ou transgressores na sociedade da modernidade tardia, uma vez que estamos sempre à procura de avenidas excitantes de quebra da regra ou da racionalidade instrumental das estruturas sociais, almejando empurrar ainda mais os limites que separam as fronteiras culturais da modernidade tardia. Dessa forma, o ato de transgressão dos limites temporais do presente não significa, exclusivamente, uma mera busca por auto expressão do cada sujeito, mas, em especial, uma tentativa que está voltada ao aumento da performance, da ampliação dos estilos e na reconstrução de um sentido coletivo de grupos e de subgrupos.

Assim, se as gaiolas de ferro do projeto da modernidade não são mais resistentes e apertadas o suficiente para controlar os gritos de euforia e fazer o próprio controle do espaço, está, portanto, na hora da Criminologia Cultural também empurrar o discurso jurídico até o seu limite máximo e epistemológico, de modo a provocar o jurista brasileiro a reencontrar as razões pelas quais se deveriam abandonar os postulados positivistas ultrapassados da "ciência" tradicional e, com isso, adotar formas inéditas de trabalho, que não tenham por missão apenas prometer discursos de controle, o que hoje implica necessariamente em ocultar o quão descontrolada está essa proposta metanarrativa do mundo "moderno"!

▶ REFERÊNCIAS

COHEN, S. *Folk devils and Moral Panics*. 3 ed. London: Routledge, 2002.

DURKHEIM, Émile. *De la division du travail social*. Paris: Presses Universitaires de France, 1960.

FERRELL, J. *Cultural Criminology*. Annual Review of Sociology 25, p. 395-418, 1999.

_____. *Crimes of style*: urban graffiti and the politics of criminality. Boston: Northern University Press, 1996.

_____; SANDERS, C. R. Toward a Cultural Criminology. In: FERRELL, J.; SANDERS, C. R. (eds.). *Cultural Criminology*. Boston, MA: Northeastern University Press, 1995.

_____; HAYWARD, K.J.; MORRISON, W; PRESDEE, M. (eds). Fragments of a Manifesto: Introducing Cultural Criminology Unleashed. In: FERRELL, J.; HAYWARD, K.J.; MORRISON, W; PRESDEE, M. (eds). *Cultural Criminology Unleashed*. London: GlassHouse, 2004.

_____; HAYWARD, Keith; YOUNG, Jock. *Cultural Criminology*: an invitation. London: SAGE, 2008.

_____. *Kill Method*: A Provocation. Journal of Theoretical and Philosophical Criminology, vol. 1 (1), p. 1-22, January, 2009.

GARLAND, David. *The Culture of Control*. Oxford: Oxford University Press, 2001.

HAYWARD, Keith J. *City limits*: crime, consumer culture and the urban experience. London: Cavendish, 2004.

_____. Opening the lens: Cultural Criminology and the image. In: HAYWARD, Keith J; PRESDEE, Mike. *Framing Crime*: Cultural Criminology and the Image. New York: Routledge, 2010.

_____; YOUNG, Jock. Cultural Criminology. In: MAGUIRE, Mike et al. *The Oxford handbook of criminology*. London/New York: Oxford University Press, 2007.

KATZ, J. *Seductions of Crime*. New York: Basic Books, 1988.

LYNG, S. Sociology at the Edge: Social Theory and Voluntary Risk Taking. In: LYNG, S. (ed.). *Edgework*: The sociology of Risk-Taking. London: Routledge, 2005.

_____. Dangerous Methods: Risk Taking and the Research Process. In: FERRELL, J.; HAMM, Mark S. (orgs.). *Ethnography at the Edge*: Crime, Deviance, and Field Research. Boston: Northeastern University Press, 1998.

PRESDEE, Mike. *Cultural Criminology and the Carnival of Crime*. London: Routledge, 2000.

TAYLOR, I.; WALTON, P.; YOUNG, J. *The New Criminology*. London: Routledge & Kegan Paul, 1973.

TREVIZAN, Karina. *Taxa de homicídios no Brasil aumenta mais de 10% de 2005 a 2015*. Disponível em: < http://g1.globo.com/politica/noticia/taxa-de-homicidios-no-brasil-aumenta-mais-de-10-de-2005-a-2015.ghtml> Acesso em: 10 de agosto, 2018.

WEBER, Max. *Economia y sociedad*: esbozo de sociología comprensiva. México: Fondo de Cultura Económica, 1992.

_____. *Ciência e Política*: Duas Vocações. Tradução de Leonidas Hegenberg e Octany Silveira da Mota. São Paulo: Cultrix, 2004.

_____. *Sociologia das religiões*. Tradução de Cláudio J. A. Rodrigues. 1 ed. São Paulo: Ícone, 2010.

YOUNG, Jock. Breaking Windows: Situating the New Criminology. In: WALTON, Paul; YOUNG, Jock (ed.). *The New Criminology Revisited*. Nova York: Palgrave Macmillan, 1998a.

_____. Writing on the Cusp of Change: A New Criminology for an Age of Late Modernity. In: WALTON, Paul; YOUNG, Jock (ed.). *The New Criminology Revisited*. Nova York: Palgrave Macmillan, 1998b.

_____. Merton with energy, Katz with structure: The sociology of vindictiveness and the criminology of transgression. *Theoretical Criminology*. Vol. 7 (3), p. 389-414, 2003.

_____. *The vertigo of late modernity*. London: SAGE, 2007.

_____. *The criminological imagination*. Cambridge: Polity Press, 2011.

_____. Voodoo Criminology and the Numbers Game. In: FERRELL, J.; HAYWARD, K.J.; MORRISON, W; PRESDEE, M. (eds). *Cultural Criminology Unleashed*. London: GlassHouse, 2004.

CAPÍTULO SEIS

RESISTÊNCIA E SUBVERSÃO:
CRIME, CULTURA E A QUESTÃO DO SIGNIFICADO

Salah H. Khaled Jr.

Como pôde ser observado nos capítulos anteriores, a criminologia cultural rompe com os limites estreitos das diferentes criminologias que a precederam, efetivamente ampliando o objeto de interesse das investigações criminológicas para muito além das fronteiras previamente circunscritas.[91] Desse modo, as diferentes questões criminais que emergem na modernidade tardia são enfrentadas no contexto da cultura e devem ser

---

91 É importante ressaltar que a criminologia cultural conforma apenas uma das vertentes do que poderia ser genericamente definido como "criminologias críticas alternativas", embora possa ser considerada a mais relevante delas. Para uma visão ampla e abrangente de diferentes criminologias contemporâneas, ver CARLEN, Pat; FRANÇA, Leandro Ayres. Criminologias alternativas. Porto Alegre: Canal Ciências Criminais, 2017. No Brasil, os trabalhos pioneiros no campo da criminologia cultural são de Álvaro Oxley Rocha e Salo de Carvalho. Uma versão reimaginada do primeiro texto do professor Oxley pode ser encontrada no capítulo quatro desta obra, enquanto os textos de Salo de Carvalho podem ser lidos nas obras "*Antimanual de criminologia*" e "*Criminologia e Rock*", este último com José Antônio Gerson Link, Marcelo Mayora e Moysés Pinto Neto. Mais recentemente, estudos de fôlego no campo da criminologia cultural foram publicados por criminologistas culturais brasileiros que reinventam a própria "cult crim" dentro de seus contextos históricos e geográficos específicos. É o caso de Salah H. Khaled Jr., com "*Videogame e violência: cruzadas morais contra os jogos eletrônicos no Brasil e no mundo*" (Civilização Brasileira, 2018) e de Guilherme Baziewicz de Carvalho e Silva, com *O descontrole já está formado: criminologia cultural e apropriações de estilo na Geral do Grêmio*" (Lumen Juris, 2018).

interpretadas com base nos significados que carregam, em um contexto histórico de grande ambiguidade e incerteza.[92]

Sua proposta é radicalmente distinta dos essencialismos positivistas e racionalistas que alimentam boa parte das criminologias contemporâneas, continuamente (re)concebidas como instrumentos para a intensificação do controle social. Nelas encontramos uma infinidade de tabelas, dados, planilhas e gráficos. Mas independentemente de sua suposta capacidade para a "produção de evidências", grande parte da criminologia contemporânea pode ser definida como uma expressão do mais absoluto tédio: a metodologia que anima tais criminologias visa explicitamente reduzir as questões humanas a categorias cuidadosamente controladas de quantificação e cruzamento de dados. [93] Não que não exista uma demanda a ser atendida: os discursos criminológicos assim formatados são rotineiramente colocados por seus autores à serviço de diferentes aparatos estatais de controle, motivo pelo qual elas podem ser pensadas como contrologias.

Rejeitando abertamente a simplificação atuarial, a criminologia cultural procura desenvolver e incorporar uma noção de cultura em constante fluxo, que sempre tenha potencial para criatividade e transcendência.[94] Ela recepciona e reconceitualiza um grande número de tradições criminológicas já estabelecidas, mas é uma proposta de abordagem relativamente

---

92 Ver FERRELL, Jeff; HAYWARD, Keith; YOUNG, Jock. *Cultural Criminology*: an Invitation. Londres: Sage, 2008. Ver a discussão de Ferrell e Hayward sobre modernidade tardia no capítulo 1.

93 Ver capítulo dois, "Tédio, crime e criminologia", de Jeff Ferrell.

94 "Criminologistas culturais entendem 'cultura' como aquilo que constitui a conexão do significado coletivo e da identidade coletiva; dentro e por meio dela, o governo afirma ter autoridade, o consumidor analisa marcas de pão — e 'o criminoso', como pessoa e como percepção, ganha vida. A cultura sugere a pesquisa pelo significado, e o significado da pesquisa em si mesma; isso revela a capacidade das pessoas, agindo em conjunto ao longo do tempo, para dar vida até ao mais simples objeto — o carrinho de compras do mendigo, o cassetete do policial, a bandana do membro da gangue — com importância e implicação". HAYWARD, K.; Ferrell, J. Possibilidades insurgentes: as políticas da criminologia cultural. *Sistema Penal & Violência*, Porto Alegre, v. 4, n. 2, p. 206-218, jul./dez. 2012, p. 207.

recente, que foi formalizada inicialmente na década de 1990.[95] Jock Young destaca que "a criminologia cultural é importante porque captura a fenomenologia do crime — sua adrenalina, seu prazer e pânico, sua excitação e raiva, fúria e humilhação, desespero e ação limítrofe (*edgework*)".[96]

▶ A FANTÁSTICA "FÁBRICA DE DADOS" E A SIMPLIFICAÇÃO DA REALIDADE

Considerar o crime como uma expressiva atividade humana, que se dá em uma dinâmica cultural — repleta de significado e ponto de disputa de políticas que visam o seu controle — amplia significativamente o objeto da criminologia, bem como o seu potencial subversivo, uma vez que ela passa a se interessar pelas experiências coletivas e emoções que definem as identidades dos membros de diferentes subculturas.[97] De acordo com Ferrell e Hayward, a criminologia deve contemplar "demonstrações simbólicas de transgressão e controle, sentimentos e emoções que surgem de eventos criminais, e bases ideológicas de campanhas públicas e políticas destinadas a definir (e delimitar) tanto o crime quanto suas consequências".[98] Para a criminologia cultural, a transgressão envolve uma dialética flutuante entre fronteiras estabelecidas e fronteiras ultrapassadas, uma série de ações negociadas e reações, mais do que um único ato isolado.[99]

Uma criminologia assim (re)concebida efetivamente se interessa por uma miríade de casos nos quais o significado situacional e simbólico está em causa.[100] É uma verdadeira reinvenção da criminologia como campo

---

95 FERRELL, Jeff; HAYWARD, Keith. BROWN, Michelle. Cultural Criminology. In: BROWN, Michelle (Org.) *The Oxford Research Encyclopaedia of Crime, Media, and Popular Culture*, Oxford: Oxford University Press, 2017.

96 YOUNG, Jock. Voodoo criminology and the numbers game. In: FERRELL, Jeff. Hayward, Keith. MORRISON, Wayne. PRESDEE, Mike. Cultural criminology unleashed. London: Glasshouse Press, 2004, p. 13.

97 FERRELL, Jeff. "Crime and Culture". In: HALE, Chris et al. *Criminology*. London / New York, Oxford University Press, 2007, p. 139.

98 HAYWARD, K.; Ferrell, J. Possibilidades insurgentes: as políticas da criminologia cultural. *Sistema Penal & Violência*, Porto Alegre, v. 4, n. 2, p. 206-218, jul./dez. 2012, p. 207.

99 FERRELL, Jeff; HAYWARD, Keith. BROWN, Michelle. Cultural Criminology. In: BROWN, Michelle (Org.) *The Oxford Research Encyclopaedia of Crime, Media, and Popular Culture*, Oxford: Oxford University Press, 2017.

100 Como discutido por Ferrell e Hayward no capítulo 1 desta obra.

de investigação e de conhecimento, o que forçosamente exige uma análise aberta para a alteridade e interdisciplinar por definição.

Não existe o crime em si mesmo, como uma entidade prévia e claramente identificável, que pode ser estudada de forma objetiva pela criminologia enquanto "ciência" ou "área do saber". Criminologistas culturais consideram que o crime e o controle do crime operam como processos culturais, cujos significados e consequências inevitavelmente são construídos no campo dos símbolos compartilhados e das interpretações coletivas.[101] Desse modo, não pode mais ser considerada seriamente a "ficção de uma criminologia 'objetiva' — uma criminologia desprovida de paixão moral e significado político".[102] Wayne Morrison utiliza Lombroso como exemplo e sustenta que, independentemente da imagem de representação neutra projetada por seus cânones, a criminologia positivista é um produto cultural, uma performance que dá visibilidade à figura do "criminoso", estabelecendo uma disciplina e demarcando um campo de saber.[103] Feyerabend aponta que todas as metodologias, inclusive as mais óbvias, têm limitações. O autor mostra como é fácil, mediante o recurso ao racional, iludir as pessoas e conduzi-las ao nosso bel-prazer.[104]

Com certeza, é o caso de muitas criminologias contemporâneas. O "efeito de verdade" obtido por meio da "ilusão de cientificidade" alimenta os delírios de onipotência de discursos criminológicos cientificistas, que ainda prosperam em lugares pouco ventilados, nos quais a repressão sempre dita a agenda do dia. É o que se constata nos esquemas analíticos positivistas — que praticamente subscrevem ao legado de Lombroso — e também nas leituras racionalistas, que permanecem reféns de espíritos geométricos que consideram o ser humano como uma máquina que

---

101 FERRELL, Jeff; HAYWARD, Keith. BROWN, Michelle. Cultural Criminology. In: BROWN, Michelle (Org.) *The Oxford Research Encyclopaedia of Crime, Media, and Popular Culture*, Oxford: Oxford University Press, 2017.

102 HAYWARD, K.; Ferrell, J. Possibilidades insurgentes: as políticas da criminologia cultural. *Sistema Penal & Violência*, Porto Alegre, v. 4, n. 2, p. 206-218, jul./dez. 2012, p. 208.

103 MORRISON, Wayne. Lombroso and the Birth of Criminological Positivism: Scientific Mastery or Cultural Artifice? In: FERRELL, Jeff. Hayward, Keith. MORRISON, Wayne. PRESDEE, Mike. Cultural criminology unleashed. London: Glasshouse Press, 2004, p. 67.

104 FEYERABEND, Paul. Contra o método. Rio de Janeiro: F. Alves, 1977, p. 43.

continuamente calcula.[105] É o caso das *rational choice theories (teorias da escolha racional)*[106] contemporâneas, que desconsideram a dinâmica emocional do desvio e a densidade das questões típicas da modernidade tardia.

Hayward e Young apontam que as teorias da escolha racional e o positivismo têm narrativas racionais/instrumentais muito simples: no primeiro caso, o crime decorre de escolhas racionais — é retratado em termos de disponibilidade de oportunidades e baixos níveis de controle social, particularmente quando os indivíduos são impulsivos e agem com base em objetivos de curto prazo; curiosamente (ou talvez não) são empreendidos grandes esforços intelectuais para distanciar o crime de desigualdades estruturais e da injustiça social. Assim, temos indivíduos calculistas, que cometem crimes sempre que possível, e vítimas que, como prováveis alvos, são apenas compreendidas com base em suas tentativas de desenvolver estratégias de segurança. No positivismo sociológico, questões como desigualdade, falta de trabalho, precarização de comunidades e falta de capital social aparecem, ainda que até certo ponto. Mas é uma narrativa superficial, na qual a intensidade da motivação, sentimentos de humilhação, raiva e fúria — bem como amor e solidariedade — são ignorados. As duas leituras são semelhantes inclusive no determinismo: as teorias da escolha racional poderiam muito bem ser chamadas de positivismo de mercado.[107]

É preciso dar um passo além dos essencialismos racionalistas e mecanicistas dessas duas grandes e esgotadas tradições. É o que tentou fazer Jock Young, que propôs um modelo de análise sintonizado com a incerteza e a insegurança ontológica da modernidade tardia, dando especial atenção à privação relativa. Ele foi sucintamente definido pelo autor como Merton com energia e Katz com estrutura. Sua teoria de bulimia envolve

---

105 Ver KHALED JR, Salah H. *Justiça social e sistema penal*. 2ª edição. Rio de Janeiro: Lumen Juris, 2018.

106 As *rational choice theories* (ou teorias de escola racional) tem como fundamento a crença utilitarista de que o homem é um sujeito racional, que faz um cálculo dos potenciais benefícios e custos de qualquer ação, o que seria determinante para a sua conduta, seja ela em conformidade com a norma ou desviante. Como é uma racionalidade da ordem do cálculo, remete ao espírito geométrico moderno, bem como ao pensamento utilitarista de Jeremy Bentham. A teoria da pena conhecida como prevenção geral negativa tem como base diretrizes muito semelhantes.

107 HAYWARD, Keith; YOUNG, Jock. *Cultural criminology*: some notes on the script. In: Theoretical Criminology, v. 8, n. 3, p. 259-285.

incorporação e rejeição, inclusão cultural e exclusão estrutural, mas é mais profunda do que a proposta de Merton, pois demonstra que a combinação de aceitação com rejeição gera uma dinâmica de ressentimento de grande intensidade, cuja compreensão é fundamental para um olhar sofisticado sobre as causas do comportamento violento.[108] Nesse sentido, Hayward e Young sustentam que muitos transgressores são movidos por energias de humilhação.[109] Afinal, na quadra tardo-moderna a exclusão social convive com a inclusão cultural por meio da mídia de massas: a publicidade estimula quem é excluído a desejar os mesmos objetos de consumo que os demais e o encoraja a definir seu status e identidade segundo os bens e serviços consumidos, que delimitam se alguém é bem sucedido ou não.[110] Na modernidade tardia, a mídia de massas se expandiu e se proliferou a ponto de transformar a subjetividade humana.[111]

Essa leitura deixa de lado abstrações, apontando que sentimentos individuais de impotência e exclusão guardam relação com subculturas específicas nas quais ocorre um aprendizado mediante o qual a quebra de regras pode ser uma solução: determinadas formas de crime e desvio seriam sinais de problemas coletivos profundos.

Para a criminologia cultural, tanto a subjetividade quanto as emoções envolvidas em diferentes performances criminais devem fazer parte das investigações criminológicas, que rotineiramente se dedicam somente ao estudo de abstrações. Sendo assim, o primeiro plano — ou o momento "experiencial" — do crime merece especial atenção por parte da criminologia cultural, que incorpora o extraordinário trabalho de Jack Katz no campo da sedução da transgressão. Para o autor,

> talvez o que nós achamos tão repulsivo no estudo sobre a realidade do crime — a razão pela qual nós insistentemente nos recusamos a observar de forma próxima como criminosos de rua destroem outros e abrem seu caminho para o confinamento para preservar um sentido de controle sobre suas vidas — seja apenas o pene-

---

108 YOUNG, Jock. *The Vertigo of Late Modernity*. Londres: Sage, 2007, p. 54.

109 Como discutido no capítulo 3 por Oxley.

110 FERRELL, Jeff; HAYWARD, Keith. BROWN, Michelle. Cultural Criminology. In: BROWN, Michelle (Org.) *The Oxford Research Encyclopaedia of Crime, Media, and Popular Culture*, Oxford: Oxford University Press, 2017.

111 HAYWARD, Keith; YOUNG, Jock. Cultural criminology: some notes on the script. In: Theoretical Criminology, v. 8, n. 3, p. 259-285.

trante reflexo que percebemos quando fixamos nosso olhar nestes homens perversos.[112]

O contraste entre o olhar de Katz e a ideia de que a criminologia consiste em tabelas e cálculos é gigantesco: nas últimas, o circuito de significados e emoções que perpassam o crime é completamente desconsiderado em extensas e intermináveis planilhas e bancos de dados, motivo pelo qual é preciso libertar a criminologia da obsessão estatística. Para Hayward, o crime, as incivilidades e o comportamento transgressor são fenômenos socioculturais complexos e multifacetados, em permanente transformação e movimento.[113] Segundo Ferrell, adrenalina e excitação, terror e prazer parecem fluir não apenas da experiência da criminalidade, mas também por meio das capilaridades que conectam o crime, a vitimização e a justiça criminal. Enquanto esses prazeres e terrores circulam, eles formam uma corrente de experiência e emoção que ilumina os significados cotidianos do crime e do controle do crime.[114]

David Matza criticou duramente o que definiu como "perspectiva correcionalista": para ele, a eleição prévia do "desvio como fenômeno que queremos erradicar" aniquila a capacidade para empatia que possibilitaria a compreensão do assunto estudado.[115] O autor considera que somente apreciando as texturas, nuances e padrões sociais do engajamento humano poderia haver uma compreensão e análise do fenômeno em questão. Matza destaca que há uma espécie de aversão pelo fenômeno em si mesmo, uma vez que a investigação é pautada desde o princípio por fortes valores morais. Movido por uma busca por "causas objetivas" e por uma obsessão pela "revelação de verdades" sobre o desvio, é uma perspectiva condenada ao fracasso desde o princípio.[116] Matza afirma que é neces-

---

112 KATZ, Jack. *Seductions of Crime*: Moral and Sensual Attractions of Doing Evil. Nova York: Basic Books, 1988, p. 324.

113 HAYWARD, Keith. Space – the final frontier: criminology, the city and the spatial dynamics of exclusion. In: FERRELL, Jeff. Hayward, Keith. MORRISON, Wayne. PRESDEE, Mike. *Cultural criminology unleashed*. London: Glasshouse Press, 2004, p. 164.

114 FERRELL, Jeff. Criminological Verstehen. in: FERRELL, J; HAMM, M.S. (eds) *Ethnography on the Edge*. Boston: Northeastern University Press, 1998, p. 38.

115 MATZA, David. Becoming deviant. *New Brunswick*: Transaction publishers, 2010, p. 15.

116 MATZA, David. Becoming deviant. *New Brunswick*: Transaction publishers, 2010, p. 15 e ss.

sário um compromisso tanto com o fenômeno quanto com aqueles que o exemplificam: retratá-lo com fidelidade, sem violar sua integridade.[117]

A criminologia cultural honra o legado de Matza: excitação, sedução, controle, libertação, tédio, perda, humilhação e ressentimento guardam profunda relação com o crime e o desvio, motivo pelo qual as sensibilidades necessariamente devem fazer parte do corpo analítico da questão criminal, o que nem sempre é bem visto por adeptos do *rigor mortis* estatístico, que consideram que científica é a criminologia que calcula.[118] Para Presdee, essa criminologia é uma "fábrica de dados", cuja finalidade consiste em suprir as demandas do poderosos.[119] De acordo com o autor, existe uma disjunção entre o conhecimento científico e a vida cotidiana: a prioridade dada a metodologias quantitativas faz com que conhecimento produza "fatos adequados" para embasar governos e suas futuras e atuais agendas políticas, ao mesmo tempo que mascara o aspecto político por trás dessas metodologias com a ilusão de cientificidade. A agenda de pesquisa "racional" tem problemas intrínsecos, uma vez que o mundo racional

---

117 MATZA, David. Becoming deviant. *New Brunswick*: Transaction publishers, 2010, p. 24.

118 Como observam Ferrell e Hayward, "Da mesma forma, as "seduções do crime" de Jack Katz (1988) são entendidas como provocativos compromissos com – e corretivos-para "macro-teorias criminológicas da causalidade". Como afirma Katz, um criminologia perdida dentro das abstrações da análise estrutural convencional tende a esquecer o drama interpessoal do seu objeto — ou, parafraseando Howard Becker (1963: 190), tende a transformar o crime em uma abstração e então estudar a abstração — e por isso deve ser lembrada do primeiro plano alarmante do crime. Claramente, a criminologia cultural não escolheu o "culturalismo subjetivista" em detrimento da análise estrutural. Ela escolheu, ao invés disso, um estilo de análise que pode se concentrar na estrutura e no sujeito em um mesmo plano (FERRELL, 1992; YOUNG, 2003; HAYWARD, 2004). Talvez alguns criminologistas apenas reconheçam a análise estrutural quando envoltos em uma sintaxe multi-silábica ou em uma tabulação estatística. Mas a análise estrutural também pode ser enraizada em momentos de transgressão. Pode mostrar que "estrutura" continua a ser uma metáfora para padrões de poder e regularidades de significado produzidos em becos como salas de reuniões corporativas". HAYWARD, K.; Ferrell, J. *Possibilidades insurgentes*: as políticas da criminologia cultural. *Sistema Penal & Violência*, Porto Alegre, v. 4, n. 2, p. 206-218, jul./dez. 2012, p. 212.

119 PRESDEE, Mike. The story of crime: biography and the excavation of transgression. In: FERRELL, Jeff. Hayward, Keith. MORRISON, Wayne. PRESDEE, Mike. *Cultural criminology unleashed*. London: Glasshouse Press, 2004, p. 41-42.

descrito por ela deve fazer sentido, enquanto que no mundo real da vida cotidiana isso raramente ocorre. A pesquisa quantitativa sempre deve "fechar" e mostrar de modo conclusivo e claro o que está acontecendo e o que deve ser feito. Em contraste, ele argumenta que biografias da vida cotidiana teriam potencial para produzir descrições e explicações muito mais detalhadas sobre o fenômeno do crime.[120]

A experiência em primeiro plano do crime raramente aparece nas tradicionais teorias que se dizem adeptas do "pensamento científico" e do "método rigoroso", que normalmente são desenvolvidas para municiar o aparato estatal de repressão criminal. Presdee sustenta que com essa metodologia a experiência vivida é "patologizada" e "marginalizada" pelos dados oficiais sobre o crime. Para ele, os desejos que que são parte de todos nós encontram-se enterrados nas profundezas da consciência cotidiana; não estão simplesmente disponíveis para medição e monitoramento. Mas tais emoções são elementos essenciais para a compreensão do crime e devem ser escavadas e exploradas de um modo que não denigra as experiências vividas, as respostas emocionais e sociais dos seres humanos que compõem o que chamamos de sociedade.[121]

Do mesmo modo, a criminologia cultural considerará que as demonstrações públicas de emoção por parte de vítimas de crimes também são de interesse para a criminologia, algo que também escapa da agenda atuarial.[122] Fenômenos supostamente "naturais" e "objetivos" como a taxa de criminalidade em uma determinada vizinhança, ou o quanto as pessoas temem a possibilidade de serem vítimas de um ou outro crime, por exemplo, não são fatos "naturais" e "objetivos": são construções culturais, concebidas de modo específico por aqueles que tem a influência ou o poder para fazê-lo.[123] Young denuncia que quanto

---

120 PRESDEE, Mike. The story of crime: biography and the excavation of transgression. In: FERRELL, Jeff. Hayward, Keith. MORRISON, Wayne. PRESDEE, Mike. *Cultural criminology unleashed*. London: Glasshouse Press, 2004, p. 41-42.

121 PRESDEE, Mike. The story of crime: biography and the excavation of transgression. In: FERRELL, Jeff. Hayward, Keith. MORRISON, Wayne. PRESDEE, Mike. *Cultural criminology unleashed*. London: Glasshouse Press, 2004, p. 43

122 FERRELL, Jeff; HAYWARD, Keith. BROWN, Michelle. Cultural Criminology. In: BROWN, Michelle (Org.) *The Oxford Research Encyclopaedia of Crime, Media, and Popular Culture*, Oxford: Oxford University Press, 2017.

123 FERRELL, Jeff; HAYWARD, Keith. BROWN, Michelle. Cultural Criminology. In: BROWN, Michelle (Org.) *The Oxford Research Encyclopaedia of Crime,*

mais quase-científica a retórica, mais sofisticadas as estatísticas, mais os autores se distanciam do que estão estudando e, logo, mais seguros se sentem no campo da abstração.[124]

Em contraste com a subserviência programada de tais contrologias, a criminologia cultural considerará as emoções e subjetividades associadas ao crime e à transgressão como parte de um corpo de pensamento e campo de investigação que assume abertamente seu aspecto político, "operando como um contradiscurso sobre crime e justiça criminal que diminui o circuito do significado oficial".[125] É nesse sentido que Ferrell e Hayward consideram que

> Em um mundo onde campanhas políticas são conduzidas com insistentes afirmações de controlar o crime, onde o crime circula sem parar como imagem e entretenimento, nos é apresentado um clima simbólico pré-pronto para uma criminologia culturalmente sintonizada — e então temos de encontrar formas para desmistificar as campanhas, e para transformar essa circulação, para fins melhores.[126]

O objeto da criminologia é redimensionado em nível macro e nível micro, tanto na dimensão estrutural quanto grupal e individual, contemplando de forma decisiva o aspecto emocional, ou seja, o primeiro plano do crime, que é desconsiderado por teorias que se ocupam somente de abstrações. Desse modo, "fatores antecedentes ou estruturais por certo permanecem presentes em meio a esse primeiro plano do crime — agora, porém, entendidos em tensão dialética com seus significados e emoções emergentes, em vez de como previsores ou causas dele".[127]

A criminologia cultural surge assim como um contraponto teórico a um número significativo de tendências da criminologia contemporânea:

Media, and Popular Culture, Oxford: Oxford University Press, 2017.

124 YOUNG, Jock. *The criminological imagination*. Cambridge: Polity, 2011, p. 13.

125 HAYWARD, K.; Ferrell, J. Possibilidades insurgentes: as políticas da criminologia cultural. *Sistema Penal & Violência*, Porto Alegre, v. 4, n. 2, p. 206-218, jul./dez. 2012, p. 213.

126 HAYWARD, K.; Ferrell, J. Possibilidades insurgentes: as políticas da criminologia cultural. *Sistema Penal & Violência*, Porto Alegre, v. 4, n. 2, p. 206-218, jul./dez. 2012. p. 213-214.

127 Ver capítulo 1.

a de ser uma teoria de administração da justiça criminal; a de depender de pesquisas feitas com questionários, raciocínio estatístico e quantificação, bem como a sua aceitação de teorias centradas em racionalidade e previsibilidade.[128] Ferrell ataca duramente certo tipo de criminologia, que permanece tendo a estatística como objeto de fetiche:

> a investigação se sustenta ou é abortada em razão de medição e cálculo. Como mostrado inúmeras vezes em extensas tabelas, em elaboradas equações matemáticas que ocupam páginas inteiras e em longas exposições metodológicas que contrastam com breves seções de 'discussão' ou 'conclusões', esse tipo de pesquisa criminológica é orientada primordialmente para a edificação de monumentos estatísticos — sobre dados superficiais e uma debilíssima fundação epistemológica".[129]

Mas o alargamento de limites proposto pela criminologia cultural não vem acompanhado — como se poderia equivocadamente supor — de uma ambição de verdade.[130] Definitivamente, se existe algo como a essência do crime, ela está para além das forças da criminologia ou, pelo menos, da criminologia que está minimamente ciente dos seus limites, o que não se verifica na assunção de onipotência daqueles que supõem que gráficos e tabelas são espelhos que não distorcem a realidade e que revelam a verdade sobre o fenômeno da criminalidade. Diferentemente, criminologistas culturais não estudam apenas imagens, mas imagens de imagens, em um salão infinito de espelhos mediados, que conforma a *mediascape* contemporânea.[131] Desse modo, refletem umas sobre as outras as realidades do crime e do controle do crime e as imagens dessas realidades.[132] Em outras palavras, a rua roteiriza a tela e a tela roteiriza a

---

128 FERRELL, Jeff; HAYWARD, Keith. BROWN, Michelle. Cultural Criminology. In: BROWN, Michelle (Org.) *The Oxford Research Encyclopaedia of Crime, Media, and Popular Culture*, Oxford: Oxford University Press, 2017.

129 FERRELL, Jeff. Morte ao método: uma provocação. In: *Dilemas*: revista de estudos de conflito e controle social – Vol.5. Nº 1 – Jan/Fev/Mar 2012, p. 162.

130 Ver KHALED JR, Salah H. Ambição de verdade no processo penal: uma introdução. Rio de Janeiro: Lumen Juris, 2018 e KHALED JR, Salah H. *A busca da verdade no processo penal*. 3ª edição. Belo Horizonte: Letramento, 2018.

131 Ver o capítulo um, "A criminologia cultural continuada", de Ferrell e Hayward.

132 FERRELL, Jeff; SANDERS, Clinton. S. Cultural Criminology, Boston: Northeastern University Press, 1995, p. 14. Ver também o capítulo 1 desta obra.

rua. Não existe linearidade: a linha entre o virtual e o real é borrada de modo profundo e irrevogável.[133]

Portanto, a criminologia cultural rejeita os próprios postulados do pensamento simplificador: enfrenta a árdua tarefa que representa especular sobre algo tão complexo como a gênese e a negociação de significado em torno das múltiplas questões que envolvem o crime e a criminalidade, ou seja, aceita enfrentar criticamente as "relações complexas que existem entre o crime, a cultura e a economia política contemporânea".[134]

▶ NOVAS AVENTURAS DA CRIMINOLOGIA NA MULTIFACETADA REALIDADE CONTEMPORÂNEA

Convivemos com um fenômeno que poderia ser definido como onipresença do crime, o que, paradoxalmente, torna sua visibilidade ainda mais borrada para os criminologistas contemporâneos. Não é mais possível pensar o fenômeno exclusivamente dentro dos estreitos limites das condutas criminalizadas, ou seja, proibidas ou exigidas pelo Direito Penal. A complexidade do que é definido e redefinido como "crime" se intensificou: na modernidade tardia, novos significados foram produzidos e, logo, novas questões foram levantadas, pelo menos para aqueles que estavam dispostos a enfrentá-las, o que também é verdadeiro para a realidade marginal latino-americana.[135]

---

133 HAYWARD, Keith; YOUNG, Jock. Cultural criminology: some notes on the script. In: *Theoretical Criminology*, v. 8, n. 3, p. 259-285.

134 HAYWARD, K.; Ferrell, J. Possibilidades insurgentes: as políticas da criminologia cultural. *Sistema Penal & Violência*, Porto Alegre, v. 4, n. 2, p. 206-218, jul./dez. 2012, p. 208.

135 O grande desafio consiste em incorporar as inestimáveis contribuições da criminologia cultural para sociedades "não pacificadas" ou da periferia, como é o caso da América Latina. Será preciso levar em conta que no contexto "marginal" a modernidade não se realizou, mas, simultaneamente, passamos a conviver com inúmeras questões típicas da quadra tardo-moderna, que intensificam ainda mais a brutalidade do controle social aqui exercido. Não se trata de desconsiderar as significativas contribuições da criminologia crítica latino-americana, mas de incorporar à criminologia contemporânea outras dimensões de análise, ainda não contempladas e necessárias, para uma compreensão qualificada dos fenômenos de interesse dos saberes criminológicos. A coleção *"Pensamento criminológico"* da editora Revan, contém alguns dos mais expressivos trabalhos da criminologia latino-americana e mundial e deve ser consultada, especialmente "A sociedade excludente" de Jock Young, por sua relevância para a criminologia cultural. Também

Certamente que isso suscita dúvidas sobre o método empregado para investigar e discutir tais questões. Nesse sentido, a criminologia cultural tem como uma das suas fundações a capacidade de mesclar diferentes metodologias conforme as necessidades empíricas do momento.[136] Uma de suas mais vigorosas contribuições consiste nas metodologias etnográficas empregadas, que visam resgatar a investigação criminológica da criminologia judicial de racionalização científica e objetificação metodológica.[137]

Com isso, a criminologia cultural não visa reivindicar um lugar privilegiado para a revelação da verdade sobre a criminalidade. Não existe nenhuma intenção de constituição de um paradigma definitivo. A criminologia cultural conforma uma matriz de perspectivas sobre o crime e o controle da criminalidade, o que pode ser visto como sua força ou fraqueza, dependendo do ponto de vista do observador.[138] Nesse sentido, criminologistas culturais estão muito mais interessados em críticas dinâmicas do que em certezas definidoras.[139] A ideia de imaginação sociológica e criminológica muito bem demonstra como opera essa dimensão.[140] Para quem está disposto a ampliar o alcance de suas análises, o vigor dos estudos já desenvolvidos no campo da criminologia cultural dificilmente pode ser negado.[141] Segundo Ferrell, o vigor da criminologia cultural decorre

---

merece menção a tradição abolicionista, na qual se destacam Hulsman e Christie, contemplados na coleção *"Percursos criminológicos"*, da editora D'Plácido. Sobre o conceito de realismo marginal ver ZAFFARONI, Eugenio Raul; BATISTA, Nilo; ALAGIA, Alejandro; SLOKAR, Alejandro. *Direito Penal brasileiro*. Rio de Janeiro: Revan, 2003. v. 1.

136 FERRELL, Jeff; HAYWARD, Keith. BROWN, Michelle. Cultural Criminology. In: BROWN, Michelle (Org.) *The Oxford Research Encyclopaedia of Crime, Media, and Popular Culture*, Oxford: Oxford University Press, 2017.

137 FERRELL, Jeff. Tédio, crime e criminologia: um convite à criminologia cultural. *Revista Brasileira de Ciências Criminais*, ano 18, n. 82, jan./fev, 2010, p. 353-354.

138 Como discutido por Oxley no capítulo 3.

139 Como discutido por Ferrell e Hayward no capítulo 1.

140 YOUNG, Jock. *The criminological imagination*. Cambridge: Polity, 2011. Ver também capítulo 1.

141 Como escreveram Ferrell, Hayward, Morrison e Presdee, "teorias sobre o crime e seu controle são importantes demais para serem deixadas à cargo de teóricos e estatísticos distantes da imediaticidade da transgressão. A produção criminológica de sumários numéricos, correlações, dados obtidos

do seu envolvimento com os temas de investigação e de sua vontade de confrontar as condições socioculturais do tédio que permeiam a prática da criminologia oficial.[142]

Uma criminologia exclusivamente voltada para o autor, a vítima, o controle social ou a crítica da lei penal, bem como para a sua criação e aplicação, parece manifestamente insuficiente para problematizar as questões que envolvem os múltiplos significados do crime na atualidade.[143] Estes objetos permanecem sendo passíveis de questionamento pela criminologia cultural, mas é preciso atentar para o fato de que a questão criminal é verdadeiramente onipresente. Todos experimentam o crime como construção cultural que se dá em uma dinâmica incerta e imprevisível, por meio da qual é negociado seu significado: como estilo de vida, entretenimento comodificado, inimigo a ser combatido ou temido, a realidade do crime e da criminalidade parece algo palpável, quase ao alcance da mão.

A situação é paradoxal. Afinal, o que está em todo lugar de certo modo também não está em lugar algum. O próprio pressuposto que animou de-

---

de segunda mão e resíduos estatísticos pode atender as necessidades da indústria de controle do crime, as campanhas de políticos e as carreiras de criminologistas acadêmicos, mas não vamos nos enganar acreditando que elas ajudam a compreender o crime e o controle do crime, ou que nos ajudam a consolidar arranjos sociais menos envenenados pelo medo, violência e exploração". FERRELL, Jeff. Hayward, Keith. MORRISON, Wayne. PRESDEE, Mike. Fragments of a manifesto: introducing cultural criminology unleashed. In: FERRELL, Jeff. Hayward, Keith. MORRISON, Wayne. PRESDEE, Mike. *Cultural criminology unleashed.* London: Glasshouse Press, 2004, p. 43

142 FERRELL, Jeff. Tédio, crime e criminologia: um convite à criminologia cultural. *Revista Brasileira de Ciências Criminais*, ano 18, n. 82, jan./fev. 2010, p. 353-354.

143 "note que 'não haveria contradição" entre a criminologia cultural e "o quarteto realista do crime" [transgressor, vítima, estado, sociedade], mas sim este realismo, por adotar uma racionalidade simplista em seu conceito de agência, não é suficientemente realista. Uma criminologia totalmente social e cultural deve incorporar noções de agência e significado que podem representar para o crime e o controle do crime, energia criminal e tensão, emoção ilícita e racionalidades alternativas, resistência e submissão, transgressão e coação." HAYWARD, K.; Ferrell, J. *Possibilidades insurgentes*: as políticas da criminologia cultural. *Sistema Penal & Violência*, Porto Alegre, v. 4, n. 2, p. 206-218, jul./dez. 2012, p. 210.

terminadas criminologias etiológicas parece absolutamente inviável: como delimitar o objeto quando ele perpassa tantas dimensões da dinâmica social? O mesmo vale para o controle do crime: na quadra tardo-moderna, é mais provável que o poder circule de modo insidioso, codificado em arranjos espaciais, escondido em ideologias de gerenciamento de risco e segurança pública, e implantado mediante mitologias de conforto e conveniência. Como ele não assume feição de um instrumento de força utilizado de modo brutal, o controle social é mais potente, e perigosamente problemático, precisamente pelo fato de se esconder nos pequenos domínios da vida cotidiana.[144]

A simplificação da realidade tem a sua serventia para certo tipo de controle social, como bem se sabe. Mas raramente ela é adequada para as funções a ela designadas por medidas racionalizadoras, que são de escassa valia para o controle do que está para além da racionalidade que as alimenta. Pelo contrário: a intensificação do controle pode gerar um efeito oposto ao pretendido e que merece ser estudado, tanto no contexto do que representa como performance dirigida aos demais membros da subcultura a que alguém pertence, quanto para o próprio agente.

Por exemplo, criminologistas culturais perceberam que a ação-limítrofe (*edgework*) dá aos seus participantes uma rajada de adrenalina, devido a sua mistura de extremo risco e habilidade — por causa disso, estratégias de controle que pretendam combater essas atividades muitas vezes servem apenas para acentuar os riscos e aprimorar as habilidades dos praticantes, o que torna ainda mais atraente o apelo da ação-limítrofe para aqueles que a desempenham.[145] Incorporado à noção mais ampla de sedução do crime, o conceito de *edgework* demonstra como, dentro de um evento criminal, questões de estigma, honra e respeito podem se tornar poderosos — ainda que passageiros — ímpetos para comportamentos violentos, desbravadores e corajosos. O crime não pode ser reduzido a abstratas explicações causais: os momentos de criminalidade abrigam uma série de significados negociados complexos que reconstroem e refletem forças

---

144 FERRELL, Jeff; HAYWARD, Keith. BROWN, Michelle. Cultural Criminology. In: BROWN, Michelle (Org.) *The Oxford Research Encyclopaedia of Crime, Media, and Popular Culture*, Oxford: Oxford University Press, 2017.

145 FERRELL, Jeff; HAYWARD, Keith. BROWN, Michelle. Cultural Criminology. In: BROWN, Michelle (Org.) *The Oxford Research Encyclopaedia of Crime, Media, and Popular Culture*, Oxford: Oxford University Press, 2017.

culturais maiores.[146] Como discutido por Ferrell no capítulo dois, o projeto moderno de imposição de tédio levanta importantes questionamentos: determinados crimes cometidos contra a pessoa ou contra a propriedade não seriam (re)ações contra o tédio? Não existiria uma relação entre as tentativas de expurgo da criatividade da criminologia e a imposição de um tédio desumanizador, que atinge tanto aos pesquisadores quanto aqueles que eles tentam investigar e controlar?

Trilhando um caminho completamente diferente e desenvolvendo os *insights* do *labelling approach*, criminologistas culturais argumentam que a "importância" ou "seriedade" de qualquer forma de criminalidade é em grande medida definida pela resposta legal dada a ela e pela habilidade daqueles que exercem poder para encaixá-la em determinados significados culturais e interpretações públicas. Por isso, pequenos atos transgressores do cotidiano, como vadiagem, pixo, grafite, coleta de lixo e furtos em lojas serão de interesse criminológico, bem como as respostas legais e controvérsias públicas que circulam em torno dessas práticas.[147]

Como pode ser percebido, a criminologia cultural não tem a pretensão de reivindicar uma objetividade absoluta inalcançável, o que não seria sequer desejável. Pelo contrário, ela é explicitamente política e engajada, diante de um mundo que é profundamente desigual e injusto: se dedica à contestação das diferentes espécies de controle a que estamos submetidos dentro do contexto de um capitalismo cultural que transforma tudo em mercadoria, uma vez que, na quadra histórica tardo-moderna, "coletividades são convertidas em mercados, pessoas em consumidores e experiências e emoções em produtos".[148]

Programas sensacionalistas, filmes que glamorizam o desvio e roupas de grife que estilizam a transgressão são alguns dos elementos que demarcam o território de possibilidades analíticas do que pode ser visto como efervescência criminal nos mais distintos círculos da cultura globalizada. O

---

146 FERRELL, Jeff; HAYWARD, Keith. BROWN, Michelle. Cultural Criminology. In: BROWN, Michelle (Org.) *The Oxford Research Encyclopaedia of Crime, Media, and Popular Culture*, Oxford: Oxford University Press, 2017.

147 FERRELL, Jeff; HAYWARD, Keith. BROWN, Michelle. Cultural Criminology. In: BROWN, Michelle (Org.) *The Oxford Research Encyclopaedia of Crime, Media, and Popular Culture*, Oxford: Oxford University Press, 2017.

148 HAYWARD, K.; Ferrell, J. Possibilidades insurgentes: as políticas da criminologia cultural. *Sistema Penal & Violência*, Porto Alegre, v. 4, n. 2, p. 206-218, jul./dez. 2012, p. 208.

cenário não é inteiramente novo: em 1961, Sykes e Matza já apontavam que subculturas criminais não estão apartadas dos valores dominantes: são de muitos modos similares a eles, uma vez que a sociedade *mainstream* exibe uma disseminada predileção por violência, que é consumida em fantasias que povoam livros, revistas, filmes e televisão.[149] Os autores propuseram uma torção significativa no conceito de subcultura proposto por Albert Cohen em *Delinquent Boys*, que via nas subculturas criminais uma estrutura radicalmente oposta aos valores dominantes. Cohen foi aluno de Merton e Sutherland e foi com base neste aprendizado que desenvolveu o conceito de subcultura. Um dos momentos mais formidáveis da história da criminologia ocorre quando Cohen, já tendo estudado com Merton, lança para Sutherland a seguinte pergunta: "de onde provém essas culturas transmitidas por meio da associação diferencial?"[150]

As reflexões desse grupo de autores sobre as subculturas e seus significados fazem parte do corpo de tradições criminológicas que a criminologia cultural reimagina e revigora no contexto das trajetórias contemporâneas do crime e do controle do crime, que exigem que essas teorias sejam reanimadas com novas perspectivas, obtidas de outras disciplinas.[151] Sykes e Matza tiveram um *insight* formidável, mas definitivamente há algo de novo no *front*, ou seja, um aprofundamento incisivo do processo de comodificação, mediante o qual coisas que, por sua natureza, não poderiam ser transformadas em mercadorias, efetivamente tornam-se parte substancial da cultura de consumo, o que vale inclusive para o *marketing* de produtos que em outras circunstâncias não carregariam nenhuma conotação transgressora. Segundo Ferrell e Hayward, "A capacidade de reconstituir a resistência como mercadoria e, assim, vender a ilusão de liberdade e diversidade, é, de fato, uma mágica poderosa".[152] Nesse sentido, os estilos

---

149 FERRELL, Jeff; HAYWARD, Keith; YOUNG, Jock. *Cultural Criminology*: an Invitation. Londres: Sage, 2008.

150 YOUNG, Jock. Albert Cohen (1918-). In: HAYWARD, Keith; MARUNA, Shadd; MOONEY, Jayne. Fifty key thinkers in criminology. New York: Routeledge, 2010, p. 107.

151 FERRELL, Jeff; HAYWARD, Keith. BROWN, Michelle. Cultural Criminology. In: BROWN, Michelle (Org.) *The Oxford Research Encyclopaedia of Crime, Media, and Popular Culture*, Oxford: Oxford University Press, 2017.

152 HAYWARD, K.; Ferrell, J. Possibilidades insurgentes: as políticas da criminologia cultural. *Sistema Penal & Violência*, Porto Alegre, v. 4, n. 2, p. 206-218, jul./dez. 2012, p. 212.

particulares de diferentes subculturas criminais e/ou transgressoras são apropriados e reembalados como entretenimento para as massas, enquanto o escorregadio processo de definição de identidades (desviantes ou não) ganha ainda maior complexidade nos chamados mundos multimediados da contemporaneidade.[153] Para Ferrell, o estilo define as categorias nas quais as pessoas vivem e as comunidades das quais fazem parte, servindo como um meio visível para negociar status, para construir tanto a segurança quanto a ameaça, e para se engajar em atividade criminal.[154]

Por outro lado, nem tudo que é "reinventado como mercadoria" torna-se inofensivo, uma vez que uma "complexidade contraditória" é produzida, surgindo assim um "campo de batalha contínuo de significado". Como observam Ferrell e Hayward, "Às vezes o mais seguro dos produtos corporativos torna-se, nas mãos de ativistas, artistas ou criminosos, uma subversão perigosa. Roubado, refeito, é ainda mais perigoso por sua familiaridade imediata, um cavalo de Tróia enviado de volta para o meio do cotidiano".[155] A dialética do controle e da resistência assume assim uma dinâmica inesperada, uma vez que o processo de apropriação e reapropriação cultural adquire contornos inteiramente imprevisíveis.

Por outro lado, é claro que o capitalismo tardo-moderno é apenas uma forma de opressão: numerosas outras formas de crime e desigualdade existem, como o patriarcado, o racismo, a ascensão do fascismo, e religiões fundamentalistas e as religiões institucionalizadas. Neste contexto, a criminologia cultural procura novos modos de compreensão sobre o que constitui (ou não) resistência significativa dentre formas culturais históricas e emergentes.[156] Por essa razão, sempre atentará para a criação

---

153 FERRELL, Jeff; HAYWARD, Keith; YOUNG, Jock. *Cultural Criminology*: an Invitation. Londres: Sage, 2008; MCROBBIE, Angela; THORNTON, Sarah L . Rethinking 'Moral Panic' for Multi-mediated Social Worlds. *The British Journal of Sociology*, v. 46, n. 4, dez., 1995.

154 FERRELL, Jeff. Style matters. In: FERRELL, Jeff. Hayward, Keith. MORRISON, Wayne. PRESDEE, Mike. Cultural criminology unleashed. London: Glasshouse Press, 2004.

155 HAYWARD, K.; Ferrell, J. Possibilidades insurgentes: as políticas da criminologia cultural. *Sistema Penal & Violência*, Porto Alegre, v. 4, n. 2, p. 206-218, jul./dez. 2012, p. 213.

156 FERRELL, Jeff; HAYWARD, Keith. BROWN, Michelle. Cultural Criminology. In: BROWN, Michelle (Org.) *The Oxford Research Encyclopaedia of Crime, Media, and Popular Culture*, Oxford: Oxford University Press, 2017.

cultural de um "outro", que pode se tornar foco de escrutínio público e bode expiatório para o contexto de incerteza e insegurança da modernidade tardia.[157]

São frequentes as acusações de "romantização" feitas aos criminologistas culturais. Como observam Ferrell e Hayward, eles supostamente criariam "retratos muito simpáticos de criminosos e outros *outsiders*, glorificando o seu mau comportamento, imaginando sua resistência, e minimizando os seus danos aos outros".[158] Mas os autores apontam que o acúmulo de discurso "verdadeiro" do circuito oficial sobre os grupos em questão pouco tem de objetivo: pelo contrário, grande parte expressa uma narrativa de "ficção" contra a qual criminologistas culturais se insurgem, contemplando de modo mais qualificado e amplo o contexto emocional no qual se dá e em que é definida a transgressão, o que faz com que conceitos como "pânico moral"[159] e "criminalização cultural"[160] sejam de extrema valia para a compreensão de uma grande gama de questões contemporâneas.

Desde a década de 1950, as expressões artísticas que não se conformam aos padrões morais definidos como dominantes são transformadas em alvos convenientes de campanhas de satanização, o que vale para histórias em quadrinhos, exposições em museus, peças de teatro, games e estilos musicais tendencialmente transgressores, como o *heavy metal* e o *funk*.[161]

Em decorrência disso, a criminologia cultural dará especial atenção às "cruzadas morais"[162] de criminalização da cultura, que conformam confrontos nos quais imagens demonizadas de criadores, produtos culturais e consumidores são disseminadas no espaço público, bem como

---

157 Ver a discussão do capítulo 1.

158 HAYWARD, K.; Ferrell, J. Possibilidades insurgentes: as políticas da criminologia cultural. *Sistema Penal & Violência*, Porto Alegre, v. 4, n. 2, p. 206-218, jul./dez. 2012, p. 215.

159 COHEN, Stanley. *Folk Devils and Moral Panics:* the Creation of the Mods and Rockers. Nova York: Routeledge, 2010.

160 FERRELL, Jeff. Cultural criminology. In: Annual Review of Sociology, v. 25, 1999.

161 Ver KHALED JR, Salah H. *Videogame e violência*: cruzadas morais contra os jogos eletrônicos no Brasil e no mundo. Rio de Janeiro: Civilização Brasileira/ Grupo Editorial Record, 2018.

162 BECKER, Howard. *Outsiders*: estudos de sociologia do desvio. Rio de Janeiro: Zahar, 2009.

também irá considerar a resistência subcultural diante dessas intenções de controle, tenham sido elas conscientemente deflagradas ou não.

Na modernidade tardia, pânicos morais viralizam com assustadora rapidez nas redes sociais: o processo de negociação e reconstrução de significado é amplificado de forma difusa, produzindo espirais anteriormente inimagináveis de indignação moral, que convidam de forma sedutora avatares virtuais a participarem de cruzadas morais.

Embora ainda ocorram guerras culturais e cruzadas movidas por empreendedores morais, como observou Becker,[163] os pânicos eventualmente resultantes não podem mais ser compreendidos exclusivamente com base nas leituras clássicas de Stanley Cohen, Stuart Hall e Jock Young, cujas análises críticas no campo da mídia fazem parte do legado incorporado pela criminologia cultural. A extensão e a dimensão dos pânicos morais foram radicalmente transformadas no âmbito de novas e ressignificadas relações sociais. Não só pânicos são deflagrados propositalmente por criadores de produtos culturais, como seu significado é abertamente contestado em arenas públicas nas quais os grupos demonizados conseguem exercer resistência ao processo de criminalização cultural.[164] Ferrell refere que várias formas de resistência emergem dentro de grupos transformados em alvo do controle exercido pela grande mídia. Artistas e músicos envolvidos em guerras culturais recusaram prêmios governamentais, renunciaram a posições de destaque, venceram julgamentos legais, organizaram meios de comunicação alternativos e produziram inúmeros contra-ataques públicos. Em algumas subculturas marginalizadas, o estilo do grupo certamente existe como um estigma que suscita a vigilância e o controle externo, mas ao mesmo tempo é apreciado como um símbolo de honra e resistência, tornado ainda mais significativo pela sua tenaz resistência a autoridades externas.[165]

Na atual quadra histórica, surge um hiperpluralismo de identidades e orientações culturais: as múltiplas possibilidades intensificam a sensação de que nenhuma delas é a certa, enquanto o hiperindividualismo avança,

---

163 BECKER, Howard. *Outsiders*: estudos de sociologia do desvio. Rio de Janeiro: Zahar, 2009.

164 MCROBBIE, Angela; THORNTON, Sarah L. Rethinking 'Moral Panic' for Multi-mediated Social Worlds. *The British Journal of Sociology*, v. 46, n. 4, dez., 1995.

165 FERRELL, Jeff. Cultural criminology. In: *Annual Review of Sociology*, v. 25, 1999, p. 409.

de modo cada vez mais preocupante.[166] Um dos possíveis reflexos pode ser percebido nas redes sociais, que possibilitam que cada um projete uma realidade de virtude perante a coletividade: entre vida efetivamente vivida e vida representada virtualmente pode existir um oceano incomensurável, o que não impede que cada um alcance a condição de protagonista de sua própria narrativa. Construindo relatos que integram fotos, textos e vídeos, as redes sociais possibilitam um fenômeno outrora impossível: a democratização da figura de empreendedor moral.[167]

Não é segredo que a condição de empreendedor moral tradicionalmente exigia que um reacionário cultural desfrutasse de certo nível de prestígio social. Era necessário possuir elevados níveis de capital social para deflagrar cruzadas criminalizantes, sejam elas contra pessoas, subculturas, produtos culturais ou conflitos sociais, que por suas características, eram eminentemente criminalizáveis. Mas a internet produziu um fenômeno inicialmente insuspeitado: deu voz aos imbecis, como disse Umberto Eco. Possibilitou que os piores sensos comuns possíveis e imagináveis sobre a criminalidade e seus significados subitamente ganhassem projeção e notoriedade, fazendo com que o lado mais sombrio da subjetividade humana adquirisse um meio para atrair holofotes na sociedade do espetáculo.[168]

Com isso, o que já foi chamado de turismo genocida —por exemplo, o compartilhamento de fotos de presos de guerra torturados por soldados americanos[169] — encontrou sua figura correspondente no compartilhamento de linchamentos, execuções e estupros coletivos nas redes sociais, demonstrando o quanto é sedutora a transgressão: não somente como objeto de reprovação ou consumo, mas também como algo que se deseja experimentar não como terceiro, mas como protagonista da sua própria história. Definitivamente "não faz mais sentido estudar separadamente o crime do 'mundo real' e suas representações mediadas". Ferrell e Hayward

---

166 Como discutido por Ferrell e Hayward no capítulo um, "A criminologia cultural continuada".

167 BECKER, Howard. *Outsiders*: estudos de sociologia do desvio. Rio de Janeiro: Zahar, 2009.

168 DEBORD, GUY. *A sociedade do espetáculo*. Rio de Janeiro: Contraponto, 1997.

169 Ver FERRELL, Jeff; HAYWARD, Keith; YOUNG, Jock. *Cultural Criminology*: an Invitation. Londres: Sage, 2008.

consideram que essa "vontade de representação" pode ela própria ser um fator motivante do comportamento criminoso.[170]

A saturação da vida cotidiana por diferentes tipos de mídia e tecnologias de mídia sugere que qualquer distinção nítida entre "crime" e "imagens do crime" faz parte do passado. No seu lugar, existe um mundo no qual eventos criminais, suas imagens mediadas, bem como as percepções dos demais sobre o crime incessantemente se retroalimentem e amplifiquem umas às outras. Se "real" sugere consequências reais e efeitos reais, a cultura do crime é hoje tão real quanto o próprio crime; talvez, como apontam os criminologistas culturais, elas estejam se tornando indistinguíveis.[171] Desse modo, uma das principais metas da criminologia cultural consiste em compreender as maneiras pelas quais processos mediados de reprodução e troca cultural "constituem" a experiência do crime, identidade e sociedade sob as condições da modernidade tardia.[172]

Como pode ser percebido, parece inegável que a criminologia cultural está repleta de qualidades subversivas que a capacitam para produzir análises significativas e com isso, "manter girando o caleidoscópio sobre as maneiras pelas quais pensamos sobre o crime, e mais importante, sobre as respostas jurídicas e sociais à quebra de regras".[173] No próximo capítulo, exploraremos algumas das perspectivas insurgentes que a criminologia cultural comporta.

▶ REFERÊNCIAS

BECKER, Howard. *Outsiders*: estudos de sociologia do desvio. Rio de Janeiro: Zahar, 2009.

COHEN, Stanley. *Folk Devils and Moral Panics:* the Creation of the Mods and Rockers. Nova York: Routeledge, 2010.

DEBORD, GUY. *A sociedade do espetáculo*. Rio de Janeiro: Contraponto, 1997.

---

170 Ver discussão no capítulo um, "A criminologia cultural continuada".

171 FERRELL, Jeff; HAYWARD, Keith. BROWN, Michelle. Cultural Criminology. In: BROWN, Michelle (Org.) *The Oxford Research Encyclopaedia of Crime, Media, and Popular Culture*, Oxford: Oxford University Press, 2017.

172 FERRELL, Jeff; HAYWARD, Keith. BROWN, Michelle. Cultural Criminology. In: BROWN, Michelle (Org.) *The Oxford Research Encyclopaedia of Crime, Media, and Popular Culture*, Oxford: Oxford University Press, 2017.

173 HAYWARD, Keith; YOUNG, Jock. Cultural criminology: some notes on the script. In: Theoretical Criminology, v. 8, n. 3, p. 259-285.

FENWICK, Mark; HAYWARD, Keith. J. Youth crime, excitement and consumer culture: the reconstruction of aetiology in contemporary theoretical criminology. In: PICKFORD, Jane. (Ed.) *Youth Justice*: Theory and Practice. Londres: Cavendish, 2000.

FERRELL, Jeff. "Crime and Culture". In: HALE, Chris et al. Criminology. London / New York, Oxford University Press, 2007.

FERRELL, Jeff. Speed Kills. In: FERRELL, Jeff. Hayward, Keith. MORRISON, Wayne. PRESDEE, Mike. *Cultural criminology unleashed*. London: Glasshouse Press, 2004.

FERRELL, Jeff. Scrunge city. In: FERRELL, Jeff. Hayward, Keith. MORRISON, Wayne. PRESDEE, Mike. *Cultural criminology unleashed*. London: Glasshouse Press, 2004.

FERRELL, Jeff. Criminological Verstehen. in: FERRELL, J; HAMM, M.S. (eds) *Ethnography on the Edge*. Boston: Northeastern University Press, 1998. p.38.

FERRELL, Jeff. Style matters. In: FERRELL, Jeff. Hayward, Keith. MORRISON, Wayne. PRESDEE, Mike. *Cultural criminology unleashed*. London: Glasshouse Press, 2004.

FERRELL, Jeff. Morte ao método: uma provocação. In: *Dilemas*: revista de estudos de conflito e controle social – Vol.5. Nº 1 – Jan/Fev/Mar 2012.

FERRELL, Jeff. Cultural criminology. In: *Annual Review of Sociology*, v. 25. 1999.

FERRELL, Jeff. The Only Possible Adventure: Edgework and Anarchy. In: LYNG, Stephen (Ed.). *Edgework*: The Sociology Of Risk Taking. Londres: Routeledge, 2004.

FERRELL, Jeff; SANDERS, Clinton. S. *Cultural Criminology*. Boston: Northeastern University Press, 1995.

FERRELL, Jeff; HAYWARD, Keith; YOUNG, Jock. *Cultural Criminology*: an Invitation. Londres: Sage, 2008.

FERRELL, Jeff; HAYWARD, Keith. BROWN, Michelle. Cultural Criminology. In: BROWN, Michelle (Org.) *The Oxford Research Encyclopaedia of Crime, Media, and Popular Culture*, Oxford: Oxford University Press, 2017.

FERRELL, Jeff. Hayward, Keith. MORRISON, Wayne. PRESDEE, Mike. Fragments of a manifesto: introducing cultural criminology unleashed. In: FERRELL, Jeff. Hayward, Keith. MORRISON, Wayne. PRESDEE, Mike. *Cultural criminology unleashed*. London: Glasshouse Press, 2004.

FEYERABEND, Paul. *Contra o método*. Rio de Janeiro: F. Alves, 1977.

HAYWARD, Keith; YOUNG, Jock. Cultural criminology: some notes on the script. In: *Theoretical Criminology*, v. 8, n. 3, p. 259-285.

HAYWARD, K.; Ferrell, J. Possibilidades insurgentes: as políticas da criminologia cultural. *Sistema Penal & Violência*, Porto Alegre, v. 4, n. 2, p. 206-218, jul./dez. 2012.

HAYWARD, Keith. Space – the final frontier: criminology, the city and the spatial dynamics of exclusion. In: FERRELL, Jeff. Hayward, Keith. MORRISON,

Wayne. PRESDEE, Mike. *Cultural criminology unleashed*. London: Glasshouse Press, 2004.

KATZ, Jack. *Seductions of Crime*: Moral and Sensual Attractions of Doing Evil. Nova York: Basic Books, 1988.

KHALED JR, Salah H. *A busca da verdade no processo penal*. 3ª edição. Belo Horizonte: Letramento, 2018

KHALED JR, Salah H. *Ambição de verdade no processo penal*: uma introdução. Rio de Janeiro: Lumen Juris, 2018

KHALED JR, Salah H. *Justiça social e sistema penal*. 2ª edição. Rio de Janeiro: Lumen Juris, 2018.

KHALED JR, Salah H. *Videogame e violência*: cruzadas morais contra os jogos eletrônicos no Brasil e no mundo. Rio de Janeiro: Civilização Brasileira/Grupo Editorial Record, 2018.

LYNG, Stephen. (1998), "Dangerous Methods: Risk Taking and Research Process". Em: FERREL, J. [e] HAMM, M.S. (eds.). *Ethnography at the Edge*: Crime, Deviance and Field Research. Boston, MA, Northeastern University Press.

LYNG, Stephen. Crime, edgework and corporeal transaction. In: *Theoretical criminology*. Vol. 8(3): 359-375. 2004.

MATZA, David. *Becoming deviant*. New Brunswick: Transaction publishers, 2010.

MCROBBIE, Angela; THORNTON, Sarah L . Rethinking 'Moral Panic' for Multi-mediated Social Worlds. *The British Journal of Sociology*, v. 46, n. 4, dez., 1995.

MORRISON, Wayne. Lombroso and the Birth of Criminological Positivism: Scientific Mastery or Cultural Artifice? In: FERRELL, Jeff. Hayward, Keith. MORRISON, Wayne. PRESDEE, Mike. *Cultural criminology unleashed*. London: Glasshouse Press, 2004.

PRESDEE, Mike. The story of crime: biography and the excavation of transgression. In: FERRELL, Jeff. Hayward, Keith. MORRISON, Wayne. PRESDEE, Mike. *Cultural criminology unleashed*. London: Glasshouse Press, 2004.

PRESDEE, Mike. *Cultural Criminology and the Carnival of Crime*. Londres: Routeledge, 2001.

YOUNG, Jock. Albert Cohen (1918-). In: HAYWARD, Keith; MARUNA, Shadd; MOONEY, Jayne. Fifty key thinkers in criminology. New York: Routeledge, 2010.

YOUNG, Jock. *The criminological imagination*. Cambridge: Politity, 2011

YOUNG, Jock. *The Vertigo of Late Modernity*. Londres: Sage, 2007.

YOUNG, Jock. Voodoo criminology and the numbers game. In: FERRELL, Jeff. Hayward, Keith. MORRISON, Wayne. PRESDEE, Mike. *Cultural criminology unleashed*. London: Glasshouse Press, 2004.

ZAFFARONI, Eugenio Raul; BATISTA, Nilo; ALAGIA, Alejandro; SLOKAR, Alejandro. *Direito Penal brasileiro*. Rio de Janeiro: Revan, 2003. 1. v.

CAPÍTULO SETE

PERSPECTIVAS INSURGENTES DA CRIMINOLOGIA CULTURAL NA QUADRA TARDO-MODERNA

Salah H. Khaled Jr.

Neste capítulo, você encontrará algumas das perspectivas insurgentes que uma criminologia culturalmente sintonizada comporta, com ênfase no crime, no controle do crime e na resistência ao controle. As diferentes questões são problematizadas sob a ótica dos significados que carregam, na fronteira borrada entre o crime e a cultura. São apertadas reflexões sobre diferentes temas de interesse da criminologia cultural, que eventualmente serão ampliadas em estudos específicos, com exceção de *Videogame e violência: cruzadas morais contra os jogos eletrônicos no Brasil e no mundo*, questão já verticalizada em estudo de fôlego publicado em abril de 2018.[174]

▶ A SEDUÇÃO DA TRANSGRESSÃO E A QUESTÃO DO SIGNIFICADO: O CASO DA PICHAÇÃO DA FACULDADE DE DIREITO DA UFPEL

O prédio histórico da Faculdade de Direito da Universidade Federal de Pelotas foi restaurado no final do primeiro semestre de 2016. O custo da pintura foi de aproximadamente 20 mil reais. Mas cerca de um mês após a conclusão dos trabalhos, na terça-feira, 21 de junho de 2016, a fachada do prédio foi tomada por pichações repletas de conteúdo político e social: mensagens como "*Não a LGBTfobia*", "*Plebiscito já*", "*Feminismo é revolução*" e "*Não vai ter golpe*" foram grafadas nas paredes com tinta

---

[174] KHALED JR, Salah H. *Videogame e violência*: cruzadas morais contra os jogos eletrônicos no Brasil e no mundo. Rio de Janeiro: Civilização Brasileira/Grupo Editorial Record, 2018.

spray. O diretor da Faculdade de Direito, Alexandre Gastal, considerou que, embora as transcrições refletissem causas justas, a estratégia utilizada para a divulgação das mensagens causava antipatia.[175]

O episódio seria de pouco interesse se não tivesse desdobramentos inicialmente imprevisíveis, pois suscita muitas questões de interesse da criminologia cultural, como veremos a seguir.

Alguns dias após a pichação ter ocorrido, um grupo de estudantes montou um mutirão de limpeza para tentar reduzir os danos. Eles passaram um dia inteiro envolvidos na iniciativa, que empregou lava-jato e removedores de tinta. Que alguns estudantes tenham decido contribuir diretamente para a limpeza da fachada já seria motivo para alguma especulação: quais são os sentimentos que circulam em torno dos diferentes significados do que representa (ou poderia representar) a pichação? Mas o que torna o fato verdadeiramente significativo foi a imprevisível reviravolta: no dia seguinte, o prédio amanheceu novamente pichado: "higienismo de merda" e "limpa de novo" são algumas das frases que foram pixadas nas paredes, o que aparentemente ocorreu durante a madrugada. A vice-reitora da UFPEL declarou que estava tomando providências para evitar que persistissem as pichações. Sem sombra de dúvida foi uma situação incomum, que mobilizou os sentimentos da comunidade e fez com que surgissem inúmeros conflitos entre os estudantes. Xingamentos mútuos nas redes sociais foram comuns durante o auge da repercussão do episódio na comunidade acadêmica. Alunos que demonstraram simpatia pelo pixo foram ameaçados pelos colegas e acusados de terem sido responsáveis pelos fatos.

O episódio em questão representa uma oportunidade ímpar de análise para abordagens situadas no âmbito da emergente criminologia cultural, que reflete sobre o crime como fenômeno cultural, missão que eu tentarei — de forma concisa — empreender aqui. Como discuti no capítulo anterior, penso que a criminologia cultural é um *locus* privilegiado para a compreensão de muitas questões que emergem da modernidade tardia e da incerteza que a caracteriza.

Antes de começar, é preciso esboçar um *disclaimer*: não tenho qualquer intenção de produzir respostas sobre os acontecimentos em questão e menos ainda de fazer um juízo de valor sobre eles ou o modo como a

---

175 Este trecho foi escrito literalmente no calor do momento. É contemporâneo aos fatos relatados. O leitor perceberá que algumas adaptações foram feitas para o texto inserido nesta obra.

UFPEL enfrentou a situação. Meu objetivo é bastante modesto: apresentar algumas reflexões que podem contribuir para aprofundar o debate sobre o episódio.

As duas grandes tradições criminológicas pouco ou nada teriam a dizer sobre tais fatos, ou, pelo menos, pouco de relevante sobre a complexidade que salta aos olhos no conflito social em questão, justamente pelo fato de não contemplarem o que anteriormente foi discutido na obra como contexto emocional do desvio.

Por um lado, os adeptos de essencialismos etiológicos sustentariam que os delinquentes são anormais, seja o defeito congênito ou produto de um processo incompleto de socialização, o que poderia dar margem para a eventual ressocialização de tais indivíduos, caso fossem considerados "recuperáveis" para a sociedade. Não é incomum que essencialismos biológicos e sociais operem inclusive de forma conjunta para a produção de imagens altamente estigmatizantes de indivíduos definidos como desviantes. Logicamente, são visões que têm enorme penetração no senso comum, que, imediatamente, evoca imagens de famílias desestruturadas e vizinhanças criminógenas, bem como de eventuais estereótipos raciais para justificar o repúdio a cotistas e beneficiários de programas sociais, uma vez que para muitas pessoas parece relativamente óbvio que "a pichação somente pode ter partido desse tipo de gente". Os comentários nas redes sociais muitas vezes demonstram que o que representa ou poderia representar o dano ao patrimônio público perde importância diante da constatação de que o ambiente acadêmico está repleto de pessoas que ainda dão crédito a tais lugares comuns, que são violentos ao seu próprio modo, ainda que se encontrem largamente difundidos em determinadas tradições criminológicas.[176]

Por outro lado, a tradição racionalista moderna — que encontra sua contraparte na criminologia nas *rational choice theories* contemporâneas — necessariamente partiria da concepção de ser humano enquanto sujeito racional, que pode ser efetivamente intimidado — e responsabilizado — por suas ações. Se um essencialismo como o lombrosiano nega o livre-arbítrio, o espírito geométrico moderno faz do livre-arbítrio algo equivalente a uma máquina que calcula e opera com base na perspectiva

---

176 Há suporte criminólogico para os estereótipos da criminalidade. Basta ver os trabalhos de Glueck & Glueck ou Lombroso, por exemplo. Sobre o último e sua recepção no Brasil, conferir a obra de Luciano Góes, *A "tradução" de Lombroso na obra de Nina Rodrigues*, publicada pela editora Revan.

de ganhos e perdas e, logo, suscetível a estímulos externos. Devidamente gerenciada mediante *contrologias* estruturadas em torno de fatores de risco, saúda os incautos com promessas de redução da criminalidade. No campo da ameaça penal, essa compreensão permite sustentar que as penas devem ser suficientemente duras para intimidar potenciais delinquentes e, inclusive, admite que punições exemplares não tenham relação com a gravidade do fato, mas com a intenção de interferência na subjetividade da coletividade. No âmbito do Direito Penal, essa relevante tradição questionaria a volição do autor, ou sua interioridade psíquica, a partir das figuras do dolo e da culpa. A interioridade psíquica dos autores parece cristalina: processos causais foram movimentados com intenção de produção dos resultados em questão. Poderíamos discutir os dispositivos legais aplicáveis, tipicidade, antijuridicidade e culpabilidade e embarcar em uma enfadonha discussão dogmática, pela qual eu já perdi o apetite há muito tempo.

Uma análise a partir de tais parâmetros seria estritamente conservadora e bem comportada: nada representaria além do velho e habitual problema tradicional, ou seja, a criação e aplicação da lei penal, que, em sua versão mais sofisticada, comportaria a releitura da criminalização primária e secundária, dando margem para relevantes discussões sobre a seletividade do sistema penal, o que vale também para supostos crimes ambientais — como se sabe, existe polêmica sobre a inserção do patrimônio cultural na concepção de ambiente, mas não é um problema que nos interessa aqui.

Parece um tanto quanto óbvio que essas tradições são de escassa valia para uma compreensão aprofundada do fenômeno em questão. Embora alguém possa se sentir tentado a aderir aos desacreditados esquemas analíticos essencialistas de outrora ou a suas releituras contemporâneas, eles não são nada mais que um reflexo da própria subjetividade dos autores sobre o crime e formas específicas de criminalidade. Em outras palavras, projetam sobre o crime seus próprios pré-juízos e, logicamente, enxergam o que elegeram como "verdade" desde o princípio. Do mesmo modo, a concepção de homem como sujeito racional suscetível de estímulos externos já perdeu o prazo de validade e é essencialista a seu próprio modo. Sua leitura criminológica conforma uma espécie de positivismo de mercado, estruturado em torno de operativos como risco e oportunidade. Incorporada às práticas punitivas no contexto da *civil law*, a serventia dessa concepção essencialista da existência humana raramente foi outra que a de legitimar o ilegitimável, ou seja, o exercício arbitrário do poder punitivo, por meio da teoria da pena conhecida como prevenção geral negativa — embasada em falsos ou não comprováveis dados sociais, como apontou Zaffaroni.[177]

Creio que nenhuma das tradições acima possibilita uma compreensão qualificada do fenômeno ou de qualquer modo poderia auxiliar a comunidade acadêmica a tratar do tema de forma mais adequada ou, pelo menos, refletir sobre ele. Talvez a criminologia cultural possa auxiliar nas duas questões. E não digo mais do que talvez, para que fique claro que eu não tenho a pretensão de explicar de forma exaustiva os acontecimentos ou questionar o tratamento institucional que foi dado aos fatos em questão. É aqui que uma criminologia cultural comprometida com a compreensão do primeiro plano da transgressão pode mostrar a sua contribuição, sem com isso reivindicar a condição de explicação "privilegiada" ou "verdadeira" sobre a questão.

O que absolutamente não é considerado pelas teorias que referi anteriormente é uma sensibilidade para o contexto emocional da ação, aquilo que Max Weber chamou de *verstehen*, e que Ferrell chama de *verstehen* criminológico. O crime é um fenômeno repleto de significado e, logo, exige uma sensibilidade etnográfica por parte do criminologista. Como capturar os sentimentos, ou, melhor ainda, as sensibilidades que giram o caleidoscópio do crime, que representa diferentes coisas para os diversos atores sociais envolvidos? Como não considerar as performances de todos os participantes, desde o autor e a vítima, até a negociação sobre o significado do evento, o que envolve inúmeras arenas nas quais é redefinido e comodificado o próprio sentido do crime? Como estilo de vida, produto a ser consumido, informação embalada como entretenimento ou narrativa estilizada, o crime é onipresente na cultura contemporânea, como já provoquei anteriormente.

Mas no que essas análises auxiliam a compreender o significado da pichação? Como mostrou Katz, é preciso atentar para as recompensas morais e emocionais do desvio e, porque não dizer, para as recompensas morais e emocionais daqueles que pretendem controlar, a seu próprio modo, o desvio. Dependendo do contexto emocional, a pichação pode ser um ato político, vandalismo, demonstração de força diante de pares ou grupos rivais, ou simplesmente uma forma de experimentar a rajada de adrenalina que decorre da transgressão: a ação-limítrofe (*edgework*) pode dar ao indivíduo a sensação de libertação — ainda que efêmera — do

---

177 ZAFFARONI, Eugenio Raul; BATISTA, Nilo; ALAGIA, Alejandro; SLOKAR, Alejandro. *Direito Penal brasileiro*. Rio de Janeiro: Revan, 2003, v. 1.

tédio que caracteriza a vida contemporânea.[178] Lyng considera que o caráter sedutor de muitas atividades criminais pode decorrer de particulares sensações e emoções geradas pelo alto nível de risco dessas atividades.[179] Diferentemente das compreensões convencionais que consideram as ações-limítrofes como algo autodestrutivo ou como uma demonstração de perda de controle, os criminologistas culturais argumentam que essas práticas costumam envolver uma exploração consciente do limite entre caos e ordem, perigo e autodeterminação. Muitas vezes, as fronteiras da segurança e respeitabilidade são cruzadas com clara intencionalidade: os transgressores passam a compreender o mundo e seu lugar nele precisamente em função das fronteiras ultrapassadas e assim adquirem por meio da transgressão uma percepção crítica que lhes permite ver de modo novo os arranjos que a engendram.[180]

Poucas coisas são tão opressoras quanto o tédio que inevitavelmente decorre da submissão a inúmeros controles, sejam eles legais — normas jurídicas —, laborais — controle do tempo e produtividade —, institucionais — ambientes escolares, por exemplo —, financeiros — contas — ou tributários — impostos.

No mundo contemporâneo, a academia exemplifica claramente o tédio. Tradicionalmente estruturada em torno da autoridade incontestável de quem detém o controle do saber, dificilmente consegue ser mais do que uma enfadonha sucessão de componentes curriculares que raramente dialogam entre si e que exigem dos estudantes uma série de requisitos que fazem da graduação — qualquer graduação, em qualquer instituição, diga-se de passagem — um lugar de proliferação do mais absoluto tédio.[181]

O que a criminologia cultural chama de ação-limítrofe (*edgework*) pode ser uma forma de abalar as estruturas do tédio: basta pensar nos

---

178 Ver o capítulo dois desta obra e LYNG, Stephen. (1998), "Dangerous Methods: Risk Taking and Research Process". Em: FERREL, J. [e] HAMM, M.S. (eds.). *Ethnography at the Edge*: Crime, Deviance and Field Research. Boston, MA, Northeastern University Press.

179 LYNG, Stephen. Crime, edgework and corporeal transaction. In: *Theoretical criminology*. v. 8(3): 359-375. 2004.

180 FERRELL, Jeff; HAYWARD, Keith. BROWN, Michelle. Cultural Criminology. In: BROWN, Michelle (Org.) *The Oxford Research Encyclopaedia of Crime, Media, and Popular Culture*, Oxford: Oxford University Press, 2017.

181 Ver a discussão feita por Ferrell no capítulo dois, "Tédio, crime e criminologia".

depoimentos de grafiteiros americanos e europeus, sobre a excitação e a carga emocional que experimentam enquanto invadem prédios e desfiguram propriedade privada — o que também representa uma forma de expressão pessoal e meio de se fazer ouvir.[182]

Em muitos casos, a transgressão pode ser uma resposta direta ao tédio ou, no mínimo, ele pode ser parte considerável de sua motivação. Jack Katz mostrou como a transgressão é sedutora: a excitação que decorre dela é um elemento central de muitas atividades criminosas. Mas a transgressão não é sedutora somente pela excitação que produz. Ela é, muitas vezes, irresistível porque oferece ao indivíduo uma forma de assumir o controle do seu próprio destino, efetivamente "vivendo", apesar da rotina da vida cotidiana. Katz sugere que fazer o mal é algo motivado por uma busca de transcendência moral diante do tédio, humilhação e até ao caos da vida cotidiana.[183] Ele considera que o desvio tem uma autenticidade e um fator de atração que eleva o espírito, excita e purifica, podendo ser definido como uma busca existencial de paixão e excitação.[184] Fenwick e Hayward apontam que o vandalismo ilustra bem o modelo de Katz: se não há nenhum ganho material a ser obtido por esta prática, provavelmente ela deve estar relacionada à excitação de perpetrar um ato ilegal ou a alegria de provocar destruição gratuita.[185] Presdee aponta que o desejo pela excitação somente pode ser satisfeito para alguns pela prática de atos sem sentido de violência e destruição.[186]

No entanto, ainda que aparentemente tenha um componente de resposta ao tédio e desprezo pela autoridade, uma hipótese merece ser explorada: a de que a pichação da Faculdade de Direito não foi um simples ato de vandalismo, o que possibilitaria uma discussão ainda mais aprofundada sobre o episódio em questão.

---

182 FERRELL, Jeff. The Only Possible Adventure: Edgework and Anarchy. In: LYNG, Stephen (Ed.). *Edgework*: The Sociology Of Risk Taking. Londres: Routeledge, 2004, p. 77.

183 KATZ, Jack. *Seductions of Crime*: Moral and Sensual Attractions of Doing Evil. Nova York: Basic Books, 1988, p. 4.

184 *Idem*, p. 10.

185 FENWICK, Mark; HAYWARD, Keith. J. Youth crime, excitement and consumer culture: the reconstruction of aetiology in contemporary theoretical criminology. In: PICKFORD, Jane. (Ed.) *Youth Justice*: Theory and Practice. Londres: Cavendish, 2000.

186 PRESDEE, Mike. *Cultural Criminology and the Carnival of Crime*. Londres: Routeledge, 2001, p. 63.

Vamos supor, por um instante, que os autores tenham sido alunos da própria Faculdade de Direito. Se esse foi o caso, a transgressão não parece decorrer somente do tédio da vida regrada e da rotinização curricularmente imposta. Ela parece resultar da ação de um grupo comprometido com pautas cuja legitimidade política é inegável, como o próprio diretor da Faculdade de Direito acertadamente referiu.

O fenômeno atinge muitas faculdades ao redor do país: a emergência de uma subcultura de alunos politicamente engajados nos cursos de Direito é, sem sombra de dúvida, uma surpreendente novidade. Trata-se de uma subcultura particularmente ruidosa e que consome regularmente uma dieta cultural repleta de diversidade. Uma subcultura que incomoda. E não é pouco: o conteúdo político das narrativas manejadas por essas pessoas causa enorme desconforto em indivíduos de índole conservadora ou, pior ainda, reacionária. Logicamente, para muitas pessoas o conteúdo das frases é absolutamente irrelevante e o que causa indignação é a pichação em si mesma como profanação estética. Mas não é sobre essas pessoas que eu gostaria de me deter.

Independentemente da identidade dos autores, como o conteúdo da pichação é político, é compreensível que para muitos alunos o desejo de eliminar as frases das paredes não consista apenas no seu sentido material, mas também simbólico de não se sentirem representados por aquelas mensagens. Isso faz com que a fachada da Faculdade de Direito se transforme em ponto de disputa no qual se enfrentam forças políticas antagônicas, que fazem dela um campo de fixação de significado. Que uma dessas forças políticas seja desconhecida não muda o fato de que duas narrativas se enfrentam. Sob essa ótica, apagar ou pichar novamente pode ser uma *performance* de afirmação — ou tentativa de afirmação — de um grupo perante outro, bem como perante seus pares. Não está em jogo apenas a restauração da fachada, mas também a importância e relevância simbólica das frases pichadas. Tudo parece indicar que o conteúdo da nova pichação demonstra o quanto foi indignada a reação do grupo diante da limpeza efetuada. Como estão comprometidos profundamente com aquelas pautas, reagem muito mais ao que simboliza terem sido apagadas as frases — enquanto reafirmação de uma inaceitável normalidade — do que propriamente pela eliminação física da proeza. O dano é o que menos interessa. O que importa é o *significado*.

Por outro lado, pode ser completamente descartada a possibilidade de que a nova pichação tenha sido produto da atitude isolada de um membro do grupo ou, mais ainda, de alguém que não fazia parte do grupo original?

A primeira pichação foi feita por alunos do curso de Direito? A segunda foi feita por alunos do curso de Direito? Ou nenhuma delas foi? Em cada uma dessas hipóteses, a ação-limítrofe transgressora — e a sedução que ela representa — teria um significado completamente diferente. Perceba como o contexto emocional da ação muda completamente o seu sentido, ainda que permaneça um componente de excitação.

Contudo, não é apenas a prática do crime que contém um elemento de sedução: a criminalização do outro sempre é um processo complexo de interação social que atribui ao diferente a condição de desviante. Para quem somente consegue conviver com o *mesmo*, a tentação de demonizar o *outro* é muitas vezes irresistível.

Entretanto, existem alternativas. Estratégias que podem permitir que os diferentes dialoguem e encontrem espaços de respeito mútuo pela alteridade. Naquele contexto, a oportunidade estava posta na mesa para que todos amadurecessem ou para que ocorresse uma escalada do conflito, cujas consequências seriam imprevisíveis. Felizmente não houve fatos mais graves e os ânimos arrefeceram, sem que medidas drásticas fossem adotadas. Não é com vigilância digital que essas questões são realmente enfrentadas, muito menos com punição. O desafio está em construir a interlocução. Temos que acreditar que ela é possível. Somente com diálogo outros mundos possíveis terão a chance de existir. Para quem pensa assim, sufocar a voz do outro jamais será uma opção.

São muitas as acusações de "simpatia pelos transgressores" desferidas contra criminologistas culturais.[187] Eles supostamente celebram momentos de resistência desviante, o que não é visto com bons olhos por reacionários culturais e criminologistas tradicionais. No campo da criminologia, eu definitivamente me identifico com a criminologia cultural, logo, é possível que eu enfrente acusações semelhantes, que certamente partirão de pessoas que não leram o texto com o cuidado necessário. Entretanto, estou disposto a correr esse risco. O que importa é o ato de perturbação intelectual. E ele sempre vale a pena.

---

187 "Alguns críticos argumentam que a criminologia cultural, na verdade, continua a ser inclinada *demais* a compreender essas possibilidades insurgentes confundindo crime e resistência ao comemorar pequenos momentos de transgressão ilícita". HAYWARD, K.; Ferrell, J. Possibilidades insurgentes: as políticas da criminologia cultural. *Sistema Penal & Violência*, Porto Alegre, v. 4, n. 2, p. 206-218, jul./dez. 2012, p. 210.

PS: Em 15 de agosto de 2018, jornais de todo o país relataram um fato inusitado: a Polícia Militar cobriu com tinta o "código de ética" de facções locais, pintado em muros de comunidades de João Pessoa, capital da Paraíba. Nele, podiam ser lidas frases como "respeitar todos os moradores" e "não roubar na comunidade, em respeito ao cidadão de bem". Curiosamente, *o pixo era apagado com... pixo.* O muro tornava-se, mais uma vez, um campo de disputa de significado, mas neste caso o que estava em jogo não era propriamente o conteúdo das mensagens, mas sim a reafirmação da autoridade do Estado e a censura pública aos autores da transgressão, mesmo que não tivessem sido identificados.[188]

▶ CRIMINOLOGIA CULTURAL DE ESTADO

Em anos recentes, a criminologia cultural passou a se interessar por diversos danos causados pelo Estado, tais como conflitos globais, genocídio, terrorismo de Estado, imperialismo e policiamento militarizado.[189] Como pudemos observar no capítulo um, já existe um corpo considerável de discussão no que poderia ser definido como criminologia cultural de Estado. Ferrell e Hayward apontam que "a criminologia cultural procura reunir a influência macro da estrutura (na forma de governança e ideologia) com teorias de nível mais intermediário da subcultura e da "transgressão aprendida" [bem como] uma compreensão de nível micro da dinâmica experiencial e fenomenológica que compele um agente a se engajar em violência transgressiva e um outro, no mesmo arranjo sociocultural, a desistir". Os autores consideram que essa abordagem ajuda a compreender também as ações daqueles que buscam confrontar e desestabilizar o Estado, seja via operações de contrainsurgência ou campanhas terroristas. Do mesmo modo, existe uma intenção de enfrentar as diferentes formas através das quais o poder estatal é alcançado e exercido, o que também deve contemplar uma análise sobre as narrativas sociais e suas intenções subjacentes e muitas vezes veladas. A abordagem da criminologia cultural se diferencia das abordagens estabelecidas nas áreas

---

188 G1 PB. PM acha 'código de ética' de facção pintado em muros de comunidades de João Pessoa. Em: < https://g1.globo.com/pb/paraiba/noticia/2018/08/15/pm-acha-codigo-de-etica-de-faccao-pintado-em-muros-de-comunidades-de-joao-pessoa.ghtml>. Acesso em: 10/09/2018.

189 FERRELL, Jeff; HAYWARD, Keith. BROWN, Michelle. Cultural Criminology. In: BROWN, Michelle (Org.) *The Oxford Research Encyclopaedia of Crime, Media, and Popular Culture*, Oxford: Oxford University Press, 2017.

de crimes estatais e controle estatal pelo fato de conjugar a influência macro de estruturas (nas formas de governamentalidade e ideologia) com as teorias de subcultura e transgressão aprendida, uma combinação que possibilita uma compreensão sobre como crimes estatais e genocídios podem ser neutralizados tanto pelo Estado quanto pelas forças coletivas envolvidas em violações de direitos humanos.[190]

O COMBATE AO TERRORISMO COMO NARRATIVA CULTURAL E ESTRATÉGIA POLÍTICA

Minha intenção neste trecho consiste em discutir a emergência de uma narrativa de combate ao terrorismo no Brasil, tema que foi insistentemente pautado por diferentes agências do governo Michel Temer. Tais iniciativas foram iniciadas no período no qual ele era somente interino e o processo de *impeachment* de Dilma Rousseff ainda não havia sido concluído.

Apesar da atenção dada ao tema naquele momento, não havia como evitar a perplexidade: não parecia existir nenhum motivo concreto para que o terrorismo repentinamente ganhasse tanta atenção por parte do governo.

O súbito interesse pelo assunto no Brasil sugere que é necessário transpor aspectos superficiais para compreender o que efetivamente estava em jogo na estratégia adotada. Como explicar o *timing* da prisão de *"doze suspeitos de preparar atos de terrorismo"*, a desastrada coletiva do então ministro da Justiça e futuro ministro do STF, Alexandre de Moraes e, mais ainda, a intenção de criação de um *"órgão unificado para lidar com a ameaça do terrorismo"*, conforme defendeu o ministro da Defesa, Raul Jungmann? Quais poderiam ser os reais motivos por trás das referidas ações, se não parecia existir nenhum indício de que o Brasil efetivamente tinha se tornado alvo de potenciais atentados?

Tais perguntas são relevantes para a criminologia cultural, cujo caráter abertamente engajado faz dela um saber comprometido com a justiça social. Como observam Ferrell e Hayward, a revogação permanente dos direitos humanos em nome da "luta contra o terrorismo" está carregada de significados criminológicos.[191]

---

190 FERRELL, Jeff; HAYWARD, Keith. BROWN, Michelle. Cultural Criminology. In: BROWN, Michelle (Org.) *The Oxford Research Encyclopaedia of Crime, Media, and Popular Culture*, Oxford: Oxford University Press, 2017.

191 HAYWARD, K.; Ferrell, J. Possibilidades insurgentes: as políticas da criminologia cultural. *Sistema Penal & Violência*, Porto Alegre, v. 4, n. 2, p. 206-218, jul./dez. 2012, p. 208.

Não há dúvida de que o país atravessava um período político conturbado, com ruptura da legalidade democrática e disseminação irrestrita de uma cultura de cerceamento de direitos fundamentais, denunciada por Rubens Casara na obra *O Estado Pós-Democrático: neo-obscurantismo e gestão dos indesejáveis*. Mas, a investida contra liberdades civis não se deu sem resistência: parcela significativa da sociedade civil combateu apaixonadamente o processo de erosão proposital do projeto democrático-constitucional. Nesse sentido, parece claro que grande parte do confronto do período ocorreu em uma arena que pode facilmente ser definida como cultural: as narrativas de legitimação e deslegitimação do golpe de 2016 concorreram no âmbito de um espaço de debate público — bastante desigual, por sinal — no qual foi decidida parcela significativa da construção de significado do que representa ou poderia representar a ruptura institucional em questão no imaginário popular.

É neste contexto que o "combate ao terror" emergiu como questão de grande interesse estatal, o que coincide com a inafastável crise de legitimidade que o governo interino então enfrentava. Certamente isso não foi por acaso. Em uma arena de disputa cultural, a eleição de um inimigo como o terror pode representar um gigantesco capital político, pelo menos para quem consegue manejar com competência o artifício.

Existe um enorme legado cultural de legitimação para práticas punitivas abusivas que remete não só ao discurso estatal de combate ao terrorismo, como também à transformação do terrorismo em mercadoria. Como observam Ferrell, Hayward e Young, uma criminologia cultural de Estado deve expor as falaciosas narrativas do terrorismo e do contraterrorismo que são divulgadas pela cultura de massas nas mais variadas instâncias, como filmes, seriados, quadrinhos e *games*. São narrativas que em grande medida contribuem para a difusão de terror, paranoia, xenofobia e medo.[192] Muitas vezes os "efeitos colaterais" são propositalmente engendrados, conformando um processo de violência simbólica, deliberadamente concebido para justificar práticas de restrição de liberdades, que de outro modo jamais seriam aceitas. O discurso efetivamente contribui para que direitos civis sejam trocados pela promessa de segurança, ainda que a ameaça não seja "real", ou no mínimo, não tenha nem mesmo remotamente a envergadura que aparenta.

---

192 FERRELL, Jeff; HAYWARD, Keith; YOUNG, Jock. *Cultural Criminology*: an Invitation. Londres: Sage, 2008, p. 77.

A apropriação do terrorismo pela indústria do entretenimento não é um fato recente: ela coincide com a política de "legítima defesa preventiva" — que pautou as iniciativas militares estadunidenses nas últimas décadas — e conforma uma narrativa profundamente enraizada no imaginário de um público consumidor global, que a tem como parcela considerável de sua dieta cultural. Tais narrativas produzem uma vulnerabilidade subjetiva profunda, que faz de muitas pessoas presas facilmente colonizáveis pelo discurso do medo. Os efeitos são tão profundos que especialistas em difundir medo conseguiram transformar a capacidade de manejar os gatilhos subjetivos do terrorismo em uma verdadeira forma de arte — para o delírio dos governantes de plantão — de modo que podemos dizer com segurança que o terrorismo é hoje muitas coisas para muitas pessoas distintas. Seus significados políticos e comerciais transcendem o campo das aparências imediatas.

A narrativa do terror é dotada de formidáveis capacidades para o eficaz adestramento de almas incautas. Seus efeitos de sedução são verdadeiramente orquestrados por uma maquinaria que produz continuamente ansiedade, garantindo a contínua e reiterada ampliação de uma rede de controles estatais que não está sujeita aos habituais limites formais. Em outras palavras, são muitos os interesses que gravitam em torno do terror, não só do que ele representa, mas também do que autoriza e legitima.

É preciso compreender o terrorismo e o contraterrorismo como espetáculos. Trata-se de uma série de performances dirigidas aos inimigos e a outras audiências potenciais.[193] Sob esse aspecto, é preciso indagar o que está em jogo nos processos culturais de desinformação, propaganda e disseminação de notícias que são empregados nas performances estatais de apropriação e reinvenção do legado cultural que representa o "combate ao terror".

Poucas coisas conseguem unir de forma tão satisfatória um todo heterogêneo como um inimigo. Se ele não existe, pode ser convenientemente "inventado". A estratégia adotada pelo então governo interino não é nova. O cenário é relativamente semelhante ao do atentado que resultou na destruição das torres gêmeas do World Trade Center, em 11 de setembro de 2001. Naquele contexto, o presidente George W. Bush, com baixa credibilidade, empregou o discurso de combate ao terrorismo para obter a adesão subjetiva da nação, com grande sucesso. A Guerra ao

---

193 FERRELL, Jeff; HAYWARD, Keith; YOUNG, Jock. *Cultural Criminology*: an Invitation. Londres: Sage, 2008, p. 77.

Terror alavancou rapidamente sua popularidade e inclusive garantiu sua reeleição, o que parecia absolutamente improvável até então.

Logicamente, existem diferenças significativas: no caso de Bush, a contagem de votos da eleição foi suspeita, enquanto no Brasil testemunhamos um golpe com verniz de legalidade, vendido como *impeachment* para a população. Mas a diferença mais óbvia e significativa é que simplesmente não houve nenhum ato terrorista — ou supostamente terrorista — no país, o que faz da tentativa de apropriação simbólica do capital político que representa o combate ao terror algo *sui generis*, para dizer o mínimo. Se mesmo nos EUA muitas questões permanecem em aberto sobre o que é tido como o maior ato terrorista da história — veja o *site* que cobra explicações pela queda de um terceiro prédio ao lado das Torres Gêmeas no mesmo dia, por exemplo — o que dizer da exploração do terrorismo pelo governo interino de Michel Temer?[194]

Salvo melhor juízo, permanecem inexistindo indícios de que o Brasil repentinamente tenha se tornado alvo de potenciais atentados. Tudo indica que a questão tem muito mais relação com o impacto simbólico do combate ao terror — e como ele potencialmente pode justificar práticas autoritárias e até mesmo fascistas — do que com qualquer intenção real de garantir a segurança do país. Mas como no Brasil não existe uma tradição de atentados ou sequer uma inquietação generalizada com a possibilidade de que eles venham a acontecer, tudo soa absolutamente artificial e inusitado, salvo para os poucos casos de pessoas que sucumbem muito facilmente a um pânico que visivelmente foi estimulado pelo Estado, que muitas vezes se utiliza de estratégias de empobrecimento deliberado da subjetividade para fomentar tolerância com práticas autoritárias. É nesse sentido que Ferrell e Hayward sustentam que é preciso atentar para os meios através dos quais o poder econômico e o poder político interferem na vida cotidiana, mediante avenidas nas quais estruturas de injustiça se propagam, são mascaradas ou contestadas na experiência efetivamente vivida.[195]

É lógico que a realização de Jogos Olímpicos no Brasil sugeria que as autoridades deveriam estar alertas. Certamente era uma oportunidade sedutora para um atentado, mas não se pode compactuar com a ideia de que limites ao exercício do poder punitivo — que são essenciais para a democracia — sejam comprometidos em nome da remota possibilidade

---

194 REMEMBER BUILDING 7. Disponível em: <www.rememberbuilding7.org>.

195 Ver capítulo um, "*A criminologia cultural continuada*".

de que algo aconteça. O episódio da "célula amadora" é absolutamente preocupante, já que é impensável que as condutas em questão pudessem ser consideradas como atos preparatórios.[196] A própria expressão é indicativa de atos voltados para a preparação e posterior execução de um plano. Se não havia nenhum plano para a realização de um ato terrorista, como pode haver ato preparatório para o que não existia? Como se isso não bastasse, também é inadmissível que os "suspeitos" tenham sido mantidos incomunicáveis: um regime de segregação tão radical é absolutamente incompatível com os postulados mais básicos da democracia e legalidade.

Por outro lado, é preciso dizer que não foi por falta de alerta, uma vez que a lei antiterrorismo conforma um legado autoritário gestado no governo Dilma, com a benção do então ministro da Justiça, José Cardozo. O fantasma ainda nos assombrará por muito tempo. Tenho certeza de que iremos revisitar o desastre político-criminal que essa legislação representa por muitos anos a fio, sem qualquer esperança de que ela efetivamente venha a ser extirpada — como o câncer que de fato é — do nosso ordenamento jurídico.

De qualquer modo, é assustadora a possibilidade de que o episódio possa contribuir para iniciativas de maior fôlego contra o terrorismo, como se de fato uma ameaça tivesse sido descoberta. Confundiram — possivelmente de forma proposital — o real com o imaginário. E isso é perigoso para todos nós. O país jamais foi alvo de ações terroristas e sua política externa nas últimas décadas contribuiu de forma significativa para garantir que fosse assim. Transformando o combate ao terrorismo em cruzada contra sombras e fazendo dele um espetáculo para obter ganhos políticos, podem inadvertidamente ter produzido algo oposto ao que sustentaram: colocar o Brasil no mapa do Terror. Definitivamente essa é uma intersecção entre o real e o simbólico que eu não gostaria de presenciar.

CONTROLE E SUJEIÇÃO: A CENSURA ESTATAL DE IMAGENS E MENSAGENS SUBVERSIVAS NAS OLIMPÍADAS

As peças estavam dispostas no tabuleiro. O *show* estava prestes a começar. Milhões de telespectadores acompanhavam diariamente o desenrolar de um evento sem igual, que conformava uma chance inequívoca para colocar em cena o figurino desejado pelo governo interino de Michel Temer: conclamar a nação para o êxtase nacional(ista), acumulando

---

196 OMS, Carolina; PUPO, Fábio. Brasil descobre célula terrorista amadora, diz ministro. Em: < https://www.valor.com.br/brasil/4642531/brasil-descobre-celula-terrorista-amadora-diz-ministro>. Acesso em: 26 ago. 2018.

capital simbólico com cada eventual conquista. O ufanismo estava na ordem do dia, em pleno século XXI.

Embora o esforço tenha ares anacrônicos, é preciso reconhecer que tudo parece indicar que o atestado de óbito do Estado-nação foi assinado de forma prematura: não só o Brexit em grande medida comprova a tese, como eventos como os Jogos Olímpicos reiteram identidades nacionais regularmente e conformam uma oportunidade extremamente rica para acionar os gatilhos subjetivos do nacionalismo, que permanece sendo um dos mais importantes vínculos de lealdade da contemporaneidade, mesmo na quadra tardo-moderna. Literatura consolidada em vários campos de saber demonstra que narrativas nacionais borram a diferença: fazem com que prevaleça a ideia de unidade, apesar da enorme desigualdade que existe em todas as nações, seja em termos de classe, credo, etnia ou gênero.[197]

Apesar da fragmentação que caracteriza as identidades culturais na modernidade tardia, não há dúvida de que o nacionalismo ainda conforma uma das mais eficazes formas de produção de consenso. Este é particularmente o caso quando um dado governo consegue reunir adequadamente a simbologia nacional e explorar os efeitos de sedução dela decorrentes, tarefa para a qual a *mediascape* contemporânea pode contribuir de modo decisivo. Ferrell e Hayward e a definem como a "constelação de mídia que fabrica informação e dissemina imagens via uma expansiva variedade de tecnologias digitais".[198]

É claro que entre a intenção de adestramento e a realidade concreta pode existir um oceano de diferença, especialmente quando o governo em questão carece completamente de legitimidade democrática, que somente é obtida com o voto popular. O controle social sempre terá que lidar com a resistência. Por outro lado, por mais que o roteiro estivesse repleto de furos, não havia motivo para não maquiar adequadamente quem estava na linha de frente da máquina de propaganda ideológica do golpe: a batalha simbólica pelo significado do *impeachment* ainda estava em curso durante as Olimpíadas e assim permaneceu, sem qualquer visível sinal de esgotamento, até o novo embate, em 2018.

---

197 HOBSBAWM, Eric J. *Nações e nacionalismo desde 1780:* programa, mito e realidade. Rio de Janeiro: Paz e Terra, 1990; HALL, Stuart. *A identidade cultural na pós-modernidade.* Rio de Janeiro: DP&A, 2000; GELLNER, Ernest. *Nações e nacionalismo.* Lisboa: Gradiva, 1993; ANDERSON, Benedict. *Nação e consciência nacional.* São Paulo: Editora Ática, 1989.

198 Ver capítulo um desta obra, "*A criminologia cultural continuada*".

Mas o campo de disputa de significado não se restringiu ao adestramento mediado: práticas punitivas concretas acompanharam o esforço de subjugação no campo simbólico. Para que a campanha tivesse chance de sucesso, nenhum esforço foi poupado para reprimir a diversidade. Um consenso forçado foi produzido, ainda que de forma violenta e não tão silenciosa: pessoas foram arbitrariamente expulsas de estádios e detidas pelas autoridades, em práticas típicas de regimes ditatoriais. A manufatura artificial de silêncio não foi mero capricho: foi necessária para assegurar o monólogo da narrativa dominante nos meios de comunicação nacionais e para "desmentir" — no contexto de espetáculos publicamente televisionados — a existência de insatisfação popular.

Logicamente, alguém pode perguntar: qual foi a real importância de conflitos aparentemente tão pontuais para a sorte do país? Por que uma preocupação tão exacerbada diante de manifestações cujo alcance parece limitado, especialmente se comparadas com narrativas de legitimação que ocuparam de forma quase onipresente a *mediascape* brasileira e que, desde sempre, controlam o mercado?

Os potenciais efeitos de protestos pacíficos em arenas esportivas não parecem ter capacidade para produzir algo mais do que resistência simbólica contra o autoritarismo. Mas a fronteira entre o simbólico e o real é cada vez mais borrada na sociedade do espetáculo: uma performance devidamente encenada pode ser arrebatadora e repleta de significado para todos os envolvidos, direta e indiretamente. Para uma cultura como a contemporânea — que circula em torno de um regime de imagens —, um impacto simbólico pode ser tão forte quanto algo verdadeiramente real. Em outras palavras, a introdução de ruídos subversivos na normalidade imposta midiaticamente poderia vulnerar de forma irreparável a narrativa hegemônica de legitimação do golpe travestido de *impeachment*.

A janela de oportunidade que um evento com essa escala representa para o cidadão comum é inegável: surge a possibilidade de romper o monopólio estatal-midiático da imagem, para além da estética dominante, e isso pode ser decisivo. Como referem Ferrell, Hayward e Young, no palco global da modernidade tardia, a manipulação e o controle de imagens é tão importante quanto o emprego de helicópteros Apache. Guy Debord certamente esboçaria um sorriso. Para ele, a continuidade da acumulação capitalista exigia que novas formas de controle estatal assumissem a tarefa de domínio e maestria sobre imagens. Seu argumento era simples: o controle de imagens — especialmente mediante máquinas de emoção, como a televisão — é essencial para o aprofundamento do controle estatal sobre as vidas dos cidadãos — para a colonização da vida cotidiana —, que por sua vez, é vital para a manutenção do capitalismo.[199] No entanto, isso gera um paradoxo: quanto mais o Estado depende de imagens, mais vulnerável fica diante da manipulação deliberada de imagens.[200] Como visto no capítulo um, Ferrell e Hayward apontam que "representação mediada e produção simbólica, batalhas em torno de imagem, estilo e significado mediado se tornam essenciais na disputa por crime e controle criminal, desvio e normalidade, e a emergente forma da justiça social".

É claro que o que efetivamente motiva alguém a protestar pode ser somente motivo de especulação. É possível que na maioria dos casos existisse uma sensibilidade política aguçada, mas não pode ser descartada a hipótese discutida anteriormente: a excitação que representa desafiar o domínio estatal sobre a imagem — e, mais ainda, o domínio global, se compreendem a provocação — assumindo para si mesmo a condição de protagonista de uma narrativa de resistência, em um auditório repleto de espectadores passivos e subservientes.

Resistir pode ser uma forma de dizer não ao tédio imposto pelo ufanismo vazio de significado que procura formatar subjetividades. Trata-se de um expediente de colonização da vida cotidiana que é rotineiramente empregado em ocasiões nas quais panos coloridos e hinos inventados são utilizados de forma ritualizada para servir aos interesses de governantes de ocasião. Como refere Ferrell, enquanto alguns morrem um dia de cada vez, outros procuram derrubar o aborrecimento organizado, aqui com uma lata de spray, ali com uma interrupção vertiginosa do tráfego automotivo.[201] Ou com cartazes, não é mesmo? Nada a temer a não ser o próprio medo... Ou melhor, nada a perder além do tédio, salvo a dignidade diante do constrangimento — ilegal por sinal — da repressão, é claro. Mas é compreensível que isso soe como um preço pequeno a pagar, diante do significado que a rebeldia incontrolada pode disseminar.

---

199 "O capitalismo tardio comercializa estilos de vida empregando uma máquina publicitária que vende necessidade, afeto e apego muito mais do que os próprios produtos materiais". HAYWARD, K.; Ferrell, J. Possibilidades insurgentes: as políticas da criminologia cultural. *Sistema Penal & Violência*, Porto Alegre, v. 4, n. 2, p. 206-218, jul./dez. 2012, p. 209.

200 FERRELL, Jeff; HAYWARD, Keith; YOUNG, Jock. *Cultural Criminology*: an Invitation. Londres: Sage, 2008, p. 75.

201 Veja o capítulo dois, "Tédio, crime e criminologia", de Jeff Ferrell.

Nesse sentido, ostentar um signo incompatível com a normalização forçada da imagem permite que alguém experimente a excitação decorrente da violação dessa violência instauradora de silêncio, como subversão, algo com o qual um criminologista engajado pode se identificar. Afinal, uma criminologia cultural preocupada — e sintonizada — com políticas de insurgência deve provocar e estimular resistência cultural, com práticas de provocação intelectual.

Não é por acaso que Ferrell, Hayward e Young sustentam que a criminologia cultural deve vulnerar o Estado e confrontar sua hegemonia sobre o "reino da imagem". O avanço de uma agenda neoliberal — devidamente sancionada pelo Estado — clama por uma criminologia movida pela turbulência social provocada pela implementação de políticas de exclusão.

Eis aí uma das muitas dimensões do que representa a resistência engajada que caracteriza a criminologia cultural, que também volta seus olhos para os diferentes níveis de violência — concreta e simbólica — que caracterizam a atuação estatal.

▶ A COMODIFICAÇÃO DO CRIME: O CASO DO ENERGÉTICO COCAINE, A "ALTERNATIVA LEGAL"

No contexto de uma cultura do consumo, a imagem é tudo: as próprias identidades das pessoas são construídas com base no que consomem. Em outras palavras, não se trata mais de "penso, logo existo", mas de "consumo, logo existo". Nesse sentido, Fenwick e Hayward apontam que a existência diária é em grande medida dominada pelo triunvirato penetrante da propaganda, estilização da vida diária e consumo de massa. Uma vez estabelecido o império da cultura de consumo, tudo pode se tornar mercadoria, assim como o crime pode se tornar uma opção do consumidor. Com isso, a transgressão passa a ser uma atividade de lazer, como fazer compras, ir ao cinema e assistir esportes. Corporações cada vez mais utilizam imagens do crime como forma de vender produtos. Surge uma experiência estética do crime. Basta pensar em filmes que glamorizam a criminalidade, como *Pulp Fiction*, *Cães de aluguel* e *Assassinos por natureza*.[202]

A comodificação pode ser definida como transformação de bens ou serviços — assim como de ideias ou entidades que normalmente não seriam

---

202 FENWICK, Mark; HAYWARD, Keith. Youth Crime, Excitement and Consumer Culture: the Reconstruction of Aetiology in Contemporary Theoretical Criminology. In: PICKFORD, Jane. (Ed.) *Youth Justice*: Theory and Practice, Londres: Cavendish, 2000.

bens — em mercadorias. É nesse sentido que Ferrell, Hayward e Young retratam o processo que chamam de comodificação do crime e *marketing* da transgressão. Os autores percebem que imagens indutoras de pânico centradas no crime e no desvio são agora ferramentas de *marketing* para a venda de produtos. De certo modo, isso não é algo inteiramente novo: já existia uma audiência sedenta por crime no século XX.[203] No Brasil — como no restante do mundo —, o fenômeno é visível: basta pensar na gigantesca proliferação de jornais e programas de televisão dedicados ao crime, na maioria das vezes com abordagens explicitamente sensacionalistas.

O que mudou foi a força e o alcance da mensagem ilícita mediada, bem como a rapidez com que ela reverbera. O crime e a transgressão são embalados e promovidos como elegantes símbolos culturais: emergem como desejáveis decisões dos consumidores. Dentro da cultura do consumo, o crime se torna uma estética, um estilo e uma moda, o que faz com que a distinção entre representações da criminalidade e a perseguição de excitação estilizada fique cada vez mais borrada.[204] Presdee aponta que o crime e a violência foram comodificados e, desse modo, tornaram-se desejados como objetos de consumo que são distribuídos por meio de várias mídias para o prazer do público.[205]

A transgressão violenta emerge no final do século XX em áreas mais estabelecidas — *mainstream* — da produção cultural voltada para o consumo.[206] O processo pode ser identificado nos mais diferentes campos. Um estudo relativamente restrito indicou que entre 1996 e 1997 houve um aumento de mais de 100% no conteúdo violento de propaganda veiculada em redes de televisão. Ferrell, Hayward e Young apontam que anúncios de aparelho de som para carros passaram a empregar imagens de tumultos urbanos, direção descuidada, esportes extremos e piromania, enquanto outras campanhas na grande mídia começaram a retratar vandalismo, referências a drogas e rebelião política. Já faz bastante tempo que a indústria da propaganda depende de sexualidade e de estereótipos patriarcais de gênero para vender produtos, mas as mulheres são agora

---

203 FERRELL, Jeff; HAYWARD, Keith; YOUNG, Jock. *Cultural Criminology*: an Invitation. Londres: Sage, 2008, p. 140.

204 *Ibidem.*

205 PRESDEE, Mike. *Cultural Criminology and the Carnival of Crime*. Londres: Routeledge, 2001, p. 59.

206 FERRELL, Jeff; HAYWARD, Keith; YOUNG, Jock. *Cultural Criminology*: an Invitation. Londres: Sage, 2008, p. 141.

retratadas como vítimas ou cúmplices passivas de crimes. Recentemente, a Dolce and Gabbanna foi forçada a retirar anúncios de jornal após manifestações públicas contra seu conteúdo violento e sexista. Na Espanha, um anúncio mostrando uma mulher mantida presa ao chão por um homem seminu foi condenado por representantes do Ministério do Trabalho como ofensa à dignidade da mulher e incitação à violência sexual. Na Inglaterra, outro anúncio da marca foi banido: nele apareciam mulheres ensanguentadas com facas.[207]

Os autores apontam que esses anúncios não "causam" violência no sentido defendido pelos simpatizantes das teorias de causação, mas banalizam — ou normalizam culturalmente — a ideia de que as mulheres são vítimas em potencial. Isso mostra que as corporações estão dispostas a retratar as mulheres como passivos receptáculos de violência transgressora.[208]

Por outro lado, narrativas de cunho policial ganharam enorme espaço, seja como ficção ou em inúmeros *reality shows*.[209] Nestes casos, o crime não é apenas embalagem: é vendido como mercadoria. É o que pode ser encontrado em *CSI*, *Law and Order*, *World's Wildest Police Videos*, *Police Camera Action*, *COPS*, *Serve and Protect*, *Cops with Cameras*, *LAPD: Life on the Street* e muitos outros.

É dentro desse contexto que, em 2006, entrou em cena nos EUA um novo concorrente no disputado mercado de energéticos: Cocaine, bebida que é vendida em latas vermelhas e cujo nome é escrito no que parecem ser linhas de pó branco. A duplicidade de sentido é evidente: o energético Cocaine evoca a droga cocaína e o refrigerante Coca-Cola. Mas diferentemente da Coca-Cola — que tinha uma quantidade significativa de cocaína em sua fórmula até 1903[210] —, a Cocaine somente carrega o nome como estandarte publicitário: 280 miligramas de cafeína são responsáveis pelos efeitos "energéticos" do produto.[211] A dose é 350% maior que a de Red Bull, que contém 80 miligramas de cafeína. O site do produto fazia trocadilhos deliberados: *"can you handle the rush*?" e outras "sacadas"

---

207 *Idem*, p. 142.

208 *Ibidem*.

209 *Ibidem*.

210 PALERMO, Elizabeth. Does Coca-Cola Contain Cocaine? 16 dez. 2013. Disponível em: <https://goo.gl/NLUJCe>. Acesso em: 19 fev. 2018.

211 FERRELL, Jeff; HAYWARD, Keith; YOUNG, Jock. *Cultural Criminology*: an Invitation. Londres: Sage, 2008, p. 108.

davam o tom do energético. A provocação não passou em branco: foi feita uma recomendação para que a Cocaine fosse retirada das franquias 7-Eleven, já que ela foi considerada inadequada para a imagem da rede.[212]

Pânico moral? Talvez sim, talvez não. Pesquisadores de Chicago demonstraram preocupação com o excesso de consumo de cafeína por jovens: 12% dos casos de excesso constatados provocaram hospitalização.[213] Logicamente, a polêmica apenas contribuiu para consolidar a imagem transgressora da bebida, que foi amplamente explorada pela empresa Redux Beverages, fabricante do produto: "Experimente Cocaine, a controversa bebida de cafeína que tem atraído atenção da imprensa... e foi banida da rede 7-Eleven", dizia uma propaganda da época.

Comercializada inicialmente com o *slogan* de "alternativa legal", a Cocaine proporciona um fascinante estudo de caso. Ferrell, Hayward e Young apontam que o nome do produto exemplifica claramente uma tentativa de comodificação da transgressão para o público jovem. Curiosamente, enquanto a Coca-Cola — que de fato continha cocaína — é a bebida escolhida pela classe média americana, a Cocaine — que nunca teve o "ingrediente" — é tida como bebida radical de jovens rebeldes.[214]

Uma matéria publicada no *New York Times*, em 2007, aponta que o *marketing* da bebida foi considerado ilegal e indica outras razões para restrições governamentais, ligadas à composição do produto.

O proprietário da Redux Beverages disse que alteraria o nome do energético e resumiu em duas palavras a questão: "controvérsia vende". Mas apesar do título da matéria — *The End of Cocaine: the Beverage* — o produto permanece à venda no *site*[215] da empresa de forma discreta, sem qualquer mensagem estilizada de transgressão. Mesmo que como produto de nicho, a Cocaine sobrevive.

---

212 CONVENIENCE STORE NEWS & PETROLEUM. 7-Eleven Nixes Cocaine. 24 out. 2006. Disponível em: <https://goo.gl/YsdSbo>. Acesso em: 19 fev. 2018.

213 NBC NEWS. 7-Eleven Stores Pull Cocaine Energy Drink. 25 out. 2006. Disponível em: <https://goo.gl/wh1S1m>. Acesso em: 19 fev. 2018.

214 FERRELL, Jeff; HAYWARD, Keith; YOUNG, Jock. *Cultural Criminology*: an Invitation. Londres: Sage, 2008, p. 108.

215 REDUX BEVERAGES. *Featured Products*. Disponível em: <http://www.drinkcocaine.com>. Acesso em: 19 fev. 2018.

Ainda que tenham discutido especificamente os pânicos morais vinculados a produtos culturais, McRobbie e Thornton auxiliam a compreender a questão: a instigação de pânico moral passou a ser um meio rotineiro de fazer com que produtos se tornem mais atraentes para os consumidores. Ele é provocado intencionalmente para promover vendas em mercados específicos. É comum que corporações manufaturem pânico moral deliberadamente para benefício de seus próprios objetivos financeiros.[216]

As autoras apontam que

> o pessoal de *marketing* da indústria cultural compreende que para certos produtos como discos, revistas, filmes e jogos de computador, nada poderia ser melhor para as vendas do que um pouco de controvérsia — a ameaça de censura, a sugestão de escândalo sexual ou de atividade subversiva. A lógica promocional é dupla: primeiro, o bem cultural receberá muita — ainda que negativa — publicidade, uma vez que suas associações com o pânico moral se tornarem noticiáveis; segundo, porque não alienará a todos, será especialmente atraente para um grupo de consumidores que veem a si próprios como alternativos, radicais, rebeldes ou simplesmente jovens.[217]

Cocaine, a bebida de escolha da juventude transgressora? Um alerta consta nas latas do energético: "Esta mensagem é destinada a quem é tão estúpido que não percebe o óbvio. Este produto não contém a droga cocaína (*duh*). Este produto não é uma alternativa para uma droga ilegal, e qualquer um que pense o contrário é um idiota".

No caleidoscópio de significado da modernidade tardia, não resta dúvida de que o crime tem muita serventia.

▶ CRIMINOLOGIA CULTURAL DO ESPAÇO URBANO

A crescente migração da população mundial para centros urbanos demanda uma análise criminológica dos controles espaciais, físicos e culturais da cidade, como local no qual colidem crime, consumo e exclusão.[218] Nas

---

216 MCROBBIE, Angela; THORNTON, Sarah L . Rethinking 'Moral Panic' for Multi-mediated Social Worlds. *The British Journal of Sociology*, v. 46, n. 4, p. 559-560, dez., 1995.

217 *Idem*, p. 572.

218 FERRELL, Jeff; HAYWARD, Keith. BROWN, Michelle. Cultural Criminology. In: BROWN, Michelle (Org.) *The Oxford Research Encyclopaedia of Crime, Media, and Popular Culture*, Oxford: Oxford University Press, 2017.

últimas décadas, estratégias cada vez mais agressivas de enfrentamento de populações sem-teto e outros excluídos foram desenvolvidas; encobertas por ideologias de segurança pública e apoiada pela pseudo-criminologia conservadora *broken windows*, tais táticas incluem a dispersão forçada de manifestações pela polícia, a privatização de espaços públicos e a criminalização de quem alimenta pessoas carentes, como a população sem-teto e refugiados.[219]

Hayward aponta que a cidade sempre foi de interesse para a criminologia, mas que o conceito de cidade raramente foi integrado a análises criminológicas. Apesar de muitos criminologistas estudarem a criminalidade urbana, raramente seus estudos se comunicam com disciplinas relacionadas, como estudos urbanos, geografia urbana e sociologia urbana. A prevalência de metodologias ditas "científicas" na criminologia tem feito com que a cidade raramente seja mais do que uma consideração momentânea. Desse modo, o potencial para compreendê-la como uma entidade sociocultural viva, tão bem explorado em uma obra como *The City*, de Robert Park, acaba desperdiçado.[220] O autor aponta que a criminologia cultural procura pensar o espaço urbano para além de interpretações superficiais — sejam elas, teóricas, estruturais ou espaciais.[221] Há uma intenção de recolocar a cidade na agenda criminológica, mas não como uma simples retomada da Escola de Chicago: o objetivo consiste em enriquecer as análises contemporâneas sobre a criminalidade urbana, considerando os meios sutis, mas discerníveis, mediante os quais o espaço urbano é transformado pelos processos socioeconômicos que se desenrolam nas cidades do século XXI e, especialmente, o consumismo tardo-moderno.[222]

---

219 FERRELL, Jeff; HAYWARD, Keith. BROWN, Michelle. Cultural Criminology. In: BROWN, Michelle (Org.) *The Oxford Research Encyclopaedia of Crime, Media, and Popular Culture*, Oxford: Oxford University Press, 2017.

220 HAYWARD, Keith. Space – the final frontier: criminology, the city and the spatial dynamics of exclusion. In: FERRELL, Jeff. Hayward, Keith. MORRISON, Wayne. PRESDEE, Mike. Cultural criminology unleashed. London: Glasshouse Press, 2004, p. 155.

221 HAYWARD, Keith. Space – the final frontier: criminology, the city and the spatial dynamics of exclusion. In: FERRELL, Jeff. Hayward, Keith. MORRISON, Wayne. PRESDEE, Mike. *Cultural criminology unleashed*. London: Glasshouse Press, 2004, p. 162.

222 Sobre essa questão, ver também o capítulo dois, "Criminologia cultural, crime e espaço: uma introdução", de Hayward.

Simplesmente é impossível caminhar pelas ruas das grandes metrópoles — e de muitas cidades de porte médio — sem constatar que a paisagem urbana está repleta de questão criminal: grades cercam edifícios e casas; barras de metal revestem portas e janelas e enjaulam os moradores; adesivos gigantescos com ameaças de "resposta rápida" são ostentados de forma proeminente nas respectivas fachadas — e incluem o número de telefone para rápida contratação do serviço —; sistemas de identificação digital e alarmes são cada vez mais adotados em residências; verdadeiras cidades são erguidas do nada para isolar os moradores do restante da população; câmeras de segurança vigiam continuamente áreas de comércio, postos de gasolina e o interior de lojas e *shopping centers*. Indiscutivelmente grande parte da própria existência e dinâmica social contemporânea é definida pelo crime, ou melhor, pelo temor que se tem da ameaça que ele representa.

A criminologia cultural se interessará pelos dois lados da dinâmica excludente urbana: tanto por aqueles que podem pagar para se proteger quanto por aqueles que são forçados a se deslocar para as margens desprotegidas da sociedade, ao mesmo tempo tentado prestar atenção às especificidades de localidade, cultura, nação e experiência.[223]

O crime é uma realidade com a qual convivemos todos os dias das nossas vidas. E isso não é fruto do acaso. Não é preciso muito esforço para perceber que hoje o crime é um negócio muito lucrativo, ainda que não necessariamente para os criminosos — ou para o estereótipo que temos deles — em si mesmos. Como observam Ferrell, Hayward e Young,

> grades e sistemas de alarme domiciliar conformam muito mais do que um alvo mais difícil, eles oferecem evidência da utilidade política do medo de que alguém se torne vítima, bem como oferecem evidência da indústria de bilhões de dólares que comercializa sistemas de segurança e que promove e lucra exatamente com esse medo.[224]

Os autores discutem como cercas, grades e avisos conformam um "texto" para ser lido por vizinhos, transeuntes e potenciais invasores: terrenos hostis que dão outro sentido ao mito moderno do lar como re-

---

223 FERRELL, Jeff; HAYWARD, Keith. BROWN, Michelle. Cultural Criminology. In: BROWN, Michelle (Org.) *The Oxford Research Encyclopaedia of Crime, Media, and Popular Culture*, Oxford: Oxford University Press, 2017.

224 FERRELL, Jeff; HAYWARD, Keith; YOUNG, Jock. *Cultural Criminology*: an Invitation. Londres: Sage, 2008, p. 96.

fúgio do estresse da vida cotidiana.[225] Se, em outros contextos, podemos ter tido inveja da grama do vizinho — seja qual for o significado dessa metáfora — hoje invejamos a intensidade da ameaça que seu sistema de segurança representa.

O fenômeno é tão disseminado que comporta inclusive uma dimensão estética. Existem empresas de sistemas de segurança que dão um passo além da exploração predatória do medo e do anseio de fortificação para comercializar grades "decorativas" que embelezam — ou pelo menos não enfeiam — a aparência do lar.[226]

Por outro lado, o advento e a popularização da segurança privada parecem ter produzido problemas que até então seriam impensáveis: veja o caso da empresa NASF de Pelotas, cujo slogan era "o braço forte da comunidade". O Ministério Público do Rio Grande do Sul fez uma ofensiva contra a NASF em abril de 2016.[227] Matéria publicada no jornal *Zero Hora* relata que

> sob o pretexto de impor respeito às residências e estabelecimentos comerciais que tinham a placa da empresa afixada, os integrantes da Nasf sequestravam, agrediam e torturavam suspeitos de crimes contra essas propriedades, bem como pessoas que não tinham qualquer vinculação com o crime. Além disso, pessoas e empresas que não utilizavam os serviços da empresa eram forçadas à contratação, através do arrombamento de suas residências e estabelecimentos comerciais.[228]

A chefia da Brigada Militar de Pelotas foi trocada devido à prisão do comandante suspeito de envolvimento com a empresa, definida como "milícia" pelos investigadores.[229] Dez integrantes da NASF foram presos e enfrentaram acusações de formação de milícia armada e tortura, entre

---

225 *Idem*, p. 97.

226 FERRELL, Jeff; HAYWARD, Keith; YOUNG, Jock. *Cultural Criminology*: an Invitation. Londres: Sage, 2008, p. 97.

227 MINISTÉRIO PÚBLICO DO ESTADO DO RIO GRANDE DO SUL. Disponível em: <http://www.mprs.mp. br/gaeco/noticias/id41160.html>.

228 GAUCHA ZH. MP reverte decisão no TJ e prende integrantes da Nasf por crimes em Pelotas. 15 jul. 2016. Disponível em: <https://goo.gl/sXaom5>. Acesso em: 19 fev. 2018.

229 RÁDIO GUAÍBA. Major assume BM de Pelotas após prisão de comandante suspeito de envolvimento com milícia. 6 abr. 2016. Disponível em: <https://goo.gl/McHZyg>. Acesso em: 19 fev. 2018.

outros crimes. A empresa atendia cerca de cinco mil clientes em várias cidades da Metade Sul do Rio Grande do Sul, com arrecadação que chegava a R$ 500 mil por mês.[230]

Mas nem toda inovação gera lucro, pelo menos diretamente. Enquanto cresce a segurança privada, emerge um controle social estatal que não dorme em serviço. Sistemas de vigilância digital são cada vez mais adotados nas grandes metrópoles. Gigantescos panópticos eletrônicos "garantem" a segurança de todos nós, continuamente monitorados e vigiados enquanto atravessamos determinadas áreas urbanas.

A expansão do monitoramento alcançou escala impressionante no Reino Unido, que conta com mais câmeras instaladas do que todo o restante da Europa combinada. A rede de controle provocou reflexos culturais inesperados: a vigilância não se tornou apenas aceitável e rotineira, como também algo a ser aspirado. Uma propaganda de *jeans* fez a seguinte provocação: *você está sendo filmado pelo menos dez vezes por dia, tem certeza de que está bem vestido para a ocasião?*

A imbricação entre crime e cultura adquire assim um novo patamar de sofisticação. Ferrell, Hayward e Young apontam que surge uma relação entre a sociedade e a vigilância que transcende a sensação de proteção e conforto, associada aos tradicionais e já estabelecidos sistemas de segurança: o monitoramento contínuo se transforma em uma fonte de prazer, lucro e entretenimento.[231]

Convivem assim *inclusão* monitorada e *exclusão* em espaços parafuncionais; em áreas abandonadas e definidas como criminógenas nos cânones criminológicos, floresce a inovação e a ruptura transgressora: skatistas e grafiteiros utilizam tais espaços de um modo que os arquitetos originais jamais sonharam, o que conforma minúsculas práticas microculturais de resistência, que são combatidas com intensidade pelos poderes públicos.[232]

---

230 CORREIO DO POVO. *Dez integrantes de empresa de Pelotas são presos novamente*. 15 jul. 2016. Disponível em: <https://goo.gl/e9MPCc>. Acesso em: 19 fev. 2018.

231 FERRELL, Jeff; HAYWARD, Keith; YOUNG, Jock. *Cultural Criminology*: an Invitation. Londres: Sage, 2008, p. 98.

232 HAYWARD, Keith. Space – the final frontier: criminology, the city and the spatial dynamics of exclusion. In: FERRELL, Jeff. Hayward, Keith. MORRISON, Wayne. PRESDEE, Mike. *Cultural criminology unleashed*. London: Glasshouse Press, 2004, p. 161.

Enquanto isso, verdadeiras fortalezas são construídas nos arredores de megalópoles como São Paulo. Conclaves estruturadas e pensadas desde a estética do isolamento, essas cidades independentes são projetadas para oferecer tudo que os moradores precisam sem que seja necessário transitar em território hostil: o lado de fora é deixado para a plebe. O declínio de comunidades reais pode explicar parte da vontade de isolamento, que é um fraco substituto para a construção de genuínos laços sociais.

Os empreendimentos são verdadeiramente faraônicos e as unidades, vendidas a preços exorbitantes para empresários dispostos a pagar o que for necessário para ter a "segurança" que o deslocamento aéreo diário de casa para o trabalho e de volta para casa pode representar. Para quem pode pagar, é oferecida uma existência paralela, tão isolada e descolada da selvageria urbana quanto possível. O acesso não é facilitado nem mesmo para as autoridades.

Diferentes níveis de isolamento são experimentados de acordo com as respectivas capacidades de consumo e anseios de proteção. Mas paradoxalmente, o cercamento voluntário aprofunda o medo e a ansiedade, que costuma transbordar como exigência de endurecimento dos controles sociais penais, com drásticos resultados para quem está do lado de fora e é rotineiramente objeto da conhecida seletividade do sistema penal. Quanto mais "protegidos" uns, mais expostos os "outros". Segundo Hayward, no contexto tardo-moderno, as desconexões de fluxo, interrupções e irrupções de heterogeneidade desestabilizam as certezas exigidas pelos diagramas de prevenção do crime: é como se a "ordem" iluminista fosse confrontada com a barbárie e desorganização do medievo.[233] A criminalização do grafite parece fazer parte de ideologia semelhante:

> quando os espaços públicos urbanos estão cada vez mais convertidos às zonas de consumo privatizadas, o grafite fica sob especial ataque pelas autoridades legais e econômicas como uma ameaça estética à vitalidade econômica das cidades. Em tal contexto, as autoridades legais criminalizam agressivamente o grafite, campanhas de mídia corporativa constroem grafiteiros como vândalos violentos — e os grafiteiros se tornaram mais organizados e politizados, em resposta.[234]

---

233 HAYWARD, Keith. *Space – the final frontier*: criminology, the city and the spatial dynamics of exclusion. In: FERRELL, Jeff. Hayward, Keith. MORRISON, Wayne. PRESDEE, Mike. *Cultural criminology unleashed*. London: Glasshouse Press, 2004, p. 156.

234 HAYWARD, K.; Ferrell, J. Possibilidades insurgentes: as políticas da criminologia cultural. *Sistema Penal & Violência*, Porto Alegre, v. 4, n. 2, p. 206-218, jul./dez. 2012, p. 211.

A política de reclusão deliberada das ruas conhece também outras dimensões: é comum que espaços públicos como parques, ruas e praças sejam reconstruídos para desestimular a permanência de indivíduos indesejáveis. As estratégias envolvem o próprio *design* dos assentos, para inibir que alguém fique sentado por muito tempo, ou pior ainda, que se deite. Os expedientes rotineiramente incluem o emprego de barras de ferro que inviabilizam o conforto dos frequentadores de tais locais. Ferrell, Hayward e Young constatam que ideologias de controle, vigilância e exclusão são assim construídas — literalmente — no ambiente cotidiano.[235]

Não há como escapar de uma conclusão: os esforços de renovação parecem deliberadamente dirigidos para impossibilitar que as pessoas tenham qualquer conforto, salvo nos templos de consumo conhecidos como *shopping centers*, que muitas vezes controlam o ingresso de indivíduos que não se conformam ao padrão estético dominante. O único conforto possível é aquele que deve ser pago e, preferencialmente, por quem pode pagar por ele, é claro.

Mas mesmo essa dinâmica conhecerá uma dimensão de insuspeitada resistência. Testemunhamos o auge da tensão em questão alguns anos atrás no Brasil. Quando jovens que não se conformavam aos padrões de "normalidade" resolveram romper com as fronteiras imaginárias que os "impediam" de transitar em locais oficialmente não restritos, o confronto se estabeleceu e a repressão estatal em nome dos interesses do capital foi brutal. O tratamento dispensado não foi fruto do acaso: a súbita presença de "rolezinhos" nos espaços higienizados dos centros de consumo representa(va) uma ruptura indesejável na ordem estabelecida, pois em uma sociedade verticalizada, qualquer tentativa de horizontalização deve ser repreendida de forma veemente.

Como já foi discutido por inúmeros autores, um dos ingredientes básicos de diferenciação social é a capacidade de consumo: para muitas pessoas o consumo não é apenas uma meta, mas um índice de prestígio social, que é decisivo para a imagem que têm de si mesmas. Um *shopping center* representa em muitos sentidos a concretização desse ideal, pois se o consumo assumiu ares religiosos, o *shopping* é o templo no qual o ritual se desenrola: é lá que alguém se diferencia dos "outros", que não têm condições de arcar com os custos da jornada espiritual de autorrealização.

---

235 FERRELL, Jeff; HAYWARD, Keith; YOUNG, Jock. *Cultural Criminology*: an Invitation. Londres: Sage, 2008, p. 99.

Para a juventude que vem da margem, o tratamento dispensado em um país com o Brasil é o tradicional: uma política de controle, fixação e extermínio. E para essa finalidade, certa imagem do crime também serve muito bem ao propósito esperado, como o fazem os estereótipos associados a ela e a ampliação da rede de repressão que legitima. Se não são consumidores, não são merecedores dos atributos que a cidadania concede a quem pode pagar para ser respeitado. É o que ocorre também com moradores sem-teto que sobrevivem com lixo coletado para reciclagem nos EUA: muitas cidades norte-americanas exigem licença para prática e, em alguns casos, discute-se até legislação criminalizante.[236] Enquanto isso, outras práticas provocam danos muito maiores, sem despertar qualquer espécie de indignação. Ferrell denuncia que uma guerra vem sendo promovida contra as pessoas e o meio ambiente pela indústria automobilística nas últimas décadas, mas que ela vem sendo mascarada pelas mesmas maquinarias de mídia e política que promovem a guerra contra as drogas. Universos ideológicos cuidadosamente construídos minimizam o perigo que os automóveis representam do mesmo modo que maximizam os perigos que as drogas representariam: desse modo, 40 mil mortes por ano de algum modo passam "batido"; não só não causam nenhuma espécie de pânico moral como a indústria é blindada contra qualquer possibilidade de indignação. O autor se pergunta como criminologistas que de modo tão corajoso denunciaram a violência doméstica, a corrupção e os crimes de ódio deram tão pouca atenção a criminalidade cotidiana dos automóveis? Ferrell argumenta que a maior ameaça à vida humana não vem do tráfico de maconha e metanfetamina, mas do tráfego de automóveis em alta velocidade, das paradas de caminhão e das perseguições policiais.[237]

▶ CRIMINOLOGIA CULTURAL COMO CONTRAPONTO A CRIMINOLOGIAS ATUARIAIS

Como discutido no capítulo anterior, a criminologia cultural é um contraponto agudo e necessário às diferentes *contrologias* que se dedicam incessantemente ao controle social. Neste trecho, a ideia é problematizar

---

236 FERRELL, Jeff. Scrunge city. In: FERRELL, Jeff. Hayward, Keith. MORRISON, Wayne. PRESDEE, Mike. *Cultural criminology unleashed*. London: Glasshouse Press, 2004, p. 178.

237 FERRELL, Jeff. Speed Kills. In: FERRELL, Jeff. Hayward, Keith. MORRISON, Wayne. PRESDEE, Mike. *Cultural criminology unleashed*. London: Glasshouse Press, 2004, p. 257-260.

a criminologia atuarial de Richard Berk. O autor sustenta que logo será possível identificar quais bebês se tornarão criminosos no futuro, mediante o emprego de seu modelo atuarial. Um trecho de uma matéria publicada na revista *Superinteressante* é bastante esclarecedor:

> Um pesquisador quer prever o seu destino — mas, ao invés de ler sua mão, ele pretende usar estatística. Richard Berk, criminalista e professor da Universidade da Pensilvânia, trabalha criando modelos matemáticos que antecipam o comportamento das pessoas desde os anos 60. O seu próximo desafio é usar Inteligência Artificial para "adivinhar" que cidadãos se tornarão menores infratores... Assim que eles chegarem à maternidade.[238]

O texto parece destoar do tom habitual da revista, mas é uma descrição relativamente acertada do que o autor propõe. Berk de fato considera que é possível prever que tipo de crime alguém será capaz de cometer quando atingir 18 anos de idade: basta que para isso ele tenha dados suficientes para alimentar seu sistema estatístico.

Logicamente, o argumento é completamente insustentável: se não existe o crime senão como invenção cultural e processo de interação social, como pode existir um algoritmo de previsão que desconsidere completamente a historicidade da aventura humana na Terra? Como qualquer pessoa sensata sabe, o sistema penal combate um inimigo que ele mesmo cria, mediante diferentes agências de criminalização. Mesmo se simplificarmos completamente a questão, há como prever se um bebê matará alguém dezoito anos depois, com base em dados estatísticos processados por computador?

Richard Berk é professor dos departamentos de Criminologia e Estatística da Universidade da Pensilvânia. Seu currículo no *site* da referida instituição indica que ele acredita na capacidade de intimidação da pena de morte para conter a criminalidade e destaca o potencial que uma análise estatística detém para prever o comportamento criminoso e a vitimização.[239]

É provável que você tenha pensado no filme *Minority Report*, estrelado por Tom Cruise. A referência é mais do que óbvia, já que no filme videntes detectam crimes antes que eles sejam cometidos e os "autores"

---

238 LEONARDI, Ana Carolina. *Pesquisador quer prever quais bebês vão virar criminosos*. 31 out. 2016. Disponível em: <https://goo.gl/XcNgiV>. Acesso em: 19 fev. 2018.

239 PENN ARTS & SCIENCES. *Department of Criminology*. Disponível em: <https://goo.gl/4CtEPo>. Acesso em: 19 fev. 2018.

são julgados como se tivessem cometido o crime em questão, ainda que sejam "pré-criminosos". Mas provavelmente você não imagina o quanto é acertada a intuição: o próprio professor Berk utiliza imagens do filme em suas apresentações, que sugerem que os recursos do sistema criminal devem ser utilizados de forma inteligente.[240]

Berk considera que *Minority Report* tem aspectos positivos e negativos, sendo que um dos aspectos positivos consiste precisamente na possibilidade de previsão e, logo, de adequada alocação de recursos do sistema penal, além de redução no número de crimes. Para ele, o aspecto negativo consistiria no eventual descontrole que atinge o sistema de previsão.

Berk refere os videntes dentro do contexto do filme como *precogs* e descortina sua proposta do que chama de *real cogs*: algoritmos complexos que processam por computador uma quantidade gigantesca de dados para desenvolver *perfis* de indivíduos que representam diferentes níveis de risco para a sociedade. O professor não é nada modesto: afirma que a capacidade de previsão está ficando cada vez melhor e que embora ainda não tenha atingido o nível de *Minority Report*, eventualmente chegará lá. Para ele, não há limite que impeça qualquer tipo de previsão de comportamento criminal, desde que ele disponha dos dados necessários para colocar seu modelo estatístico em ação.

Berk destaca que vivemos no que ele chama de cultura atuarial, sendo que um dos aspectos mais visíveis é o direcionamento de anúncios na internet com base na coleta de hábitos de consumo e navegação, o que possibilita previsões com base no histórico do usuário. Para ele, o sistema penal também pode se beneficiar enormemente de análises de cunho atuarial.

Os fatores de previsão que Berk elenca na palestra remetem a velhos lugares comuns da criminologia de verniz etiológico mais grosseiro: a vida pregressa, a idade de cometimento do primeiro crime, a delinquência juvenil, o histórico familiar e o comportamento na prisão, por exemplo. Testes de leitura e QI também teriam a capacidade de contribuir para definir qual o nível de risco de cometimento de crimes que um dado indivíduo carregaria. Mas Berk dá um passo além: para ele, o fator de previsão definitivo é gerado por computadores que processam milhares de perfis e procuram o que há em comum entre as pessoas que cometem crimes e as que não cometem crimes.

---

240 YOUTUBE. Richard Berk: *Forecasting Criminal Behavior and Crime Victimization*. Disponível em: <https://goo.gl/6exPrK>. Acesso em: 19 fev. 2018.

Qualquer leitor minimamente familiarizado com lugares comuns da criminologia está ciente de que conceitos como cifra negra colocam completamente em questão o postulado do qual parte o professor: a fronteira entre "criminosos" e "não criminosos" é absolutamente borrada. Simplesmente não há como dividir a sociedade em "criminosos" e "não criminosos": o máximo que se poderia pensar é em "criminosos descobertos" e "criminosos não descobertos", o que inevitavelmente deve levar em conta não só a ideia de seletividade penal, mas principalmente o que já está consolidado desde o interacionismo simbólico de Becker: não há crime sem um complexo processo de interação social. O "fator comum" entre as pessoas que "cometeram crimes" é simples: foram alcançadas pelo sistema penal, enquanto outras — por inúmeras razões — não foram.

Uma rápida lembrança — em uma síntese concisa — de alguns conceitos já é suficiente para reduzir a pó a premissa de Berk: seu objeto é — na melhor das hipóteses — arbitrariamente definido e reforça todos os estereótipos da criminalidade, que são muito bem conhecidos no sistema norte-americano: fundamentalmente negros e latinos. Mas Berk não está preocupado com imprecisão conceitual, delimitação do objeto ou qualquer outra consideração epistemológica. O professor é incisivo: "nem sequer compreendemos os fatores de previsão indicados pelo sistema; mas isso não é um problema, já que não estamos tentando explicar o comportamento criminoso e sim prevê-lo. Se os computadores são capazes de prever a tendência de que alguém venha a cometer um homicídio, eu quero usar essa informação, mesmo que não tenha a menor ideia de porque funciona".[241] Em uma passagem formidável, Feyerabend aponta que

> Em outras palavras, surge a suspeita de que o pretenso êxito se deva à circunstância de que a teoria, ficando projetada para além de seu ponto de partida, transformou-se em rígida ideologia. Essa ideologia "tem êxito" não porque bem se afeiçoe aos fatos, mas porque não se especificam fatos que pudessem constituir-se em teste e porque alguns desses fatos são afastados. O êxito é inteiramente artificial. Tomou-se a decisão de, haja o que houver, aderir a algumas ideias e o resultado foi, muito naturalmente, o de essas ideias sobreviverem.[242]

---

241 YOUTUBE. Richard Berk: *Forecasting Criminal Behavior and Crime Victimization*. Disponível em: <https://goo.gl/6exPrK>. Acesso em: 19 fev. 2018.

242 FEYERABEND, Paul. *Contra o método*. Rio de Janeiro: F. Alves, 1977, p. 55.

É preciso recorrer a Ferrell para tentar resguardar um mínimo de sanidade. Como diz o autor:

> a investigação se sustenta ou é abortada em razão de medição e cálculo. Como mostrado inúmeras vezes em extensas tabelas, em elaboradas equações matemáticas que ocupam páginas inteiras e em longas exposições metodológicas que contrastam com breves seções de "discussão" ou "conclusões", esse tipo de pesquisa criminológica é orientada primordialmente para a edificação de monumentos estatísticos — sobre dados superficiais e uma debilíssima fundação epistemológica.[243]

Monumento estatístico parece uma definição mais do que apropriada para a aberração atuarial que Berk chama de criminologia e que parece representar o estado da arte de uma pesquisa absolutamente sem consciência: simplesmente não há uma base epistemológica. Estamos diante de uma ciência sem alma — mas que supostamente refletiria a realidade — e que foi antecipada por Becker. O autor aponta que alguns podem pensar que

> somente através do uso de concepções experimentais estritas em condições controladas de laboratório podemos obter proposições científicas rigorosamente testadas [...] seria excessivamente extremo dizer que os metodólogos gostariam de transformar a pesquisa sociológica em algo que uma máquina pudesse fazer? Acho que não, pois os procedimentos que eles recomendam têm todos em comum a redução da área em que o julgamento humano pode operar, substituindo este julgamento pela aplicação inflexível de alguma regra de procedimento.[244]

Para o autor, "ao invés de insistir em procedimentos mecânicos que minimizam o julgamento humano, podemos tentar tornar as bases destes julgamentos tão explícitas quanto possível, de modo que outros possam chegar às suas próprias conclusões".[245]

Apesar de renunciar a qualquer compreensão sobre o fenômeno do crime, Berk não esconde suas preferências político-criminais. E aqui talvez seja possível que o leitor compreenda o que está em jogo e assim extraia suas próprias conclusões, como sugeriu Becker.

---

243 FERRELL, Jeff. Morte ao método: uma provocação. *Dilemas: revista de estudos de conflito e controle social* , n. 1, v. 5, p. 162, jan./mar., 2012.

244 BECKER, Howard. *Métodos de pesquisa em Ciências Sociais*. São Paulo: Hucitec, 1993, p. 19.

245 *Idem*, p. 20.

O professor Berk prossegue com sua impactante palestra e pergunta: "Quem são os prováveis Darth Vaders e quem são os prováveis Luke Skywalkers? Como não deixar escapar nenhum Darth Vader e não acusar falsamente nenhum Luke Skywalker?". Ele admite que todo sistema comportará um nível de erro e reformula a própria pergunta: "O que é pior, deixar escapar Darth Vaders ou condenar equivocadamente Luke Skywalkers?".

O próprio Berk define como critério político e não estatístico a necessidade de maior preocupação com Darth Vaders, pois para ele é muito mais perigoso libertar um Darth Vader do que encarcerar equivocadamente um Luke Skywalker. Logicamente, a escolha é condizente com o posicionamento político-criminal do autor, que privilegia uma hipotética segurança em detrimento da liberdade.

Berk afirma que seu sistema de previsão não atingiu o nível de *Minority Report*, mas que é capaz de dizer com precisão de 80 a 90% se um indivíduo cometerá um crime violento nos próximos dezoito meses. Sem esconder seu entusiasmo, ele anuncia que em um futuro próximo, sensores de GPS conectados a braceletes e tornozeleiras permitirão analisar que tipo de movimento é predominante em indivíduos que cometem crimes, o que acrescentará um importante fator de previsão. O mesmo vale para imagens de cidadãos capturadas por câmeras, que fazem parte de sistemas de vigilância e monitoramento digital, que controlam boa parte da cidade de Chicago. Os braceletes e tornozeleiras estão equipados com *chips* que se comunicam com esse panóptico digital, possibilitando a expediente identificação de indivíduos perigosos. "Talvez nunca sejamos tão eficazes quanto Tom Cruise, mas a cada ano que passa ficamos mais próximos", disse ele, encerrando a fala.

Logicamente, o leitor percebe o perigo que tudo isso representa. A ciência historicamente demonstrou capacidade enorme para o extermínio de vulneráveis. Lombroso e o próprio Holocausto tiveram fundamentação científica, que por sinal era condizente com os parâmetros dados por parcela significativa das tradições científicas de suas respectivas épocas. Nesse sentido, Feyerabend afirma que

> É possível, naturalmente, simplificar o meio em que o cientista atua, através da simplificação de seus principais fatores. Afinal de contas, a história da ciência não consiste apenas de fatos e de conclusões retiradas dos fatos. Contém, a par disso, ideias, interpretações de fatos, problemas criados por interpretações conflitantes, erros, e assim por diante. Análise mais profunda mostra que a ciência não conhece "fatos nus", pois os fatos de que tomamos conhecimento

já são vistos sob certo ângulo, sendo, em consequência, essencialmente ideativos. Se assim é, a história da ciência será tão complexa,
caótica, permeada de enganos e diversificada quanto o sejam as
ideias que encerra; e essas ideias, por sua por sua vez, serão tão
caóticas permeadas de enganos e diversificadas quanto as mentes
dos que as inventaram.[246]

Não satisfeito com a apresentação, decidi conhecer a produção acadêmica do professor Berk. Em um artigo intitulado *Procedimentos estatísticos
para previsão de comportamento criminal: um estudo comparativo*,[247] Berk
e seu colega Justin Bleich desenvolvem uma extensa discussão sobre
métodos de análise estatística e concluem o texto indicando que para

> prever de forma eficaz, um pesquisador deve compreender a comple-
> xidade, ser capaz de traduzir esse conhecimento em uma expressão
> algébrica e ter os dados necessários para construir um modelo ade-
> quado. Em comparação, processos adaptáveis de aprendizado com-
> putadorizado tem a capacidade de descobrir empiricamente padrões
> nos dados e construir fronteiras complexas de tomada de decisão.

Bem-vindo ao estado da arte da criminologia contemporânea?
Permita-me discordar. Novamente recorro a Feyerabend, que aponta que

> os resultados de observação falarão em favor da teoria, de vez que
> formulados com observância de seus termos. E surge a impressão
> de se haver, finalmente, alcançado a verdade. Torna-se evidente,
> ao mesmo tempo, que se perdeu todo contato com o mundo e que
> a estabilidade atingida, a aparência de verdade absoluta, não passa
> do resultado de um conformismo absoluto. Com efeito, como será
> possível submeter a teste ou aprimorar a verdade de uma teoria, se
> ela é elaborada de maneira tal que qualquer acontecimento concebí-
> vel pode ser descrito e explicado nos termos de seus princípios?[248]

Não se trata de mera discussão no campo da filosofia científica. Uma
matéria da *Bloomberg* relata que fatores de risco gerados por algoritmos são cada vez mais parte integrante da elaboração de sentenças nos
Estados Unidos. Computadores processam dados de prisões, tipos de
crime cometidos e informações demográficas, gerando um índice de

---

246 FEYERABEND, Paul. *Contra o método*. Rio de Janeiro: F. Alves, 1977, p. 20-21.

247 THE WHARTON SCHOOL. *Statistical Procedures for Forecasting Criminal
Behavior*: a Comparative Assessment. Disponível em: <https://goo.gl/
oDHuKz>. Acesso em: 19 fev. 2018.

248 FEYERABEND, Paul. *Contra o método*. Rio de Janeiro: F. Alves, 1977, p. 20.

risco do indivíduo. A ideia é criar um guia menos sujeito a preconceitos inconscientes, humor do juiz e outros limites humanos. Ferramentas semelhantes são utilizadas para decidir quais os quarteirões patrulhados por policiais, definir o local de apenados na prisão e, finalmente, quem é ou não merecedor do livramento condicional. Quem apoia essas medidas sustenta que elas auxiliariam a resolver desigualdades históricas, enquanto os opositores dizem exatamente o contrário: aprofundam as desigualdades sociais e auxiliam a esconder velhos preconceitos, sob o manto da precisão computadorizada.[249] Como observou Morin, "É preciso lembrar os estragos que os pontos de vista simplificadores tem feito, não apenas no mundo intelectual, mas na vida".[250]

▶ CRIMINALIZAÇÃO CULTURAL: A CULTURA COMO CRIME

O processo de criminalização de formas e criadores de cultura é, na maioria das vezes, gestado pela grande mídia. Com base nele, advogados, policiais, líderes religiosos, jornalistas e outros atores sociais produzem imagens criminalizadas dos trabalhos de artistas, músicos e cineastas. Com isso constroem os próprios significados e efeitos que supostamente pretendem combater. Em virtude disso, a noção de "criminalização" pode ser ampliada para incluir mais do que a simples criação e aplicação da lei penal. Cada vez mais é investigado o processo mais amplo de "criminalização cultural", ou seja, a reconstrução mediada de significado e de percepção em torno das questões de cultura e crime ou melhor ainda, de cultura como crime.[251]

Ferrell discute a noção de "cultura como crime", que indica a reconstrução discursiva de um empreendimento cultural como empreendimento criminal, como, por exemplo, a criminalização de produtores culturais por meio de canais midiáticos e legais. Ele aponta que bandas de heavy metal e punk, assim como as respectivas gravadoras, distribuidoras e lojistas, enfrentaram acusações de obscenidade, processos civis e criminais, batidas policiais e interferência das autoridades em shows. Artistas, produtores, distribuidores e lojistas de rap e 'gangsta rap' enfrentaram prisões, condenações por obscenidade, confisco legal de álbuns, protes-

---

249 BLOOMBERG TECHNOLOGY. *This Guy Trains Computers to Find Future Criminals*. Disponível em: <https://goo.gl/mRexi7>. Acesso em: 19 fev. 2018.

250 MORIN, Edgar. *Introdução ao pensamento complexo*. Porto Alegre: Sulina, 2004.

251 FERRELL, Jeff. Cultural criminology. In: *Annual Review of Sociology*, v. 25. 1999, p. 404-405.

tos públicos, boicotes, audiências públicas organizadas por políticos e policiais e contínuas campanhas da grande mídia e processos nos quais foram acusados de promover — e até mesmo de causar diretamente — crime e delinquência.[252] Como observa Oxley Rocha, produtores culturais

> nunca estão livres de terem seus produtos redefinidos como criminosos, e serem, conforme a época, acusados de disseminar obscenidades, pornografia, violência, estimulando o comportamento social criminoso, influenciando, especialmente os jovens, a cometer estupros, consumir drogas, cometer assaltos, homicídios ou suicídios, ou, ainda, a cometer crimes copiando ou imitando os conteúdos disseminados pela mídia.[253]

Presdee define a criminalização como um processo cultural mediante o qual quem tem poder define e molda as formas dominantes de vida e lhes dá significados especiais. É o meio pelo qual os poderosos definem como e o que vemos, e assim, como percebemos o comportamento social dos demais. Eles definem o que é uma perversão e, portanto, o que é considerado desviante e o que é considerado criminoso. Seu poder influencia os processos de elaboração da lei para definir quais são os prazeres e passatempos aceitáveis e quais são os proibidos e considerados ilegais e criminais. Os poderosos também definem por meio da cultura quais estilos de música são criminalizados ou não; onde ela pode ser tocada ou não; onde podemos pintar e no que; onde podemos caminhar e quando; o que é erótico e o que não é.[254]

A criminalização contemporânea da cultura pop emergiu como parte de "guerras culturais" empreendidas por políticos conservadores e reacionários culturais. Como é um processo conduzido em grande medida no espaço público, a criminalização cultural contribui para percepções populares e pânicos, bem como para marginalização da forma de expressão cultural eleita como alvo. Quando bem-sucedida, constrói um nível de desconforto social que se estende da cultura popular para as práticas da vida cotidiana.[255]

---

252 FERRELL, Jeff. Cultural criminology. In: *Annual Review of Sociology*, v. 25. 1999, p. 404-405.

253 OXLEY DA ROCHA, Álvaro. Crime e controle da criminalidade: as novas perspectivas e abordagens da criminologia cultural. In: *Sistema Penal & Violência*. Porto Alegre, v. 4, n. 2, p. 180-190, jul./dez. 2012, p. 187.

254 PRESDEE, Mike. *Cultural criminology and the carnival of crime*. London: Routeledge, 2001, p. 17.

255 FERRELL, Jeff. Cultural criminology. In: *Annual Review of Sociology*, v. 25. 1999, p. 406.

VIDEOGAME E VIOLÊNCIA: CRUZADAS MORAIS CONTRA OS JOGOS ELETRÔNICOS

No dia 13 de janeiro de 2016, o então ministro da Justiça, José Eduardo Cardozo, afirmou nos Estados Unidos que a "apologia à violência" em esportes e videogames alimenta a criminalidade no Brasil.[256] No outro extremo do espectro político, o discurso coincide: no dia 24 de maio de 2013, o deputado Jair Bolsonaro declarou que os games violentos são "um crime" e devem ser coibidos.[257] Para ele, "não ensinam nada e a molecada perde a cabeça". Cerca de uma semana após o atentado de Stoneman Douglas, em Parkland, Flórida, Donald Trump convocou uma reunião na Casa Branca para discutir os perigos dos games violentos. Na reunião, ele passou um vídeo de cerca de cinco minutos, repleto de trechos descontextualizados de games violentos e arrematou: "isso é violento, não?"[258] O vídeo em questão foi posteriormente disponibilizado na conta oficial da Casa Branca no YouTube. Somente um acadêmico participou da reunião: Dave Grossmann, um ex-militar comprometido com a ideia de que os games violentos contribuem para o comportamento violento.[259]

A criminalização cultural dos games tem uma longa história. Desde meados da década de 1970 prosperam pânicos morais em relação aos jogos eletrônicos. Na melhor das hipóteses, são vistos como uma perda de tempo. Nas piores leituras, são um perigo para os próprios usuários, já que potencialmente podem viciar e comprometer a vida social, ou pior ainda, provocam violência, ou seja, seriam perigosos para terceiros.

Após ter feito uma revisão exaustiva de toda a bibliografia existente sobre o tema, posso dizer com segurança: não há nenhuma evidência concreta de que jogos eletrônicos provocam violência, ou seja, de que exista uma relação de causa e efeito entre videogame e violência. A suposta conexão entre games e violência não é mais do que um discurso produzido pela imprensa, recepcionado por políticos e grupos de pressão

---

256 FELLET, João. *'Violência é aplaudida em esportes e games', diz ministro da Justiça.* 15 jan. 2016. Disponível em: <https://goo.gl/PTzsVE>. Acesso em: 19 fev. 2018.

257 UOL JOGOS. *Para Jair Bolsonaro, criança jogar game violento é "um crime"...* Em: <https://jogos.uol.com.br/ultimas-noticias/2017/03/07/para-jair-bolsonaro-crianca-jogar-game-violento-e-um-crime.htm> Acesso em: 02/09/2018

258 LEE, David. Trump holds games violence meeting. Em: <https://www.bbc.co.uk/news/technology-43325712> Acesso em: 30/08/2018.

259 Veja as obras *Stop Teaching our Kids to Kill* e *Assassination Nation*, ainda não traduzidas para o português.

e, de certo modo, "certificado como verdadeiro" por alguns pesquisadores, cujo resultado conduz à criminalização cultural de games e, também, de criadores e de jogadores. Trata-se de um complexo processo de difusão de pânico moral por reacionários culturais.

A suposta relação de causa e efeito entre jogos violentos e violência real não é mais do que um mito, ainda que profundamente impregnado no imaginário social. No entanto, seus efeitos são assustadoramente reais: o discurso de criminalização cultural provoca estigmatização de produtos culturais, criadores e consumidores. Comunicadores estadunidenses chegaram a sugerir um sistema de monitoramento da quantidade de jogos comprados, como se os jogadores em geral fossem verdadeiras ameaças para a sociedade. Essa proposta foi seriamente considerada como alternativa político-criminal viável para promover a redução dos ataques a tiros em solo norte-americano, durante programa veiculado pela Fox News, no qual a âncora, Elizabeth Hasselbeck, sustentou que "enquanto a esquerda defende o controle na aquisição armas de fogo, o que deve ser controlado são os compradores de games violentos". O argumento praticamente insinua um quadro de anormalidade dos *gamers* diante da normalidade das "pessoas comuns".[260]

A criminalização dos games se situa no âmbito do que a criminologia cultural define como criminalização cultural.[261] Normalmente falamos em criminalização como a criação e aplicação da lei penal. A criminalização cultural indica a reconstrução discursiva de um dado produto cultural, seu criador e público como criminosos, no campo simbólico e fundamentalmente por meio da grande mídia, embora também participem desse processo ativistas, advogados, acadêmicos e ocasionalmente, até policiais. O *Heavy Metal*, o *Funk*, o *Rap*, as histórias em quadrinhos e inúmeras outras expressões culturais foram criminalizadas historicamente por reacionários culturais que convocaram verdadeiras cruzadas morais.

Foram muitas as cruzadas deflagradas contra diferentes formas de expressão artística no século XX: contra os quadrinhos na década de 1950 (Fredric Wertham) e contra o *rock* na década de 1980 (Tipper

---

260 GRANDELLE, Renato. *Existe um falso moralismo contra games, diz pesquisador*. Disponivel em: <https://oglobo.globo.com/sociedade/existe-um-falso-moralismo-contra-games-diz-pesquisador-22707393>.

261 FERRELL, Jeff. Cultural Criminology. *Annual Review of Sociology*, v. 25, p. 395-418, 1999. Disponível em: <https://goo.gl/s1J3wM>. Acesso em: 19 fev. 2018.

Gore e PMRC) são alguns dos exemplos mais conhecidos. No contexto norte-americano, a criminalização cultural dos games é muito forte, uma vez que eles são rotineiramente demonizados como bodes expiatórios para inúmeras tragédias, o que funciona como cortina de fumaça para um problema real, que consiste na necessidade de um controle mais rigoroso na aquisição de armas de fogo, particularmente de armas semiautomáticas, rotineiramente empregadas em ataques a tiros em escolas.[262]

Os atentados de Columbine, Virginia Tech, Sandy Hook e Stoneman Douglas fazem parte dessa história de criminalização cultural. No Brasil, o cenário é muito semelhante: o atentado de Mateus da Costa Meira no Morumbi Shopping, o Massacre de Realengo e o Caso Pesseghini também foram retratados por boa parte da imprensa com base nos supostos efeitos criminógenos dos games. São terríveis exemplos de situações nas quais produtos culturais foram satanizados por repórteres, políticos e ativistas antigames como se tivessem causado tragédias. Os difusores de pânico moral muitas vezes se enquadram no que Becker definiu como empreendedores morais.[263]

A retratação demonizada costuma ser produzida por pessoas que não conseguem lidar com a diferença: desprezam tudo que não compreendem e que não se encaixa em sua visão de mundo e, logo, é interpretado como ameaça para a sociedade. São incontáveis os casos nos quais explicações grosseiras e simplificadoras defenderam de forma veemente a hipótese de que o fato de alguém jogar "*games* violentos" o tornaria uma pessoa necessariamente violenta.

Por outro lado, é preciso ter em mente que essa interpretação oferece uma explicação relativamente simples para eventos complexos, como massacres em escolas. Inúmeras tragédias foram "explicadas" com base no suposto efeito criminógeno dos games. É uma ilusão reconfortante: nos leva a crer que se o "inimigo" for combatido, tragédias como essas não se repetirão. Mas o efetivo resultado da criminalização cultural e da difusão de pânico moral provocada por esses agentes é que as verdadeiras causas dos massacres em escolas são insuficientemente investigadas e o fato político gerado pelo evento traumático não é explorado para limitar

---

262 CÁCERES, André. Criminologista investiga a relação entre games e violência. Disponível em: <https://alias.estadao.com.br/noticias/geral,criminologista-investiga-a-relacao-entre-videogames-e-violencia,70002322917>.

263 BECKER, Howard. *Outsiders*: estudos de sociologia do desvio. Rio de Janeiro: Zahar, 2009.

o acesso a armas de fogo, uma vez que o foco rotineiramente é desviado para os games violentos.

As pesquisas que apontam que os games provocam aumento de agressividade e dessensibilização foram desenvolvidas por pesquisadores comprometidos com a hipótese de causação: construíram suas carreiras com base nela e inclusive são muitas vezes financiados por organizações ativistas antigames, o que coloca em questão a credibilidade de seus resultados, sem falar na utilização de medidas não padronizadas de agressividade e na extrapolação de dados obtidos em laboratório para situações reais, sem qualquer estudo que ao menos aponte de modo convincente uma correlação entre tais medidas e a agressividade e/ou criminalidade real.

Os argumentos utilizados por Cardozo, Bolsonaro e Trump mereceriam outra crítica, que é o recurso a uma verdadeira etiologia do crime baseada nos efeitos da exposição a várias mídias tidas como ameaçadoras para a moral dominante. Como vários autores apontam, verdadeiras fortunas foram despendidas tentando provar a existência de efeitos criminógenos da TV, de filmes, de seriados, de games e de histórias em quadrinhos, sem que nenhum resultado satisfatório ou consenso tenha sido atingido. As possíveis "causas" da criminalidade estão para além de um modelo estruturado no paradigma simplificador de causa e efeito e exigiriam uma análise de fôlego que certamente extrapola o que comporta este apertado texto. Mas obviamente eles desconhecem o debate, seja no âmbito da criminologia ou no contexto da polêmica que existe no meio acadêmico sobre os possíveis efeitos dos games, que inclusive são tidos como benéficos por um corpo bastante sólido e coerente de pesquisas.

Nós não somos simples receptáculos de estímulos externos, ainda que uma tradição significativa do conhecimento tenha sustentado isso nos últimos séculos. Como referi anteriormente, nenhum estudo foi capaz de comprovar até hoje que os games têm capacidade para influenciar alguém a agir agressivamente. Todos os episódios de violência nos quais os *games* foram implicados demonstram um processo de criminalização cultural no qual são criminalizadas expressões culturais que não se conformam aos padrões morais dos emissores das mensagens.

Logicamente, penso que nem todos os jogos são apropriados para todas as idades. Existe um sistema de classificação de conteúdo e todos os consoles contemporâneos contam com mecanismos de controle que possibilitam que familiares zelosos possam definir as faixas apropriadas de acesso para seus filhos. Mas isso não significa dizer que o eventual acesso de uma criança a jogos com temática adulta possa transformá-la em uma máquina de matar, como se fossem simuladores de assassinato capazes de adestrar os indivíduos para o manejo de armas por meio de um controle, teclado e/ou *mouse*.

No final da década de 1970 e início da década de 1980, uma ativista antigames chamada Ronnie Lamm anunciou um verdadeiro apocalipse: argumentava que uma geração formada com *Pac-Man*, *Asteroids* e *Space Invaders* não veria as pessoas como seres humanos, e sim como objetos a destruir. Evidentemente, a tecnologia avançou muito nas últimas décadas e atingiu um nível gigantesco de sofisticação. Mas as profecias apocalípticas profetizadas pelos empreendedores morais que capitaneavam essas cruzadas jamais se confirmaram.

No entanto, a crucificação moral dos games pela grande mídia continua, o que pode ser parcialmente explicado pela densidade das narrativas que podem ser encontradas em muitos jogos contemporâneos.

Grande parte da polêmica que cerca cada jogo novo da série *Grand Theft Auto* consiste na ausência do que eu chamaria de uma narrativa de legitimação. A criminalidade e a sua retratação sempre fizeram parte dos games, desde clássicos como *Lock n' Chase*, *Keystone Kapers* e a série *Police Quest*. A violência sempre foi considerada aceitável desde que estivesse inserida em uma narrativa de legitimação, como a "conquista do Oeste" ou o empreendimento conhecido como "Guerra ao Terror". Nestes casos os games de fato funcionam como normalizadores culturais que cristalizam interpretações dominantes, ou seja, narrativas de legitimação das incursões em questão.

Por outro lado, um jogo como GTA desafia grande parte das nossas convenções sociais e retrata a "condição americana" de modo amplamente desfavorável, satirizando o "sonho americano" e a realidade contemporânea dos Estados Unidos de modo implacável.

Não é por acaso que um jogo assim atrai a ira de censores culturais de todos os matizes, como também não é por acaso que ele é convenientemente reconstruído discursivamente de forma demonizada como explicação conveniente para eventos traumáticos.

O processo de disseminação do pânico moral relativo aos games é bastante complexo e inclui o campo político. Não são poucos os políticos americanos e ingleses que debateram intensamente esses temas e criminalizaram os *games* perante o público em geral. Trata-se de um discurso altamente sedutor, pois apela para um eleitorado que não compreende os jogadores e suas motivações e que é facilmente cooptado por um discurso moralista que é apresentado como se fosse a expressão do bem comum. Ele apela para pessoas conservadoras que desprezam ameaças às expressões artísticas e estéticas dominantes e, por outro lado, apela para pacifistas iludidos, que dão crédito a pesquisas repletas de falhas metodológicas — é comum que convicções morais apareçam disfarçadas com verniz científico.

Por mais que as atividades desenvolvidas em um *game* como *Call of Duty, Battlefield* ou *Arma* se assemelhem virtualmente ao ato de "atirar em alguém", elas permanecem sendo substancialmente distintas. E como já disse Jock Young, o simples contato com a violência pode fazer com que alguém se torne um ativista contra ela. Não significa necessariamente que a pessoa desenvolverá um "gosto" pela violência.

De qualquer modo, o limite está na mediação de um discurso de ódio pelos games. Jogos como *Custer's Revenge e Chiller* deram início a essa pequena, mas deplorável tradição. Existem outros jogos assim, mas são extremamente raros e não representam as narrativas interativas desenvolvidas por uma indústria que hoje se equipara ao peso dos *blockbusters* de Hollywood.

Os games são uma forma de expressão artística, o que inclusive já foi reconhecido pela Suprema Corte dos Estados Unidos. A crença de que uma forma de expressão artística pode ser controlada ou censurada pelo Estado toca em um tema de grande importância, pois diz respeito à liberdade do cidadão e seus direitos fundamentais.[264] Argumentos fantasiosos podem inclusive motivar a ampliação da rede de controle e monitoramento estatal: recentemente foi revelado que o governo americano estava monitorando jogos como *World of Warcraft* e o serviço *Xbox Live*. O monitoramento ocorreu sem autorização prévia ou conhecimento da Blizzard e da Microsoft.

O discurso de causa e efeito entre games e violência é irresponsavelmente divulgado por acadêmicos que partem de premissas inválidas e extrapolam indevidamente dados obtidos em laboratório para o mundo real. Esse discurso pode inclusive causar perda de credibilidade para a própria ciência. No julgamento que referi anteriormente, apenas um

---

264 SOLLITTO, André. É perigosa a ideia de que o Estado possa definir o que podemos consumir. Disponível em: <https://istoe.com.br/e-perigosa-a-ideia-de-que-o-estado-possa-definir-o-que-eu-ou-voce-podemos-consumir/>.

dos nove ministros da Suprema Corte Americana deu crédito a pesquisas que apontam que os games provocam aumento de agressividade e dessensibilização.

Finalmente, temos um problema significativo, que é a crença no potencial de proibição de uma expressão artística para provocar redução na violência real. E isso é pensamento mágico, completamente descolado da realidade. Não nos ajuda a combater absolutamente nada a não ser as expressões artísticas que não se conformam a uma moralidade dominante tida como verdade absoluta.

Sou *gamer* desde a década de 80. Faço parte da tribo. Não sou um estrangeiro nesta subcultura. Quando em 2013 uma matéria no programa "Cidade Alerta" da Rede Record praticamente afirmou que o *game Assassin's Creed* havia causado a tragédia que atingiu a família Pesseghini, não só fiquei perplexo com intensidade do discurso simplificador de criminalização cultural e difusão do pânico moral, como elegi um tema de pesquisa. Este texto é um *teaser* para meu primeiro livro totalmente inédito desde a tese de doutorado sobre a busca da verdade no processo penal.[265] A temática foi enfrentada com referencial teórico do direito, criminologia cultural, história e psicologia social. Foram cerca de quatro anos e meio de pesquisa e elaboração do livro *Videogame e violência: cruzadas morais contra os jogos eletrônicos no Brasil e no mundo,* que finalmente foi publicado em abril de 2018, pelo selo Civilização Brasileira, do Grupo Editorial Record. Enfrentei cinco décadas de controvérsia e todas as pesquisas sobre o tema. São cerca de 504 páginas e milhares de fontes, como jornais, artigos, revistas, imprensa especializada e os próprios *games*. Há muito a descobrir nesta obra. Sobre criminologia e sobre games, é claro. Fica o convite para a leitura de um trabalho que verticaliza uma das muitas questões de interesse da criminologia cultural, que é a criminalização da cultura.

Este trecho poderia terminar aqui. Mas pouco tempo após o livro ter sido lançado, a OMS consolidou a chamada *"gaming disorder"*, ou seja, o suposto vício em games.[266] A iniciativa se encaixa no que Presdee

---

265 KHALED JR, Salah H. *A busca da verdade no processo penal*. 3ª edição. Belo Horizonte: Letramento, 2018.

266 DW. *OMS classifica vício de games como distúrbio mental*. Disponível em: <http://www.dw.com/pt-br/oms-classifica-vício-de-games-como-distúrbio-mental/a-44280206?maca=pt-BR-Whatsapp-sharing&>. Acesso em: 02 set. 2018.

chamaria de "patologização da vida cotidiana".[267] Sou manifestamente contra uma classificação que patologize especificamente os games como algo viciante. Vamos aos motivos.

O primeiro deles diz respeito aos fundamentos para a própria criação da chamada *gaming disorder*.

a) A comparação entre games e jogos de azar é completamente equivocada, apesar de ter sido utilizada como fundamento para a classificação. Games são produtos culturais com fundo narrativo, como filmes e livros e, logo, também estão protegidos pela liberdade de expressão artística, o que a Suprema Corte dos EUA explicitamente reconheceu. Dizer que são equivalentes a jogos de azar porque o jogador supostamente desenvolve uma obsessão por pontos análoga ao ganho financeiro com apostas não tem o menor fundamento. No Brasil, o Art. 5º IX da Constituição de 1988 consolida o direito fundamental de liberdade de expressão artística, o que protege os games de censura e proibição (ou deveria proteger, se pensarmos no histórico brasileiro de ativismo judicial e banimento de games).

b) O dado de que 3% dos jogadores supostamente desenvolve a condição remete ao nada: literalmente milhões de pessoas jogam games em diferentes dispositivos ao redor do mundo. É uma estimativa sem qualquer apoio empírico. O nível de abstração é verdadeiramente surpreendente e envergonharia até mesmo os mais ferrenhos adeptos do racionalismo estatístico.

c) Somente acadêmicos favoráveis à criação da *gaming disorder* foram consultados. Outros autores têm opiniões muito diferentes. É o caso de Cristopher Ferguson, por exemplo. Ferguson atua no campo da psicologia social e estuda os efeitos dos games há décadas. Para ele, não há sequer uma diferenciação entre casos supostamente leves, moderados ou intensos, o que deixa totalmente ao arbítrio de quem diagnostica essa definição. Como na maioria dos casos quem fará o diagnóstico não conhece nada sobre games, simplesmente não terá parâmetros para decidir. O suposto "vício" pode ser simplesmente um sintoma de outra condição, como ansiedade ou depressão, por exemplo. A ênfase no "sintoma" pode deixar um problema maior sem tratamento. Por outro lado, certos mecanismos presentes em alguns games realmente podem ser um problema, como é o caso dos chamados *loot boxes*, que não fazem parte da classificação.

---

267 PRESDEE, Mike. The story of crime: biography and the excavation of transgression. In: FERRELL, Jeff. Hayward, Keith. MORRISON, Wayne. PRESDEE, Mike. *Cultural criminology unleashed*. London: Glasshouse Press, 2004, p. 43

Ferguson também aponta que a comparação dos games com a heroína e a cocaína é totalmente equivocada; ela relaciona os efeitos dos games com dopamina e regiões cerebrais de modo semelhante ao abuso de certas substâncias. O autor refere que existe um fundo de verdade nessa afirmativa, mas somente no que se refere ao fato de que qualquer atividade que gera prazer ativa essas regiões. O modo com que os games atuam se assemelha a atividades como comer chocolate, fazer sexo e tirar boas notas... não a heroína ou cocaína. Para ele, na melhor das hipóteses, tudo é muito prematuro.[268]

O segundo diz respeito ao que chamo de lógica classificatória.

a) Há uma discussão muito forte na psiquiatria e psicologia sobre os vínculos de muitos pesquisadores com a indústria farmacêutica. Primeiro criam o remédio e depois inventam a doença para transformá-lo em produto rentável, como ocorre com tantas coisas na arena tardo-moderna do capitalismo global. Cada vez mais, aspectos da vida são medicalizados e interesses financeiros têm muita relação com isso. Doenças mentais são assim produzidas pelo que já se chamou de "paradigma psiquiátrico". Uma entrevista recente no Estadão deixou isso muito claro: o psicólogo Cristiano Nabuco, que diz ter experiência de 15 anos com o tratamento da "condição" comemorou a criação da classificação, já que agora o seguro de saúde pagaria por esse tipo de "atenção", o que antes não era possível. Questionado sobre o tratamento, Nabuco afirma que "Normalmente, a pedra fundamental, o aspecto primordial, é a psicoterapia, em alguns há medicação como uma forma de tentar controlar esse comportamento quando ele for muito excedente".[269] São muitas as situações de patologização da vida cotidiana. Basta pensar no uso desmedido de ritalina para crianças definidas como problemáticas, por exemplo. O Brasil é o segundo maior consumidor do mundo, perdendo apenas para os Estados Unidos.[270]

---

268 BEAN, Anthony M.;NIELSEN, Rune K. L.,VAN ROOIJ, Antonius J.;FERGUSON, Christopher J.Video game addiction: The push to pathologize video games. In: *Professional Psychology*: Research and Practice, Vol 48(5), Oct 2017, 378-389.

269 CARVALHO, Marco Antonio. Jogos virtuais não têm mais game over, diz psicólogo. Em: <https://saude.estadao.com.br/noticias/geral,jogos-virtuais-nao-tem-mais-game-over-diz-psicologo,70002370788> Acesso em: 04/09/2018.

270 MATUOKA, Ingrid. Ritalina, uma perigosa "facilidade" para os pais. Em: < https://www.cartacapital.com.br/sociedade/ritalina-uma-perigosa-facilidade-para-pais-8006.html> Acesso em: 05/09/2018.

Essas classificações não são expressões da verdade. Se fosse assim, não seriam revisadas. O que é ou não "transtorno" ou "doença" resulta de embates históricos significativos, que em muito se assemelham ao processo de criminalização: alguns grupos são suficientemente fortes para fazerem valer suas pretensões, enquanto outros não.

O terceiro diz respeito aos reflexos futuros:

a) Uma vez que essa classificação foi criada, nada impede que outras surjam depois, como a obsessão por games violentos e outras "anomalias" que podem vir a ser "identificadas". Não há como prever quantas patologias serão criadas e o quanto elas podem ser prejudiciais à imagem e ao convívio social de quem é gamer, provocando preconceito e estigmatização.

b) Agora que o vício em games "existe" uma explosão ocorrerá: milhares de pais preocupados terão a "confirmação" de que isso é um problema e irão encaminhar seus filhos para "tratamento". Não é como se o nível de notificação aumentasse porque há amparo legal, como no caso da Lei Maria da Penha, por exemplo, que deu maior visibilidade à violência doméstica que já estava lá e, com isso, atendeu a demandas reprimidas de cidadania. A disseminação da ideia de que os "games viciam" provocará pânico desnecessário, inclusive pelo fato de que o assunto certamente será tratado de modo leviano pela imprensa em inúmeras oportunidades.

c) A classificação reforça estereótipos negativos dos games: ou são perigosos para terceiros (porque tornam os jogadores violentos) ou para os próprios usuários (porque potencialmente viciam e prejudicam a vida social).

d) Os games continuam sendo tratados de modo diferenciado e discriminatório: aparentemente não há nenhum problema com maratonas no Netflix, mas diga que irá jogar games violentos e isso imediatamente gerará atenção, preocupação e preconceito.

Por fim:

Poucas coisas em excesso não representam um problema: games, televisão, praticar esportes e muitas outras atividades devem ser exercidas dentro de certos limites. Quando eles são ultrapassados, cautela deve ser exercida: será que o problema decorre dos produtos culturais e atividades em si mesmas, ou a questão é mais profunda e diz respeito a circunstâncias sociais e psicológicas da própria pessoa? Não há justificativa para uma classificação específica que patologize os games, como se eles representassem uma ameaça para a vida social de seus usuários, enquanto outros produtos culturais semelhantes não representariam. Os MMOrpgs — universos persistentes online com milhões de jogadores — certamente mereceriam um estudo mais cuidadoso. Com eles já houve problemas significativos. São muitos os casos de pessoas que passaram dias jogando em *lan houses* sem se alimentar e se hidratar adequadamente, o que ocorre principalmente com orientais e sugere que a questão cultural tem muita importância. Mas a classificação não tem a menor relação com jogos como *World of Warcraft*.

A *gaming disorder* contempla interesses de grupos que lutaram contra os games por décadas, pesquisadores financiados por organizações antigames e pessoas e grupos interessados em explorar um "mercado consumidor" composto por literalmente milhões de jogadores. Com isso não se diz que há intenções maquiavélicas por trás de todos que contribuíram para a criação da "*gaming disorder*", mas que mesmo aqueles que sinceramente acreditam que o problema existe formularam essa hipótese de modo muito apressado e a não a testaram adequadamente, uma vez que não houve diálogo com posições contrárias.

Nas últimas décadas, foram incontáveis as tentativas de criminalização pura e simples, de criminalização cultural e agora, de medicalização para o tratamento do suposto "desvio". Felizmente, a vida sempre será maior do que aqueles que desejam patologizar e criminalizar não só a existência, como a própria fantasia.

ACENDAM AS TOCHAS: A CRIMINALIZAÇÃO DA EXPOSIÇÃO QUEER NO SANTANDER CULTURAL

A repentina ascensão do pensamento reacionário no Brasil contemporâneo fez com que se intensificassem os processos de criminalização da cultura no país. Um dos casos mais dramáticos dos últimos anos foi o que envolveu a Exposição *Queer* no Santander Cultural, em Porto Alegre, Rio Grande do Sul. As acusações generalizadas de pedofilia, zoofilia e vilipêndio de objeto de culto religioso foram suficientes para que um levante moralista fosse acionado contra as obras, os criadores e os expositores, indistintamente. O próprio público frequentador foi classificado como imoral e degenerado.

O compartilhamento de imagens de obras artísticas acompanhadas de discursos satanizantes fez com que uma onda de pânico moral fosse desencadeada nas redes sociais. E ela foi suficientemente forte para fomentar uma legítima cruzada de criminalização cultural, movida pelo MBL e outros simpatizantes da causa, que defenderam até a possibilidade de aplicação de dispositivos do Código Penal. Manifestações intensas, protestos ruidosos e campanhas para que contas no banco fossem encerradas acabaram levando ao fechamento da exposição, uma vez que o Santander optou por sair de cena estrategicamente e evitar o desgaste provocado pela cruzada movida contra ela.

Muitas das obras reunidas na exposição foram criadas décadas atrás, o que demonstra a extensão da irracionalidade de quem defendia o seu fechamento. Mas isso não impediu que trabalhos de Portinari, Volpi e Lygia Clark fossem criminalizados culturalmente, em uma verdadeira campanha de incitação de ódio.[271]

A dinâmica do episódio é muito semelhante aos chamados pânicos morais, extensivamente discutidos na criminologia.[272] Para Thompson, é amplamente reconhecido que essa é a era do pânico moral. O autor aponta que jornais constantemente alertam para a existência de novos perigos decorrentes da frouxidão moral, enquanto programas de televisão ecoam o assunto em documentários sensacionalistas. De certo modo, pânicos morais não são exatamente uma novidade. Por mais de um século tem persistido o pânico sobre o crime; o comportamento da juventude em particular é rotineiramente apresentado como potencialmente imoral e ameaçador para a sociedade.[273]

É comum que expressões artísticas que não se conformam aos padrões morais de reacionários culturais sejam objeto de cruzadas. Histórias em quadrinhos, *Rock n' Roll*, *Heavy Metal*, *Rap* e *games* já foram objeto de campanhas análogas. É no âmbito de guerras culturais que empreendedores morais visam reafirmar sua moral, que é vista como expressão de tudo que é bom e correto, enquanto o que a coloca em questão é implacavelmente satanizado como se fosse o mal encarnado.[274]

Muitas vezes tais campanhas resultam no que já foi chamado de criminalização cultural: os criadores, os produtos culturais e o público consumidor são conjuntamente criminalizados e apontados como degenerados.

---

271 BENTES, Ivana. *Portinari, Volpi, Lygia Clark viraram pornografia para MBL.* 10 set. 2017. Disponível em: <https://goo.gl/9md4gq>. Acesso em; 19 fev. 2018.

272 COHEN, Stanley. *Folk Devils and Moral Panics:* the Creation of the Mods and Rockers. Nova York: Routeledge, 2010, p. 16-34.

273 THOMPSON, Kenneth. *Moral Panics.* Londres: Routeledge, 1998, p. 1.

274 BECKER, Howard. *Outsiders*: estudos de sociologia do desvio. Rio de Janeiro: Zahar, 2009.

Os produtos culturais são acusados de terem efeitos criminógenos, pois supostamente gerariam incontáveis violências.[275]

As acusações de pedofilia, zoofilia e vilipêndio de objeto de culto religioso demonstram isso claramente, o que também vale para o argumento vazio de apologia. A correspondência entre as figuras legais e realidade concreta não se sustenta, mas os significados são gravados fortemente no imaginário social, estigmatizando representações artísticas como se fossem algo de caráter criminal.

Os pânicos são intensos quando o discurso consegue reivindicar uma conexão especialmente forte, como a segurança de crianças, por exemplo. Eles prosperam quando já existe uma preocupação fortemente estabelecida em um dado grupo social, que se sente ameaçado quando sua moral hegemônica é colocada em questão.[276] Tais condições oferecem terreno fértil para que o pânico seja orquestrado por indivíduos que enxergam em determinados grupos sociais, religiosos, étnicos, políticos ou de gênero, uma ameaça para as suas pretensões.[277] Quando bem sucedidos, os

---

275 O processo de criminalização de formas e criadores de cultura habitualmente gestado pela grande mídia. Com base nele, advogados, policiais, líderes religiosos, jornalistas e outros atores sociais produzem imagens criminalizadas dos trabalhos de artistas, músicos e cineastas. Com isso constroem os próprios significados e efeitos que supostamente pretendem combater. Em virtude disso, os criminologistas ampliaram a noção de "criminalização" para incluir mais do que a simples criação e aplicação da lei penal. Cada vez mais é investigado o processo mais amplo de "criminalização cultural", ou seja, a reconstrução mediada de significado e de percepção em torno das questões de cultura e crime. FERRELL, Jeff. Cultural Criminology. *Annual Review of Sociology*, v. 25, p. 404-405, 1999.

276 Para Thompson, a rapidez das mudanças sociais e o crescimento da pluridade social potencializa conflitos de valores e estilos de vida entre diferentes grupos, que podem recorrer a empreendimentos morais para defender ou assegurar seus valores contra os valores dos demais grupos. Eles fazem isso no âmbito de uma arena pública que oferece muitos meios de amplificação dos seus medos e articulação de demandas por controle social e regulamentação para defesa de seus valores. THOMPSON, Kenneth. *Moral Panics*. Londres: Routeledge, 1998, p. 11.

277 Cohen escreve que "as sociedades costumam estar sujeitas periodicamente a períodos de pânico moral. Uma condição, episódio, pessoa ou grupo de pessoas são definidas como ameaça aos interesses e valores sociais: sua natureza é apresentada de forma estereotipada e caricaturizada pela mídia de massa; as barricadas morais são manejadas por editores, padres, políticos e outras pessoas

empreendimentos de criminalização cultural geram fortes sensações de indignação moral, fazendo com que os grupos demonizados sejam percebidos como inimigos da sociedade.[278] As campanhas morais estabelecem o que é normal e o que é anormal, indicando que é preciso eliminar a suposta anomalia para restabelecer a paz social. O confronto sempre é colocado em termos binários: uma sociedade supostamente homogênea identifica um câncer que deve ser extirpado a qualquer preço e de forma urgente. Que tochas e tridentes consolidem a missão civilizatória.

As redes sociais ampliaram o alcance e a intensidade dos pânicos de uma forma que antes seria inimaginável, apesar de também proporcionarem oportunidade de resistência para as subculturas criminalizadas.[279] Nesse sentido, é importante frisar que subculturas comportam um componente de resistência aos processos de criminalização cultural. De acordo com Ferrell e Sanders, existe uma "estética da autoridade" a partir da qual autoridades morais e legais definem a aceitabilidade de uma dada forma de expressão. As expressões estéticas consideradas ofensivas ou controversas como histórias em quadrinhos, *games*, grafite, música alternativa, *hip hop* e modos não convencionais de se vestir provavelmente serão criminalizadas, porque "atacam a certeza estética necessária para o funcionamento da autoridade legal e do controle social".[280]

---

de direita; experts com credibilidade social anunciam diagnósticos e soluções; meios de lidar com o problema são desenvolvidos ou (mais frequentemente) se recorre a meios já existentes; algumas vezes o objeto do pânico é uma novidade e outras vezes é algo que já existia e repentinamente é iluminado pelos refletores. Algumas vezes o pânico passa e é esquecido a não ser no folclore e na memória coletiva; outras vezes tem repercussões sérias de longo prazo e pode provocar mudanças no sistema jurídico, nas políticas sociais e até mesmo na forma que a sociedade concebe a si mesma". COHEN, Stanley. *Folk Devils and Moral Panics:* the creation of the mods and rockers. Nova York: Routeledge, 2010, p. 1.

278 FERRELL, Jeff; HAYWARD, Keith; YOUNG, Jock. *Cultural Criminology*: an Invitation. Londres: Sage, 2008.

279 É preciso levar em conta o surgimento de esferas de resistência subcultural, que alcançaram um poder de fala que anteriormente era inimaginável para os grupos satanizados como bodes expiatórios. MCROBBIE, Angela; THORNTON, Sarah L. Rethinking 'Moral Panic' for Multi-mediated Social Worlds. *The British Journal of Sociology*, v. 46, n. 4, p. 569, dez., 1995.

280 FERRELL, Jeff; SANDERS, Clinton R. Culture, Crime, and Criminology. In: FERRELL, Jeff; SANDERS, Clinton R. (Ed.). *Cultural Criminology*. Boston: Northeastern University, 1995, p. 3-24.

É claro que isso nunca ocorre sem que exista uma reação: subculturas e estilos alternativos conferem um senso de pertencimento, uma identidade coletiva e um sistema de comportamentos e crenças que resiste às "estéticas da autoridade".

No entanto, apesar dos recursos disponíveis, eles não se comparam com as forças políticas, econômicas, legais, religiosas e da grande mídia que as autoridades morais usam para montar campanhas para criminalizar a cultura pop e algumas subculturas em particular, dirigindo essas campanhas a "forasteiros" de todas as espécies.[281]

Os resultados são verdadeiramente devastadores. Enquanto muitos comemoram, outros resistem e tentam discutir sobre o que está em jogo no âmbito de debates públicos que não devem ser pautados por moralismos de ocasião.[282]

O primeiro ponto que merece atenção é o paradoxo criado pela campanha de criminalização. As obras de arte da Exposição *Queer* ganharam uma visibilidade por força da cruzada movida contra elas que de outro modo jamais teriam. Se de fato fossem produtos criminógenos, como seus adversários culturais insistem, a pedofilia teria se intensificado no país dramaticamente em virtude da visibilidade gerada pela criminalização cultural.

Sempre é tentador sucumbir aos próprios valores morais. Simplesmente assumir a onda de indignação como algo legítimo e considerar que o ponto de vista com o qual nos identificamos é absolutamente inquestionável. Em tempos de pós-verdade, ganha quem grita mais alto. Não é mais necessário fundamentar os argumentos. Mas para quem não sucumbe tão facilmente

---

281 FERRELL, Jeff; SANDERS, Clinton R. Culture, Crime, and Criminology. In: FERRELL, Jeff; SANDERS, Clinton R. (Ed.). *Cultural Criminology*. Boston: Northeastern University, 1995, p. 3-24.

282 Segundo Thompson, os pânicos morais podem ser identificados a partir de algumas características: a) costumam assumir a forma de campanhas (cruzadas) que se sustentam durante certo período, seja ele longo ou curto; b) apelam para pessoas que se sentem alarmadas pela fragmentação ou ruptura da ordem social, o que representa um risco para elas de alguma forma; c) as linhas morais que orientam os pânicos não são claras; d) políticos e alguns membros da grande mídia anseiam por liderar campanhas por medidas que — de acordo com eles — suprimiriam a ameaça; e) as campanhas não enfrentam as causas reais do problema social em questão. THOMPSON, Kenneth. *Moral Panics*. Londres: Routeledge, 1998, p. 2.

ao pensamento autoritário e ao fascínio pelas próprias razões, não pode ser tão simples assim. O espírito do censor levanta infinitas questões.

Quem será o juiz da humanidade? Quem decidirá quais livros, quadros, esculturas, poesias, retratos, filmes, histórias em quadrinhos, games e outras expressões culturais são moralmente aceitáveis e culturalmente edificantes e quais não? Quem será esse paradigma de virtude? Eu? Você? Jesus Cristo, que andava com prostitutas e ladrões e questionava quem poderia atirar a primeira pedra? Será aceitável ressuscitar a noção nazista de "arte degenerada" no contexto contemporâneo?[283]

Juridicamente, as tentativas de criminalização foram absolutamente insensatas: houve quem literalmente defendesse a aplicabilidade do art. 208 do Código Penal aos expositores e artistas. Uma análise dogmática facilmente demonstraria o quanto era inverossímil a pretensão, embora tenha sido defendida por um dos mais famosos gurus de autoajuda para concursos públicos do país. Qualquer Código Penal comentado esclarece que inexistem os fundamentos para que o fato seja considerado típico em questão de instantes.[284]

---

283 Em 19 de julho de 1937 é aberta na cidade de Munique, na Alemanha, a exposição que marca o ápice da campanha pública do regime nazista contra a arte moderna: a mostra internacional "Arte Degenerada". Organizada pelo presidente da Câmara de Artes Plásticas do reich, Adolf Ziegler, a exposição reúne cerca de 650 obras entre pinturas, esculturas, desenhos, gravuras e livros, provenientes de acervos de 32 museus alemães, consideradas artisticamente indesejáveis e moralmente prejudiciais ao povo pelo governo nacional-socialista alemão (1933-1945), liderado por Adolf Hitler. Os nazistas classificam como "degenerada" (entartet) toda manifestação artística que insulta o espírito alemão, mutila ou destrói as formas naturais ou apresenta de modo evidente "falhas" de habilidade artístico-artesanal. Em termos visuais, é degenerada toda obra de arte que foge aos padrões clássicos de beleza e representação naturalista, em que são valorizados a perfeição, a harmonia e o equilíbrio das figuras. Nesse sentido, a arte moderna, com sua liberdade formal de cunho fundamentalmente antinaturalista, é considerada em sua essência "degenerada". ENCICLOPÉDIA ITAÚ CULTURAL DE ARTE E CULTURA BRASILEIRAS. *Arte Degenerada*. São Paulo: Itaú Cultural, 2017. Disponível em: <https://goo.gl/n6CnUW>. Acesso em: 19 fev. 2018.

284 Veja o Código Penal Comentado de Cezar Bitencourt, por exemplo. Uma análise dogmática do tipo penal em questão e da atipicidade da conduta extrapolaria o objeto do texto e exigiria um pequeno artigo por si só.

Do mesmo modo, não há fundamentação propriamente jurídica capaz de limitar o direito fundamental de livre expressão artística (Art. 5º, IX, CF/88) e autorizar o exercício de censura a produtos culturais. Todas as manifestações estruturadas em torno do direito fundamental de liberdade religiosa interpretaram equivocadamente o alcance e o conteúdo do princípio, defendendo uma ponderação inaplicável com a liberdade de expressão artística, já que não é sustentável a colisão entre direitos fundamentais no caso em questão.

Em tempos de criminalização da cultura, sempre é preciso reafirmar: o único limite que a liberdade de expressão artística pode conhecer é o discurso de ódio.[285] Não havia sequer fumaça de incitação à violência ou preconceito deliberado contra outro grupo social ou religião na mostra, muito menos de criação de uma exposição ou obra de arte especificamente com tais intenções. Fora desse limite, estamos diante de tentativas de imposição da moral de um grupo aos demais. Há precedentes históricos. Já queimamos bruxas, livros e histórias em quadrinhos. Talvez não tenhamos avançado tanto quanto se supunha. Campanhas contra expressões culturais que não atendem ao parâmetro do que é moralmente aceitável ultrapassam o exercício de liberdade concedido pela democracia.

Surpreendentemente, este foi apenas o primeiro episódio do segundo semestre de 2017: em questão de semanas, a peça de teatro *Jesus Rainha do Céu* foi proibida por um juiz que considerava tarefa sua realizar censura; logo após, a Polícia apreendeu o quadro "Pedofilia" em Campo Grande, como se ele de fato fosse um produto cultural criminógeno, desconsiderando o direito fundamental de liberdade de expressão artística. Um clima moral propício para o proibicionismo havia sido criado: ativismo judicial e poder de polícia estatal foram empregados de modo completamente arbitrário, em conformidade com os juízos morais das autoridades em questão. Curiosamente, quem ultrapassou os limites normativos não foram os autores, expositores, roteiristas e atores e atrizes nos episódios em questão e sim os seus censores.

Cerca de um ano depois, a Exposição *Queer* reabriu no Rio de Janeiro, sob protestos do MBL e da Liga Cristã. Aparentemente, eles não aprenderam nada com o primeiro episódio.[286] Mas o impacto dos protestos

---

285 Sobre o tema, ver KHALED JR, Salah H. *Discurso de ódio e sistema penal*. 2ª edição. Belo Horizonte: Letramento, 2018.

286 BATISTA, Renata. Exposição *Queermuseu abre no Rio com protestos do MBL e da Liga Cristã*. Em: <https://exame.abril.com.br/brasil/exposicao-queer-

não foi remotamente equivalente ao do original: o pânico havia perdido força, restando apenas alguns pregadores isolados.

▶ PROCESSO PENAL COMO FENÔMENO CULTURAL: PRIMEIRAS LINHAS SUBVERSIVAS

Pensar o processo penal como fenômeno essencialmente *cultural* é o desafio proposto nestas linhas iniciais. Logicamente, isso não significa que a dimensão normativa e epistemológica será desconsiderada por completo. Mas a intenção consiste em explorar a dimensão de *significado* no âmbito do processo e a própria *reconstrução mediada* e/ou a *exponenciação* de significado a que são submetidas as complexas situações jurídicas processuais, enquanto *discursos exportáveis* do processo para *consumo externo*.[287]

Nesse sentido, a relação entre processo penal e *expectativa* deve ser redimensionada. Que o processo penal não deve ser uma *maquinaria processual de confirmação de expectativas,* é um truísmo que dificilmente pode ser negado: ele deve estabelecer um limite, uma fronteira, um regime de verdade no qual os devaneios da *evidência* não possam adentrar.[288] Por mais que o confronto processual se dê no âmbito de distintas *representações narrativas* voltadas para a *captura psíquica* do juiz, convivem as noções de *carga* para a acusação e *risco* para a defesa: a *incerteza* das *situações jurídicas* processuais deve ser mitigada pela adoção de garantias que circunscrevam o jogo processual dentro dos limites do justo, preservando o acusado e fixando o juiz na posição receptiva que lhe é imposta pela epistemologia acusatória.[289] Somente assim um regime de verdade estruturado em torno do *análogo* pode vir a prosperar, enquanto epistemologia que reconhece a *passeidade* e renúncia à ambição da ver-

---

museu-abre-no-rio-com-protestos-do-mbl-e-da-liga-crista/>. Acesso em: 30 ago. 2018.

287 GOLDSCHMIDT, James. Problemas jurídicos y políticos del proceso penal. In: GOLDSCHMIDT, James. *Derecho, Derecho Penal y proceso I*: problemas fundamentales del derecho. Madrid: Marcial Pons, 2010, p. 778 e ss.

288 CUNHA MARTINS, Rui. *O ponto cego do Direito*: the brazilian lessons. Rio de Janeiro: Lumen Juris, 2010, p. 37.

289 GOLDSCHMIDT, James. Problemas jurídicos y políticos del proceso penal. In: GOLDSCHMIDT, James. *Derecho, Derecho Penal y proceso I*: problemas fundamentales del derecho. Madrid: Marcial Pons, 2010, p. 778 e ss.

dade, reconhecendo os limites de um conhecimento que tem como base *rastros* do passado.[290]

Para isso é preciso instituir limites, tanto normativos, quanto epistemológicos. Os normativos estão dados, mas são ignorados. Os epistemológicos normalmente não são sequer (re)conhecidos. Mas são eles que podem nos resguardar diante de derivas autoritárias e de contaminações explícitas, decorrentes de confusões entre os regimes de verdade da *prova*, da *evidência*, da *convicção* e da *crença*. *Alucinatório* é o processo no qual a condenação é fruto de ponderações solitárias do magistrado, que exterioriza narrativamente uma decisão eleita de antemão para depois partir em busca de esteio probatório. É o que ocorre quando o processo *dialógico* é morto em nome do *monólogo* que tem desapreço pelo contraditório e certifica qualquer meio para atingir a finalidade tão desejada.

A ruptura autoritária não é da ordem da epistemologia ou da normatividade. É da ordem da *cultura*, da tradição inquisitória que permite a deriva, que dá margem para o golpe de cena que transforma o processo em monólogo autoritário, reinventado como discurso vociferado para o grande público na *sociedade do espetáculo*.[291]

É da cultura inquisitória que a verdade seja produzida em segredo, enquanto o juiz manipula a prova. O processo inquisitório não só não tem predileção pela transparência, como despreza o contraditório. Mas na atual quadra histórica, ele abandona o fetiche pelo oculto para se transformar em um mecanismo de *assujeitamento* e *violência simbólica*, que simultaneamente satisfaz e cria expectativas no público que é seu consumidor, em uma verdadeira *dialética da arbitrariedade*.

É o que ocorre quando o hiato processual não tem mais função contramajoritária de resistência, funcionando, contrariamente, como mecanismo que *fomenta desejos* e *cria expectativas*, satisfazendo os anseios de um público que consome processo penal como se fosse mercadoria, ainda que no plano simbólico. O processo deixa de ter como objeto o caso penal ou a pretensão acusatória, ou até a ambição de verdade: passa a estar movido por uma intenção de (re)definição da percepção pública sobre a pessoa do acusado, sendo essa a sua finalidade última. Com isso, fica claro que é muitas vezes uma prática punitiva tendencialmente voltada

---

290 KHALED JR., Salah H. *A busca da verdade no processo penal*: para além da ambição inquisitorial. 3ª edição. Belo Horizonte: Letramento, 2018.

291 DEBORD, Guy. *A sociedade do espetáculo*. Rio de Janeiro: Contraponto, 1997.

para a destruição de reputações e vidas do que propriamente um ritual interessado em um dado fato do passado, já que ele simplesmente funciona como pretexto para que um alvo específico seja eventualmente enjaulado.

Já foi dito que o processo penal em si mesmo é uma pena: ele arruína o convívio social do acusado, talvez definitivamente. Mas isso sempre foi percebido como uma espécie de efeito colateral, que decorria do quanto era estigmatizante em si mesma a persecução penal, não como um fim abertamente almejado como parte de uma *guerra cultural*, que coloca o processo penal não apenas no centro da política, mas no centro da própria cultura. Seu propósito passa a ser dado pelo ódio dirigido ao grupo definido como inimigo e nisso o processo muito tem contribuído para a instalação da *racionalidade binária*. Em outras palavras, ele deixa de estabelecer uma fronteira processual como obstáculo ao ódio para auxiliar na demarcação de uma fronteira subjetiva que consolida o ódio: liquida com seus próprios limites normativos para fomentar o desprezo por limites civilizatórios.

O ódio encontra terreno fértil para se difundir em tempos de insegurança ontológica e privação relativa. O ressentimento facilmente se volta contra quem luta pela expansão da cidadania: grupos cujas pautas são inteiramente legítimas, mas que são percebidos como aproveitadores de políticas públicas equivocadas de inclusão social e identitária.[292] Se manipulado com maestria, o ressentimento pode se transformar em ódio de privilegiados contra movimentos negros, feministas e LGBTs. Tanto diretamente contra eles, como contra aqueles que possam ter se situado ao seu lado no campo político, desencadeando fortes sentimentos punitivistas e possibilitando a criminalização da própria política, para a qual o sistema penal será fundamental, mediante o emprego da *lawfare*: a indignação seletiva contra a corrupção encontra aqui um de seus pontos centrais de possível compreensão.

Por outro lado, os problemas que decorrem da emergência da sociedade excludente fomentam a ascensão da criminalidade violenta, que a seu modo "legitima" perante olhos de terceiros o recrudescimento penal, dilacerando a promessa de um controle social mínimo, já que o sistema é continuamente chamado a resolver um problema para o qual ele pouco pode contribuir: a violência não é uma doença isolada da sociedade, que pode ser extirpada como um parasita; ela é sintoma de problemas que estão na sociedade e fazem parte da sociedade.

---

292 YOUNG, Jock. *A sociedade excludente*. Rio de Janeiro: Revan, 2002.

O processo penal se mostrará permeável a expectativas punitivistas, que resultam não só da violência, mas da retratação sensacionalista da violência, que também é experimentada como produto em uma sociedade saturada de *questão criminal*. Transformada em *capital simbólico*, a *expectativa* autorizará a assunção de um papel de vingador social pela magistratura, que desse modo corresponderá ao que a "sociedade" espera dela, ou seja, a primazia de "seus" direitos diante dos direitos "deles", os "outros". Tanto em nível micro quanto em nível macro será assim: o discurso reverbera na subjetividade de juízes singulares e é proferido com ares salvacionistas por ministros do Supremo Tribunal Federal.

Pensar o processo penal como *fenômeno cultural* significa reconhecê-lo como lugar, com todas as implicações que daí se extraem. Como lugar no qual convergem *controle social e resistência*, é preciso reconhecer que o processo penal está situado em um espaço permeável, fluído, em perpétua construção, constantemente em mobilidade, adaptação e disputa. É um espaço historicamente construído e reconstruído que persiste como lugar autoritário, o que não se faz sem discurso retórico que vele sua propensão para violência. Ele certamente é mais dado a manipulações do que seria desejável e, na história recente, assumiu outra conotação: transformou-se em pedra fundamental de uma cruzada pela salvação da nação, ou pelo que é percebido pelas agências que contribuem para essa cruzada como salvação da nação.

Por mais que a normatividade imponha a fixidez das formas processuais — no que corretamente já se chamou de *tipicidade processual* — permanece irresolvida a imbricação entre tradição autoritária e conformidade constitucional do processo penal.

Assumindo de forma cada vez mais aberta sua faceta de coação, submissão e negociação, com o advento e protagonismo cada vez maior da delação — e paradoxalmente transformando a própria persecução penal em mercadoria — o processo contemporâneo atua como verdadeiro predador de direitos fundamentais e canibal de garantias processuais.

Hoje é impossível compreender o processo sem levar em conta essa dimensão, sob risco de o estudo se dar somente no plano da abstração, enquanto deve contemplar outras dimensões de construção de significado como a criminalização da advocacia e os mecanismos subjetivos típicos da economia moral de ilegalidades da qual participam os agentes de um complexo jurídico-midiático como a Operação Lava Jato.[293] O

---

293 KHALED JR., Salah H. *Discurso de ódio e sistema penal*. 2. ed. Grupo Editorial Letramento/Casa do Direito, 2016.

encadeamento narrativo entre as duas dimensões da Operação demoniza e dramatiza, construindo no imaginário público um relato que poderia ser definido de modo provocativo como ficção: vale não só aquilo que supostamente se fez, mas o potencial que uma dada conduta ou pessoa tem para enriquecer a macronarrativa da corrupção.

A narrativa em questão já foi comodificada nos sentidos mais óbvios. Em torno dela circula uma indústria que fatura com biografias escritas por *ghost writers* e películas cinematográficas, enquanto as estrelas propriamente ditas se valem de funções institucionalmente estabelecidas para cobrar verdadeiras fortunas em palestras. O processo penal do espetáculo torna-se assim parte essencial da vida cotidiana, acompanhado com frequência por espectadores como um misto de *reality show* e seriado, cujas temporadas são aparentemente inesgotáveis. Afinal, já foi dito que a Lava Jato deve durar para sempre, frase que evoca um *não-tempo* típico de contos de fadas e que é condizente com uma Operação cujos limites são indiscerníveis, sejam eles espaciais ou temporais, como a super-competência da jurisdição de Sérgio Moro facilmente demonstrou.

O processo penal assim (re)nasce como espetáculo veiculado pela mídia, fonte de entretenimento, consumo e (des)informação. Sua serventia para certo tipo de controle social mostra-se, assim, sem igual, operando como elemento essencial dentro da lógica do capitalismo global e atuando de modo semelhante a outras instâncias, transformando pessoas em consumidores e emoções em produtos.[294] A ideologia assim difundida e ampliada por meio da grande mídia é um fator decisivo para a massificação do fenômeno conhecido como empobrecimento da subjetividade.[295]

---

294 "O capitalismo é essencialmente um empreendimento cultural nos dias de hoje; sua economia é decididamente de natureza cultural. Talvez mais do ponto de vista da criminologia, o capitalismo contemporâneo é um sistema de dominação cuja viabilidade econômica e política, seus crimes e seus controles, descansam precisamente em suas realizações culturais. O capitalismo tardio comercializa estilos de vida empregando uma máquina publicitária que vende necessidade, afeto e apego muito mais do que os próprios produtos materiais". HAYWARD, K.; FERRELL, J. Possibilidades insurgentes: as políticas da criminologia cultural. *Sistema Penal & Violência*, Porto Alegre, v. 4, n. 2, p. 206-218, jul./dez. 2012.

295 CASARA, Rubens R R. *O Estado pós-democrático*: neo-obscurantismo e gestão dos indesejáveis. Rio de Janeiro: Civilização Brasileira, 2017; TIBURI, Marcia. *Como conversar com um fascista*: reflexões sobre o cotidiano autoritário brasileiro. Rio de Janeiro: Record, 2015.

Centrado na manipulação do significado e na sedução da imagem, este é um capitalismo decididamente cultural, que transforma tudo em objeto de consumo, formatando as subjetividades individuais para a submissão mercantilizada.[296] Em um mundo no qual o poder é cada vez mais exercido mediante representações mediadas e representações simbólicas, batalhas sobre imagem, significado e representação cultural emergem como momentos essenciais na negociação contestada da realidade tardo-moderna.[297] Nesse sentido, ainda há espaço para guerrilha processual e subversão. Os significados são abertamente disputados em espaços públicos de resistência, que podem redirecionar o processo de sujeição simbólica como subversão engajada, "operando como contradiscurso sobre crime e justiça criminal, que diminui o circuito do significado oficial".[298]

Um contradiscurso é hoje urgente e necessário. Afinal, estamos em tempos pós-democráticos de erosão e desaparecimento de limites ao exercício do poder autoritário.[299] Perturbação intelectual e descortinamento das múltiplas dimensões em que é negociado o significado do real. Esta é a tarefa de uma releitura do processo penal como fenômeno cultural, o que exige comprometimento e uma disposição transgressora para subverter a narrativa oficial. Essas foram apenas as primeiras linhas demarcatórias de seu inesgotável território de possibilidades analíticas, que visitarei novamente em breve.

REFERÊNCIAS

ANDERSON, Benedict. *Nação e consciência nacional*. São Paulo: Editora Ática, 1989.

BATISTA, Renata. Exposição Queermuseu abre no Rio com protestos do MBL e da Liga Cristã. Disponível em: <https://exame.abril.com.br/brasil/exposicao-queermuseu-abre-no-rio-com-protestos-do-mbl-e-da-liga-crista/>.

---

296 HAYWARD, K.; Ferrell, J. Possibilidades insurgentes: as políticas da criminologia cultural. *Sistema Penal & Violência*, Porto Alegre, v. 4, n. 2, p. 206-218, jul./dez., 2012.

297 FERRELL, Jeff; HAYWARD, Keith. BROWN, Michelle. Cultural Criminology. In: BROWN, Michelle (Org.) *The Oxford Research Encyclopaedia of Crime, Media, and Popular Culture*, Oxford: Oxford University Press, 2017.

298 HAYWARD, K.; FERRELL, J. Possibilidades insurgentes: as políticas da criminologia cultural. *Sistema Penal & Violência*, Porto Alegre, v. 4, n. 2, p. 206-218, jul./dez. 2012.

299 CASARA, Rubens R R. *O Estado pós-democrático*: neo-obscurantismo e gestão dos indesejáveis. Rio de Janeiro: Civilização Brasileira, 2017.

BEAN, Anthony M.;NIELSEN, Rune K. L.,VAN ROOIJ, Antonius J.;FERGUSON, Christopher J.Video game addiction: The push to pathologize video games. In: Professional Psychology: Research and Practice, Vol 48(5), Oct 2017, 378-389.

BECKER, Howard. *Métodos de pesquisa em Ciências Sociais*. São Paulo: Hucitec, 1993.

BECKER, Howard. *Outsiders*: estudos de sociologia do desvio. Rio de Janeiro: Zahar, 2009.

BENTES, Ivana. Portinari, Volpi, Lygia Clark viraram pornografia para MBL. 10 set. 2017. Disponível em: <https://goo.gl/9md4gq>.

BLOOMBERG TECHNOLOGY. This Guy Trains Computers to Find Future Criminals. Disponível em: <https://goo.gl/mRexi7>.

CÁCERES, André. Criminologista investiga a relação entre games e violência. Disponível em: <https://alias.estadao.com.br/noticias/geral,criminologista-investiga-a-relacao-entre-videogames-e-violencia,70002322917>.

CARVALHO, Marco Antonio. Jogos virtuais não têm mais game over, diz psicólogo. Disponível em: <https://saude.estadao.com.br/noticias/geral,jogos-virtuais-nao-tem-mais-game-over-diz-psicologo,70002370788>.

CASARA, Rubens R R. *O Estado pós-democrático*: neo-obscurantismo e gestão dos indesejáveis. Rio de Janeiro: Civilização Brasileira, 2017

COHEN, Stanley. *Folk Devils and Moral Panics:* the Creation of the Mods and Rockers. Nova York: Routeledge, 2010.

CONVENIENCE STORE NEWS & PETROLEUM. 7-Eleven Nixes Cocaine. 24 out. 2006. Disponível em: <https://goo.gl/YsdSbo>

CORREIO DO POVO. Dez integrantes de empresa de Pelotas são presos novamente. 15 jul. 2016. Disponível em: <https://goo.gl/e9MPCc>.

CUNHA MARTINS, Rui. *O ponto cego do Direito*: the brazilian lessons. Rio de Janeiro: Lumen Juris, 2010.

DEBORD, Guy. *A sociedade do espetáculo*. Rio de Janeiro: Contraponto, 1997

DW. OMS classifica vício de games como distúrbio mental. Disponível em: <http://www.dw.com/pt-br/oms-classifica-vício-de-games-como-distúrbio-mental/a-44280206?maca=pt-BR-Whatsapp-sharing&>.

ENCICLOPÉDIA ITAÚ CULTURAL DE ARTE E CULTURA BRASILEIRAS. Arte Degenerada. São Paulo: Itaú Cultural, 2017. Disponível em: <https://goo.gl/n6CnUW>.

FELLET, João. 'Violência é aplaudida em esportes e games', diz ministro da Justiça. 15 jan. 2016. Disponível em: <https://goo.gl/PTzsVE>.

FENWICK, Mark; HAYWARD, Keith. J. Youth crime, excitement and consumer culture: the reconstruction of aetiology in contemporary theoretical criminology. In: PICKFORD, Jane. (Ed.) *Youth Justice*: Theory and Practice. Londres: Cavendish, 2000.

FERRELL, Jeff. Cultural criminology. In: Annual Review of Sociology Vol. 25. 1999.

FERRELL, Jeff; HAYWARD, Keith. BROWN, Michelle. Cultural Criminology. In: BROWN, Michelle (Org.) *The Oxford Research Encyclopaedia of Crime, Media, and Popular Culture*, Oxford: Oxford University Press, 2017.

FERRELL, Jeff. Speed Kills. In: FERRELL, Jeff. Hayward, Keith. MORRISON, Wayne. PRESDEE, Mike. Cultural criminology unleashed. London: Glasshouse Press, 2004.

FERRELL, Jeff. Scrunge city. In: FERRELL, Jeff. Hayward, Keith. MORRISON, Wayne. PRESDEE, Mike. Cultural criminology unleashed. London: Glasshouse Press, 2004.

FERRELL, Jeff. The Only Possible Adventure: Edgework and Anarchy. In: LYNG, Stephen (Ed.). *Edgework*: The Sociology Of Risk Taking. Londres: Routeledge, 2004.

FERRELL, Jeff; HAYWARD, Keith; YOUNG, Jock. *Cultural Criminology*: an Invitation. Londres: Sage, 2008.

FERRELL, Jeff. Morte ao método: uma provocação. *Dilemas: revista de estudos de conflito e controle social*, n. 1, v. 5, p. 162, jan./mar., 2012

FEYERABEND, Paul. *Contra o método*. Rio de Janeiro: F. Alves, 1977

G1 PB. PM acha 'código de ética' de facção pintado em muros de comunidades de João Pessoa. Disponível em: <https://g1.globo.com/pb/paraiba/noticia/2018/08/15/pm-acha-codigo-de-etica-de-faccao-pintado-em-muros-de-comunidades-de-joao-pessoa.ghtml> Acesso em: 10/09/2018.

GAUCHA ZH. MP reverte decisão no TJ e prende integrantes da Nasf por crimes em Pelotas. 15 jul. 2016. Disponível em: <https://goo.gl/sXaom5>.

GELLNER, Ernest. *Nações e nacionalismo*. Lisboa: Gradiva, 1993.

GOLDSCHMIDT, James. Problemas jurídicos y políticos del proceso penal. In: GOLDSCHMIDT, James. *Derecho, Derecho Penal y proceso I*: problemas fundamentales del derecho. Madrid: Marcial Pons, 2010.

GRANDELLE, Renato. Existe um falso moralismo contra games, diz pesquisador. Disponível em: <https://oglobo.globo.com/sociedade/existe-um-falso-moralismo-contra-games-diz-pesquisador-22707393>

HALL, Stuart. *A identidade cultural na pós-modernidade*. Rio de Janeiro: DP&A, 2000.

HAYWARD, K.; Ferrell, J. Possibilidades insurgentes: as políticas da criminologia cultural. *Sistema Penal & Violência*, Porto Alegre, v. 4, n. 2, p. 206-218, jul./dez. 2012.

HAYWARD, Keith. Space – the final frontier: criminology, the city and the spatial dynamics of exclusion. In: FERRELL, Jeff. Hayward, Keith. MORRISON, Wayne. PRESDEE, Mike. Cultural criminology unleashed. London: Glasshouse Press, 2004.

HOBSBAWM, Eric J. *Nações e nacionalismo desde 1780:* programa, mito e realidade. Rio de Janeiro: Paz e Terra, 1990

KATZ, Jack. *Seductions of Crime*: Moral and Sensual Attractions of Doing Evil. Nova York: Basic Books, 1988.

KHALED JR, Salah H. A busca da verdade no processo penal. 3ª edição. Belo Horizonte: Letramento, 2018.

KHALED JR, Salah H. Discurso de ódio e sistema penal. 2ª edição. Belo Horizonte: Letramento, 2018.

KHALED JR, Salah H. Videogame e violência: cruzadas morais contra os jogos eletrônicos no Brasil e no mundo. Rio de Janeiro: Civilização Brasileira/Grupo Editorial Record, 2018.

LEE, David. Trump holds games violence meeting. Disponível em: <https://www.bbc.co.uk/news/technology-43325712>

LEONARDI, Ana Carolina. Pesquisador quer prever quais bebês vão virar criminosos. 31 out. 2016. Disponível em: <https://goo.gl/XcNgiV>

LYNG, Stephen. (1998), "Dangerous Methods: Risk Taking and Research Process". Em: FERREL, J. [e] HAMM, M.S. (eds.). Ethnography at the Edge: Crime, Deviance and Field Research. Boston, MA, Northeastern University Press.

LYNG, Stephen. Crime, edgework and corporeal transaction. In: Theoretical criminology. Vol. 8(3): 359-375. 2004.

MATUOKA, Ingrid. Ritalina, uma perigosa "facilidade" para os pais. Em: < https://www.cartacapital.com.br/sociedade/ritalina-uma-perigosa-facilidade-para-pais-8006.html>.

MCROBBIE, Angela; THORNTON, Sarah L . Rethinking 'Moral Panic' for Multi-mediated Social Worlds. *The British Journal of Sociology*, v. 46, n. 4, p. 559-560, dez., 1995.

MINISTÉRIO PÚBLICO DO ESTADO DO RIO GRANDE DO SUL. Disponível em: <http://www.mprs.mp.br/gaeco/noticias/id41160.html>

MORIN, Edgar. *Introdução ao pensamento complexo*. Porto Alegre: Sulina, 2004.

NBC NEWS. 7-Eleven Stores Pull Cocaine Energy Drink. 25 out. 2006. Disponível em: <https://goo.gl/wh1S1m>.

OMS, Carolina; PUPO, Fábio. Brasil descobre célula terrorista amadora, diz ministro. Em: < https://www.valor.com.br/brasil/4642531/brasil-descobre-celula-terrorista-amadora-diz-ministro>

PALERMO, Elizabeth. Does Coca-Cola Contain Cocaine? 16 dez. 2013. Disponível em: <https://goo.gl/NLUJCe>.

PENN ARTS & SCIENCES. Department of Criminology. Disponível em: <https://goo.gl/4CtEPo>.

PRESDEE, Mike. *Cultural Criminology and the Carnival of Crime*. Londres: Routeledge, 2001.

PRESDEE, Mike. The story of crime: biography and the excavation of transgression. In: FERRELL, Jeff. Hayward, Keith. MORRISON, Wayne. PRESDEE, Mike. Cultural criminology unleashed. London: Glasshouse Press, 2004.

RÁDIO GUAÍBA. Major assume BM de Pelotas após prisão de comandante suspeito de envolvimento com milícia. 6 abr. 2016. Disponível em: <https://goo.gl/McHZyg>.

REDUX BEVERAGES. Featured Products. Disponível em: <http://www.drink-cocaine.com>.

REMEMBER BUILDING 7. Disponível em: <www.rememberbuilding7.org>.

SOLLITTO, André. É perigosa a ideia de que o Estado possa definir o que podemos consumir. Disponível em: <https://istoe.com.br/e-perigosa-a-ideia-de-que-o-estado-possa-definir-o-que-eu-ou-voce-podemos-consumir/>

THE WHARTON SCHOOL. Statistical Procedures for Forecasting Criminal Behavior: a Comparative Assessment. Disponível em: <https://goo.gl/oDHuKz>.

THOMPSON, Kenneth. *Moral Panics*. Londres: Routeledge, 1998.

TIBURI, Marcia. *Como conversar com um fascista*: reflexões sobre o cotidiano autoritário brasileiro. Rio de Janeiro: Record, 2015.

UOL JOGOS. Para Jair Bolsonaro, criança jogar game violento é "um crime"... Em: <https://jogos.uol.com.br/ultimas-noticias/2017/03/07/para-jair-bolsonaro-crianca-jogar-game-violento-e-um-crime.htm>.

YOUNG, Jock. *A sociedade excludente*. Rio de Janeiro: Revan, 2002

YOUTUBE. Richard Berk: Forecasting Criminal Behavior and Crime Victimization. Disponível em: <https://goo.gl/6exPrK>.

ZAFFARONI, Eugenio Raul; BATISTA, Nilo; ALAGIA, Alejandro; SLOKAR, Alejandro. *Direito Penal brasileiro*. Rio de Janeiro: Revan, 2003. 1. v.

CAPÍTULO OITO

CRIMINOLOGIA CULTURAL: ALGUMAS NOTAS SOBRE O SCRIPT

Keith J. Hayward e Jock Young
Tradução de Salah H. Khaled Jr. e Álvaro Oxley da Rocha

▶ **INTRODUÇÃO**

Começamos com uma pergunta: o que é esse fenômeno chamado "Criminologia Cultural"? Acima de tudo, é a colocação do crime e seu controle no contexto da cultura; isto é, vendo o crime e as agências de controle como produtos culturais - como construções criativas. Como tais, eles devem ser lidos em termos dos significados que carregam. Além disso, a criminologia cultural busca destacar a interação entre esses dois elementos: a relação e a interação entre construções para cima e construções para baixo. Seu foco está sempre na geração contínua de significado em torno da interação; regras criadas, regras violadas, uma interação constante de empreendedorismo moral, inovação moral e transgressão.

Indo mais longe, ela se esforça para inserir essa interação profundamente, dentro da vasta proliferação de imagens da mídia sobre crime e desvio, onde todas as facetas do crime são refletidas em um vasto salão de espelhos (ver Ferrell, 1999). Ela tenta entender o mundo em que a rua roteiriza a tela, e a tela roteiriza a rua. Aqui não há sequência linear; a fronteira entre o real e o virtual fica profunda e irrevogavelmente obscurecida.

Todos esses atributos: a natureza cultural do crime e do controle, sua interação em um movimento recíproco de construções e mediação através de fatos e ficção, notícias e literatura, ocorreram ao longo da história e são, portanto, uma base necessária para qualquer criminologia que pretenda ser "naturalista". No entanto, o que torna a criminologia cultural quintessencialmente tardo-moderna, é uma dupla característica: em primeiro lugar, há uma ênfase extraordinária na criatividade, individualismo e geração de estilos de vida no período atual, juntamente com uma mídia de massa que se expandiu e proliferou de modo a transformar a subjetividade humana. Nessa perspectiva, a comunidade virtual se torna tão real como a comunidade do lado de fora da porta - grupos de referência, vocabulários de motivação e identidades, tornam-se globais em sua definição. Em segundo lugar, existe um entendimento compartilhado de que foi no início do período da modernidade tardia que surgiram os antecedentes da criminologia cultural. Pois foi na metade dos anos 70 que a virada cultural ocorreu nas ciências sociais. O destaque aqui é o trabalho de Clifford Geertz, cuja antropologia simbólica influenciou diferentes disciplinas, da história à literatura, da ciência política à história do trabalho (ver, por exemplo, Berlanstein, 1993). Aqui, a ênfase está no entendimento da ação social, em termos da leitura profunda da cultura.

Assim, Geertz escreveu:

> O conceito de cultura que defendo. . . é essencialmente semiótico. Acreditando com Max Weber, que o homem é um animal suspenso em teias de significado que ele próprio teceu, considero a cultura como sendo essas teias, e a análise delas é, portanto, não uma ciência experimental em busca da regra, mas uma ciência interpretativa em busca do significado. (Geertz, 1973: 5; ver também comentário em Harcourt, 2001: 109–121)

Explícito nesse esforço é uma ênfase no interpretativo, e não no mecanicista; no naturalismo e não no positivismo. Consequentemente, tanto a redução da ação humana a um reflexo da situação material quanto a representação positivista de uma cultura pré-determinada são excluídas do processo. Nesse domínio, torna-se primordial uma análise interpretativa focada na maneira pela qual os atores humanos geram significado.

Paralelamente a esse desenvolvimento, um movimento similar - cultural em seu foco e pós-modernista em sua sensibilidade - ocorreu na sociologia do desvio. Como Stan Cohen (1997: 101) colocou, de maneira célebre: "[…] em meados da década de 1960 - bem antes de Foucault tornar esses assuntos intelectualmente respeitáveis, e a uma longa distância da Margem Esquerda - nosso pequeno canto das ciências humanas foi tomado por um impulso desconstrucionista". Na Grã-Bretanha, houve duas grandes influências nesse processo de desconstrução: fenomenologia e teoria subcultural. A tradição fenomenológica radical de Becker,

Kitsuse e Lemert, complementada pelo trabalho construcionista social de escritores como Peter Berger e Thomas Luckmann, foi extraordinariamente influente. Particularmente na medida em que envolvia uma ênfase nas liberdades existenciais das pessoas 'reduzidas' e 'oprimidas' pelos rótulos e essencialismo dos poderosos. Isso nunca foi tão verdadeiro quanto no livro de David Matza (1969), Becoming Deviant[300], com seus conceitos de 'naturalismo', 'deriva', pluralismo, ambiguidade e ironia, por um lado, e crime como transgressão por outro. A síntese de tal abordagem com a teoria subcultural começou no final dos anos sessenta, na London School of Economics com o livro de David Downes (1966) The Delinquent Solution[301]. Aqui, uma ênfase em nas subculturas como 'solução para problemas comuns' e na natureza expressiva e não instrumental, de muita delinquência juvenil, começaram a neutralizar a rígida teoria subcultural americana, da tradição mertoniana. A cultura não era uma coisa estranha a ser aprendida e apresentada, ao invés, os estilos de vida eram evoluiam constantemente. Essa linha de investigação foi desenvolvida mais adiante no trabalho dos estudantes de doutorado da LSE, incluindo Mike Brake (1980), Stan Cohen (1972) e Jock Young (1971), todos focados em como subculturas desviantes foram criadas pelos atores envolvidos, e mediadas e construídas pelo impacto do meios de comunicação de massa e pelas intervenções dos poderosos. Ela reuniu mais força teórica na Conferência Nacional de Desvios: os trabalhos de Phil Cohen (1972), Ian Taylor (1971) e Geoff Pearson (1975), enfatizaram a necessidade de uma sociologia humanística do desvio, que tivesse em seu cerne um método etnográfico sensível. Finalmente, esse movimento atingiu maturidade no Birmingham Centre for Contemporary Cultural Studies, principalmente nas várias análises da cultura jovem realizadas por Stuart Hall, John Clarke, Dick Hebdidge, Tony Jefferson e Paul Willis (ver, por exemplo, Hall e Jefferson , 1975; Hebdidge, 1988; Willis, 1977). Nesse conjunto de trabalhos, a cultura jovem é vista como uma colméia de criatividade, uma arena de soluções mágicas, onde símbolos são bricolados em estilos de vida, um local de identidade e descoberta e, acima de tudo, um local de resistência.

---

300 *Becoming Deviant*. Matza, David, Prentice-Hall, 1969. Sem tradução em português. N.T.

301 *The Delinquent Solution: A Study in Subcultural Theory*. Downes, Davis, Routledge, 1966. Sem tradução em português. N.T.

Essa reivenção da sociologia americana substituiu o que era uma estreita teorização subcultural por noções de expressividade e estilo, realocando a transgressão como fonte de significado e 'lazer'. Evocou uma narrativa rica de simbolismo, e uma consciência da realidade mediada. Em meados dos anos oitenta, uma sociologia humanística apoiada por fortes críticas aos métodos positivistas, era uma força importante na criminologia. Desde então, no entanto, houve uma guinada palpável de volta ao positivismo. É nesse contexto que a criminologia cultural busca refazer suas raízes e avançar para o século XXI.

Qual o motivo desse hiato? Não é preciso procurar muito para identificar as forças materiais externas que transformaram a criminologia. Para começar, há a expansão contínua do sistema de justiça criminal, particularmente, é claro, nos Estados Unidos, mas também na maioria dos países ocidentais. Esse desenvolvimento aparentemente descontrolado envolve gastos maciços em prisões, polícia, regimes de tratamento e dispositivos de prevenção ao crime, de CFTV a 'etiquetagem' eletrônica. É um processo acompanhado e aumentado pela "guerra" contra as drogas e, mais recentemente, "a guerra contra o terrorismo". Tais desenvolvimentos garantiram, é claro, que a demanda por consultoria e pesquisa avaliativa tenha disparado. Essas transformações são claramente refletidas na maneira como a criminologia é agora ensinada e realizada nas universidades ocidentais, na medida em que os departamentos respondem a novas demandas para treinar o pessoal da justiça criminal, tanto profissionais quanto pesquisadores. De fato, o crescimento exponencial nos estudos de justiça criminal garantiu que essa subdisciplina agora seja o maior setor de ensino de ciências sociais. Os estudantes, que antes estudavam política e administração social, agora estudam rotineiramente a justiça criminal - uma consequência clara do movimento de assistência social para intervenções no ‹sistema de justiça› como a vanguarda da política social. Além disso, o financiamento restrito disponível para o ensino superior levou a uma pressão considerável sobre o corpo docente para atrair financiamento externo com suas pesquisas (ver Robinson, 2001). A indústria de controle do crime, portanto, passou a exercer uma influência hegemônica na criminologia acadêmica. As "guerras" contra o crime, as drogas, o terrorismo e agora o "comportamento anti-social" exigem fatos, números, rendimentos e resultados quantitativos – *não exige* debates sobre a própria natureza dessas batalhas. Também não quer questionar a definição; ao contrário, deseja fatos "inquestionáveis" e evidências "concretas". A base social do positivismo está, portanto, garantida. Associe isso à ascensão do pensamento neoliberal na esfera econômica e política, e ao movimento para uma sociedade de mercado não mediada, na qual os valores de mercado se tornam o ethos dominante (ver Taylor, 1999; Hayward, 2004a), e temos a base para o desenvolvimento de teoria da escolha racional - uma forma, como discutiremos mais adiante, de positivismo de mercado.

A resposta na academia tem sido substancial e abrangente. A pesquisa começou a ser dominada por testes estatísticos, a teoria foi subestimada e os dados "suaves" foram evitados (ver o texto de Ferrell, nesta obra). É preciso pouca reflexão para perceber que a forma agora dominante das publicações científicas - teoria mal desenvolvida, análise de regressão geralmente seguida por resultados bastante inconclusivos - é, de fato, um gênero relativamente recente. Dados tecnicamente fracos (devido às dificuldades conhecidas inerentes à coleta de estatísticas pela polícia, estudos de vitimização ou estudos de autorrelato) e, por sua própria natureza, contestados, obscurecidos, ambíguos e inadequados para a quantificação, são agregados sem reflexão em computadores pessoais. Os periódicos e os artigos se tornam inúmeros, mas suas conclusões e pontificações se tornam cada vez mais obscuras - perdidas em uma confusão de figuras, discurso técnico e ofuscação metodológica. Enquanto isso, as ramificações dentro da academia envolvem uma forma de quase profissionalização ou burocratização. Isso é mais evidente nos programas atuais de doutorado. Aqui, a indução em técnicas metodológicas quantitativas se torna uma parte central do treinamento acadêmico, os métodos qualitativos assumem uma posição mais humilde - e mesmo aqui são feitas tentativas bizarras de produzir software que permita ao pesquisador quantificar a pesquisa qualitativa. É preciso lembrar da distância entre o mundo lá fora, onde Robert Park advertiu os alunos a: "sair e sujar as mãos em pesquisas reais" (ver Adler e Adler, 1998) - e a academia, se torna cada vez mais ampla, cercada por números e higienizada por impressões de computador. Além disso, a burocratização do processo de pesquisa, po força da supervisão de comitês acadêmicos, limitou a possível variedade e tipos de pesquisa. Como Patricia e Peter Adler colocam:

> A partir do final da década de 1970, mas não se consolidando totalmente até a década de 1990, os Institutional Review Boards (IRBs), na maioria das faculdades e universidades, tornaram quase impossível realizar trabalhos etnográficos com grupos criminosos e desviantes. Mesmo o novo Código de Ética da Associação Sociológica

Americana cede às decisões desses conselhos, alegando que, se os projetos são reprovados por essas agências locais, a pesquisa, aos olhos da associação, é antiética. Potencialmente desapareceu, então, qualquer pesquisa etnográfica envolvendo um papel secreto para o investigador (afastando assim ainda mais a visibilidade de populações ocultas), qualquer pesquisa etnográfica sobre menores que não obtenha o consentimento dos pais (obviamente problemático para os jovens envolvidos em desvios). ou crime ou vítimas de abuso dos pais) e qualquer pesquisa etnográfica sobre populações vulneráveis ou questões sensíveis (inclusive criminais) sem formulários de consentimento assinado que indiquem explicitamente a incapacidade dos pesquisadores de proteger a confidencialidade dos sujeitos. Essa abordagem coloca os mandatos burocráticos governamentais e institucionais à frente das barganhas e confidências de pesquisa previamente forjadas pelos pesquisadores de campo, denegrindo o impacto de dimensões críticas das técnicas de trabalho de campo, como reciprocidade, confiança, relacionamento em evolução, profundidade, mudança de papéis e o peso relativo da lealdade em pesquisa (sujeitos versus sociedade). (Adler e Adler, 1998: xiv – xv)

Entre a gaiola de ferro do Conselho de Revisão Institucional e o gentil incentivo dos fundos governamentais, a disciplina inevitavelmente muda sua forma, sua margem crítica e sua direção.

Este é, então, o cenário da nova criminologia cultural. É uma ironia, pois, como observamos, ocorre na modernidade tardia, caracterizada pelo surgimento de uma sociedade mais individualista e expressiva, onde vocabulários de motivos, identidades e ações humanas começam a perder suas amarras rígidas na estrutura social. É nesse contexto que a criminologia cultural se torna ainda mais apropriada e, ao mesmo tempo, a criminologia passa a ser dominada precisamente pelo seu oposto, um positivismo fundamentalista que retrata a ação humana como algo previsível, quantificável, mundano.

Vamos agora examinar brevemente alguns dos mais importantes princípios da criminologia cultural. É importante ressaltar que os vários temas discutidos abaixo não devem ser lidos como uma definição prescritiva ou exaustiva da 'abordagem' cultural. Da mesma forma, esses cinco "motivos" também não devem ser considerados mutuamente excludentes, pelo contrário, queremos enfatizar sua interconexão - cada um, à sua maneira, ajudando a explicar e aprimorar o outro.

▶ A LENTE DA ADRENALINA

Duas abordagens do crime dominam a teoria sociológica contemporânea: a teoria da escolha racional e positivismo - a primeira enfatiza o mundano, a segunda o mensurável. Ambas têm narrativas racionais / instrumentais muito simples.

Na primeira, o crime ocorre por causa de escolhas racionais - é representado em termos de disponibilidade de oportunidades e baixos níveis de controle social, particularmente onde os indivíduos são impulsivos e orientados a curto prazo (ver, por exemplo, Felson, 2002). Curiosamente (ou talvez não), todo esforço intelectual é feito para distanciar o crime das desigualdades estruturais e da injustiça social. Em vez disso, temos indivíduos pálidos e calculistas, cometendo crimes sempre que possível, juntamente com supostas vítimas que, como alvos prováveis, só são compreendidas através de suas tentativas de calcular suas melhores estratégias de segurança.

Na segunda abordagem, a do positivismo sociológico, enquanto desigualdade, falta de trabalho, colapso da comunidade, falta de capital social, etc. são, até certo ponto, reconhecidos, o salto da privação para o crime, particularmente o crime violento, dificilmente é tentado, e sim assumido (ver Katz, 2002). Como a teoria da escolha racional, é uma narrativa desesperadamente rasa, onde a intensidade da motivação, os sentimentos de humilhação, raiva e fúria - assim como de amor e solidariedade - são deixados de lado. Se a primeira é a criminologia do neoliberalismo, a segunda é a da social-democracia - mas, na verdade, há pouco a distinguir as duas. São até similares em termos de determinismo: a teoria da escolha racional pode ser melhor renomeada como *positivismo de mercado*, pois entre os determinantes de mau caráter e a oportunidade para o crime, há apenas um pequeno espaço para as escolhas de mercado.

Contra essas duas abstrações - a calculadora racional e o ator mecanicista - a criminologia cultural contrapõe o naturalismo. A experiência real de cometer um crime, o resultado real do ato criminoso, têm pouca relação com esses estreitos essencialismos. Em vez disso, a adrenalina do crime, que ocorre (como Jeff Ferrell coloca) entre "prazer e pânico", os vários sentimentos de raiva, humilhação, exuberância, excitação e medo, não se encaixam nessas abstrações. O crime raramente é mundano, e frequentemente não é miserável. Tampouco possui as recompensas instrumentais que a teoria da escolha racional sugeriria; nem possui, a esse respeito, os ajustes para o déficit de desigualdade que o positivismo sociológico apontaria como o principal mecanismo. O ladrão armado, como observou o ex-presidiário John McVicar (1979), poderia ganhar mais dinheiro como diarista; o delinquente juvenil, como Albert Cohen apontou há muito tempo, passa grande parte do tempo fazendo travessuras e caos na escola: "A professora e suas regras não são apenas algo oneroso a ser evitado. Elas devem ser ridicularizadas" (1955: 28). E, seguindo o seminal *Seductions of Crime*, de Jack Katz (1988)[302], a natureza sensual, visceral e corporal do crime é ignorada nas representações acadêmicas ortodoxas da criminalidade, em notável contraste, é claro, com os relatos de criminosos ou mesmo de muita ficção criminal.

Além disso, esses sentimentos de intensidade se estendem ao longo de todo o processo do crime e de sua retratação: desde o agente, aos intensos sentimentos profundos da vítima, à emoção da perseguição de carros, ao drama no banco dos réus, aos traumas da prisão. E por trás disso, a indignação do cidadão, o pânico moral da mídia, os medos dos moradores urbanos, seja nas ruas ou em casa. Como Ferrell coloca:

> [...] adrenalina e excitação, terror e prazer parecem fluir não apenas através da experiência da criminalidade (...) mas através dos muitos capilares que conectam crime, vitimização e justiça criminal. E à medida que esses terrores e prazeres circulam, eles formam uma corrente experimental e emocional que ilumina os significados cotidianos do crime e do controle do crime.

Aqui temos uma posição naturalista e existencial (ver Morrison, 1995), que contrasta com o essencialismo desnaturado da teoria da escolha racional e do positivismo sociológico.

▶ A *SOFT CITY*

Jonathan Raban, em seu livro Soft City (1974)[303], contrasta duas cidades. Por um lado, ele observa a representação convencional da cidade como local de planejamento em massa, racionalização, consumo e produção como a grade urbana de bairros e zonas, uma gaiola de ferro, para onde a humanidade é canalizada e espancada. Por outro lado, existe a "Soft City", a 'cidade flexível'; um 'espaço' alternativo, onde todos os tipos de possibilidades são oferecidos, um teatro de sonhos, uma enciclopédia de

---

302 Seduções do Crime, sem tradução em português. (N.T.)

303 *Soft City*, sem tradução em português. Não há correspondência exata para a palavra 'soft', que pode ser traduzida por 'suave', 'flexível', 'mole'. Optamos pela segunda, em lugar de 'mole', em vista do contexto da obra citada, em oposição à cidade 'dura'. (N.T.)

subcultura e estilo. Uma representação semelhante da cidade é oferecida por Michael de Certeau (1984), que contrasta a cidade dos planejadores e do discurso racionalista, dos dados quantitativos e demográficos, com a cidade "experiencial"; um lugar de interação e intersubjetividade no nível da rua, que ocorre sob os interstícios de planos e mapas (veja Hayward 2004a para mais informações sobre essa noção de "dualidade" urbana e sua relação com a criminologia cultural). Tais relatos são paralelos à noção de Mikhail Bakhtin (1984) da 'segunda vida das pessoas', que, como apontou Mike Presdee (2000: 8), é "o único local verdadeiro para a expressão dos verdadeiros sentimentos pela vida. É onde o irracional ri e zomba do racional - onde a verdade pode ser dita - contra as mentiras de coração frio, da modernidade científica racional".

Essa análise "dual" do espaço urbano, não da segregação e divisão espacial dentro da cidade - embora, é claro, ocorra inevitavelmente, mas no sentido de "sub-vida" da cidade, ocorre em toda a criminologia cultural e deve ser considerada uma chave conceitual organizacional. Considere, por exemplo, como essa abordagem diádica da vida urbana evoca as teorias que sustentavam a sociologia do desvio. Dentro dessa rubrica, a ação desviante era / não é entendida como um conceito marginal ou abstrato, mas como um mundo inferior velado que borbulha logo abaixo da superfície das aparências (um lugar, aliás, onde a etnografia pode ir, mas do qual as pesquisas sociais com base em questionários apenas refletem a superfície) - ou, para escolher um exemplo alternativo, a "sub-vida" das instituições de Goffman. Não é que a 'cidade flexível' seja a única realidade - longe disso. O mundo racionalista burocrático exerce cada vez mais sua influência, e colide com todos os aspectos da existência humana. Ironicamente, é este mundo que é imaginário, a construção idealizada de planejadores, políticos e porta-vozes oficiais. Ele falha em compreender ou se envolver com os medos existenciais, esperanças, alegrias, ressentimentos e terrores da existência cotidiana - esse idealismo, é claro, não se limita a questões de crime ou delinquência. É neste mundo que a transgressão ocorre, onde a rigidez é reduzida, onde as regras são dobradas e as vidas são vividas. É o mundo sobre o qual o imaginário dos poderosos impacta o cidadão. Como Presdee coloca:

> A segunda vida é vivida nas fendas e buracos das estruturas da sociedade oficial. Ela procura e encontra o impune, enquanto a sociedade oficial procura tapar os buracos e preencher as rachaduras, criminalizando e punindo os que não eram puníveis anteriormente. (2000: 9)

É essa luta entre as forças da racionalização e a das possibilidades existenciais e vidas vividas que é central para a criminologia cultural. É a tensão vista no trabalho de Ferrell sobre tédio e resistência (urbana), e no trabalho de Keith Hayward e Mike Presdee sobre a mercantilização da cultura. Não é, portanto, que a teoria da escolha racional ou o positivismo sociológico (com suas imagens de planejamento e inclusão) falhem em entender a realidade do crime; mas sim que são precisamente essas teorias que criam a gaiola de ferro da racionalização. E qualquer noção de que uma utopia futura possa ser alcançada aumentando os níveis de segurança e prevenção do crime situacional, ou simplesmente incluindo os excluídos em um mundo de trabalho insatisfatório e consumo de mercadorias, está profundamente equivocada, pois apresenta o problema como se fosse a solução.

Além disso, é precisamente essa luta que ocorre dentro da academia. Pois são as forças da 'profissionalização', a burocratização da pesquisa através dos Comitês de Revisão Institucional, a estruturação do financiamento, a santificação dos métodos quantitativos, que procuram distanciar o criminologista de seu objeto de estudo.

▶ O SUJEITO TRANSGRESSIVO

O crime é um ato de violação de regras. Isso envolve uma atitude em relação às regras, uma avaliação de sua justiça e adequação, e uma motivação para quebrá-las, seja por transgressão direta ou por neutralização. Não é, como no positivismo, uma situação em que o ator é mecanicamente impulsionado para um objetivo e, no caminho, quebra as regras; não é, como na teoria da escolha racional, um cenário em que o ator apenas procura os buracos na rede de controle social, e ela ou ele mergulha e nada através deles. Em vez disso, na criminologia cultural o próprio ato de transgressão tem atrativos: é através da quebra de regras que os problemas subculturais procuram solução.

Importante aqui é a ênfase colocada pela criminologia cultural no primeiro plano da experiência e na psicodinâmica existencial do ator, e não nos fatores de fundo do positivismo tradicional (por exemplo, desemprego, pobreza, comunidades pobres, falta de educação etc.). Nesse sentido, a criminologia cultural incorpora a estrutura estabelecida por Jack Katz (1988), mas, ao mesmo tempo, também é crítica à sua posição, pelo modo como descarta qualquer foco no contexto social como irremediavelmente positivista ou como um materialismo equivocado.

Nesse sentido, Jeff Ferrell, em sua resenha sobre as seduções do crime, escreve que, apesar da crítica de Katz:

> as disjunções entre a criminologia de Katz e certos aspectos da criminologia de esquerda não são intransponíveis; de fato, muito pode ser aprendido a partir da interseção dos dois. Se, por exemplo, entendemos que a desigualdade social e econômica é uma causa, ou pelo menos um contexto primário, para o crime, também podemos entender que essa desigualdade é mediada e expressa através da dinâmica situacional, do simbolismo e do estilo dos eventos criminais. Falar de um 'evento' criminal, portanto, é falar sobre o ato e as ações do criminoso, a dinâmica interacional desdobrável do crime e os padrões de desigualdade e injustiça incorporados nos pensamentos, palavras e ações dos envolvidos. Em um evento criminal, como em outros momentos da vida cotidiana, estruturas de classe social ou etnia se entrelaçam com decisões situacionais, estilo pessoal e referências simbólicas. Assim, embora não possamos entender o crime sem analisar estruturas de desigualdade, também não podemos entender o crime analisando somente essas estruturas. A estética dos eventos criminosos se entrelaça com a política econômica da criminalidade. (Ferrell, 1992: 118–9; ver também Young, 2003).

Essa relação entre o primeiro e o segundo plano pode ser reformulada em termos do instrumental e do expressivo. Como vimos, o positivismo sociológico traduziria fatores de fundo da privação em uma narrativa simples de primeiro plano de déficit experimentado, com o crime como o alívio de tal privação. Enquanto isso, a teoria da escolha racional dispensaria completamente o background social e teria um primeiro plano dominado por uma narrativa igualmente simples e abstrata de aproveitar as oportunidades disponíveis para adquirir bens desejáveis etc. A criminologia cultural apontaria para o modo como a pobreza, por exemplo, é percebida em um contexto de sociedade rica, como um ato de exclusão - a humilhação final em uma sociedade de consumo. É uma experiência intensa, não apenas de privação material, mas de uma sensação de injustiça e de insegurança ontológica (ver Hayward 2004a: 158-162). Mas, para ir além, essa modernidade tardia, como descrita anteriormente, representa uma *mudança de consciência*, de modo que o individualismo, a expressividade e a identidade se tornam primordiais e a privação material, por mais importante que seja, é poderosamente suplementada por um amplo senso de privação ontológica. Em outras palavras, o que estamos testemunhando hoje é uma *crise de existência,* em uma sociedade em que a auto-realização, expressão e imediatismo são valores primordiais, mas as possibilidades de realizar tais sonhos são estritamente restringidas pela crescente burocratização do trabalho (a chamada McDonaldização) e a mercantilização do lazer. O crime e a transgressão, nesse novo contexto, podem ser vistos como rompimento de restrições, realização de imediatismo, e reafirmação de identidade e ontologia. Nesse sentido, a identidade se torna entrelaçada à quebra de regras.

Um exemplo extraordinário dessa linha de pensamento dentro da criminologia cultural é o trabalho de Stephen Lyng e suas associações sobre *edgework* [304] (Lyng, 1990, 1998). Lyng estuda a maneira pela qual os indivíduos se envolvem em atos de extremo risco (base jumping, direção arriscada, paraquedismo, corridas de motocicleta, etc.), se expõem ao perigo, em busca de emoção e certeza. Como uma metáfora da realidade, eles perdem o controle apenas para assumir o controle.

▶ **O OLHAR ATENTO**

Jeff Ferrell e Mark Hamm falam da metodologia da atenção, de um *verstehen*[305] criminológico, no qual o pesquisador está imerso em uma cultura. A palavra "atenção" nos lembra o "naturalismo" de David Matza (1969), a invocação para ser fiel ao objeto - sem romantismo ou geração de patologia. É também uma reminiscência do trabalho de seus heróis, James Agee e Walker Evans, que no livro *Let Us Now Praise Famous Men* [306](1960 [1941]), nos fornecem um relato sensível e respeitoso da vida dos arrendatários do Sul durante a Depressão, nos EUA.

Esta é uma etnografia imersa na cultura, e interessada em estilos de vida, no simbólico, no estético e no visual. Em sua atitude em relação à análise quantitativa, invoca a prescrição metodológica de Feyerabend (1978) 'vale tudo'. Mas os dados quantitativos devem ser desalojados das alegações de objetividade científica, precisão e certeza. Esses dados devem ser reconceptualizados como uma construção humana imperfeita e cuidadosamente situados no tempo e no espaço. E, em uma inversão significativa da ortodoxia, note-se que 'eles podem talvez esboçar um fraco contorno de [desvio e criminalidade], mas nunca podem preencher esse esboço com dimensões essenciais da compreensão significativa' (Ferrell e Hamm, 1998: 11)

---

304 Traduzido aqui como ação-limite (N.T.).

305 Compreensão, em língua alemã no original (N.T.).

306 "Vamos Agora Louvar Homens Famosos", sem tradução em português (N.T.).

Portanto, devemos substituir "uma sociologia da pele por uma sociologia da correlação", e isso deve estar associado a um alto nível de reflexividade. E aqui, mais uma vez, encontramos ecos de Clifford Geertz, pois o criminólogo, como o antropólogo, chega à sua pesquisa com uma pesada bagagem de cultura e preconceitos. Precisamos, portanto, de uma etnografia da etnografia, uma dupla conscientização do processo de pesquisa, em contraste com a pesquisa quantitativa convencional, que impõe arbitrariamente categorias de questionário, e escalas Likert sobre seus objetos.

Por fim, a criminologia cultural enfatiza a natureza mediada da realidade na modernidade tardia; as subculturas não podem ser estudadas à parte de sua representação, e a etnografia e a análise textual não podem ser separadas. Por causa disso, a sequência ortodoxa De primeiro pensar a mídia de massa e depois seus efeitos, não pode ser mantida:

> eventos criminais, identidades ganham vida em um ambiente saturado pela mídia e, portanto, existem desde o início como um momento em uma espiral mediada de apresentação e representação. (...) As subculturas criminais reinventam imagens mediadas como estilos situados, mas são ao mesmo tempo reinventadas uma e outra vez, conforme são exibidas no enxame diário de apresentações mediadas. Em todos os casos, como criminólogos culturais, estudamos não apenas imagens, mas imagens de imagens, um salão infinito de espelhos mediados. (Ferrell e Sanders, 1995: 14)

▶ CONHECIMENTO PERIGOSO

Muitos criminologistas acreditam que crime não tem definição universal. Eles veem o crime como algo subjetivo, enquanto a sociedade e seu sistema de justiça 'fabricam' o crime, alterando a sua definição. A sua desonestidade intelectual tumultua o nosso campo, ao

- Não lhe dar limites, e mantê-lo vago;
- Exigir uma criminologia diferente para cada sistema jurídico;
- Permitir que os estudantes de criminologia obtenham um A fácil, não importando o que escrevam.

(Felson, 2002: 17)

David Sibley, em suas notáveis *Geographies of Exclusion* (1995)[307], fala não apenas de exclusão espacial e social - a exclusão das classes perigosas - mas a exclusão de conhecimentos perigosos. Ele escreve:

---

307 Geografias da Exclusão, sem tradução em português (N.T.).

A defesa do espaço social tem sua contrapartida na defesa das regiões do conhecimento. Isso significa que o que constitui conhecimento, ou seja, aquelas ideias que rendem dinheiro através de livros e periódicos, são condicionadas por relações de poder que determinam os limites do "conhecimento", e excluem ideias e autores perigosos ou ameaçadores. Conclui-se que quaisquer prescrições para uma sociedade mais integrada e mais igualitária, também devem incluir propostas de mudança na maneira como o conhecimento acadêmico é produzido. (Sibley, 1995: xvi)

De fato, o positivismo tradicional de sociólogos e psicólogos, ou a nova 'ciência do crime' de Marcus Felson e os teóricos da escolha racional / atividade rotineira, têm um interesse excepcional em manter definições e demarcações rígidas entre ciência e não-ciência, entre crime e 'normalidade', entre o especialista e o criminoso, entre a criminologia e as disciplinas acadêmicas mais humanísticas - e até entre os indivíduos estudados como átomos isolados, incapazes de atividade coletiva. É da natureza da criminologia cultural que ela questione todas essas distinções e, portanto, é um anátema para o projeto da criminologia como uma "ciência" do crime. Como tal, sua "desonestidade intelectual" (e às vezes até a sua ilegalidade) serve como um desafio direto a essa ortodoxia.

Se, questionando as definições estabelecidas, concentrando-nos nas emoções subjetivas, combatendo as abstrações numéricas sem coração da criminologia positivista, e geralmente adicionando uma dimensão humana ao problema do crime tardo-moderno, "fazemos uma bagunça no campo" do "conhecimento" criminológico (como atualmente percebido pelos teóricos da escolha racional, pelos "mapeadores" do crime e por outros praticantes da criminologia do controle social), é melhor que seja declarado aqui sem reservas: não pedimos desculpas por nossas ações.

Nesse sentido vão os seis artigos que, juntos, compõem esta edição especial da revista *Theorethical Criminologu*. Em termos simples, nosso objetivo aqui é desempenhar um papel fundamental na definição da chegada da criminologia cultural. Embora, nos últimos anos, uma gama diversificada de criminologistas críticos tenha feito grandes progressos no direcionamento da "imaginação" teórica para o estudo da cultura cotidiana, continua a ser o caso de que, apesar desses desenvolvimentos positivos, os parâmetros e métodos da "abordagem cultural" ainda precisam ser firmemente estabelecidos e seu potencial totalmente testado e explorado. Nossa missão, como editores, era reunir as principais figuras da vanguarda da criminologia cultural, em um esforço para apresentar uma visão geral atualizada do pensamento e da pesquisa atuais na área, e oferecer uma série de reflexões sobre a "metodologia" da abordagem cultural, seus antecedentes teóricos e seu lugar no empreendimento criminológico contemporâneo. Esta edição especial também tem a vantagem adicional de contar com uma série de trabalhos apresentados pelos colaboradores da primeira Conferência Internacional de Criminologia Cultural (realizada em Londres de 9 a 10 de maio de 2003).[308]

A edição prossegue em duas seções distintas. Na *Parte 1: Pontos de orientação*, o objetivo era refletir a linhagem da criminologia cultural. Em um nível, ela se baseia nos momentos (principalmente) precursores americanos da década de 1990, mas, em outro nível, busca fundamentar esses momentos na terra rica das investigações culturais criminológicas americanas e britânicas, mais diversas e de longa duração, e suas associações com crime e criminalidade. Na *Parte 2: Horizontes Críticos*, pedimos aos colaboradores que refletissem sobre como o campo emergente da criminologia cultural provavelmente crescerá, quais direções ele pode tomar, quais problemas ele pode enfrentar e quais metodologias ele pode misturar e fertilizar.

Imediatamente, deve ficar claro que cada um dos artigos se sobrepõe a vários dos cinco temas descritos neste ensaio de abertura de cenário. Os artigos de Jeff Ferrell e Mike Presdee, por exemplo, são um apelo para que os criminólogos considerem o *conhecimento perigoso* que, com muita frequência, é marginalizado pela criminologia convencional. Ao mesmo tempo, essas duas peças também nos desafiam a (re)focar nossas energias em aspectos desenterrados da vida cotidiana (e sua relação com o crime) que são altamente compatíveis com a evocação da *soft city*.[309] Essa ênfase na 'descrição densa' (para usar o termo de Geertz) e os detalhes da interação humana no nível da rua também está em evidência nas contribuições de Stephanie Kane e Mark Hamm. São autores cujo trabalho, por muitos anos, exemplificou o próprio termo 'olhar atento' e se esforçou muito para priorizar a necessidade de uma abordagem etnográfica de várias camadas, para o estudo do crime e da transgressão. Esse acento na descrição rica

---

308 Esta conferência foi organizada com a generosa assistência financeira do Programa de Leis Externas da Universidade de Londres e foi realizada no Chancellor Hall, Senate House, Universidade de Londres. Atualmente, o planejamento está em andamento para uma segunda conferência internacional (Cultural Criminology 2005).

309 Ver a nota 5.

e 'narração de histórias' é igualmente muito importante na criminologia culturalda fotografia, de Wayne Morrison. Ele compartilha com Hamm a compreensão de como as muitas trajetórias diversas da modernidade ajudaram a criar um *sujeito transgressivo*, que, quando confrontado por certas condições sociais e culturais desesperadas, mas preocupantes, não únicas, é capaz de perpetrar as mais destrutivas e terríveis ações humanas. Essa ênfase na transgressão e na «experiência limite» também está em evidência no artigo final de Stephen Lyng. Nas mãos de Lyng, *'a lente da adrenalina'* é focada com considerável habilidade e precisão, pois ele considera os prazeres incorporados do *'edgework'* e, ao fazê-lo, acrescenta uma dimensão física visceral à ideia do ser transgressor.

Essas são algumas das maneiras pelas quais a criminologia cultural procura combater os 'métodos científicos' (supostamente) modernos da criminologia convencional. Embora de maneira alguma seja um resumo abrangente das diversas abordagens alternativas da criminologia cultural, esses artigos fornecem um relato vigoroso da lógica e ética subjacentes à 'abordagem cultural' (veja também a próxima coleção editada, Cultural Criminology Unleashed (Ferrell et al., 2004) para mais exemplos). Ainda não se sabe se podemos alcançar nosso objetivo de descarrilar a criminologia contemporânea das abstrações da racionalização administrativa e da complexidade estatística. Enquanto isso, entretanto, continuaremos nosso trabalho nas margens; pois é aqui, nesses espaços esquecidos, que a história do crime com tanta frequência se desenrola.

▶ REFERÊNCIAS

Adler, P. and Adler, P. (1998) 'Moving Backwards' in J. Ferrell and M. Hamm (eds) Ethnography on the Edge. Boston: Northeastern University Press.

Agee, J. and Evans, W. (1960) [1941] Let Us Now Praise Famous Men. Cambridge, MA: The Riverside Press.

Bakhtin, M. (1984) Rabelais and this World. Bloomington: Indiana University Press.

Berlanstein, L., ed., (1993) Rethinking Labour History. Urbana: University of Illinois Press.

Brake, M. (1980) The Sociology of Youth Culture. London: Routledge & Kegan Paul.

Cohen, A. K. (1955) Delinquent Boys: The Culture of the Gang. New York: The Free Press.

Cohen, P. (1972) Centre for Contemporary Cultural Studies Working Paper 2, pp.5–53.

Cohen, S, (1972) Folk Devils and Moral Panics. London: McGibbon and Kee.

Cohen, S. (1997) 'Intellectual Scepticism and Political Commitment', in P. Walton and J. Young (eds) The New Criminology Revisited. London: Macmillan.

De Certeau, M. (1984) The Practice of Everyday Life. Berkeley, CA: University of California Press.

Hayward & Young—Cultural criminology 271

Downes, D. (1966) The Delinquent Solution. London: Routledge & Kegan Paul.

Felson, M. (2002) Crime and Everyday Life. 3rd edn. Thousand Oaks, CA: Sage Publications.

Ferrell, J. (1992) 'Making Sense of Crime: Review Essay on Jack Katz'sSeductions of Crime, Social Justice 19(3): 111–.23.

Ferrell, J. (1998) 'Criminological Verstehen', in J. Ferrell and M. Hamm (eds)

Ethnography on the Edge. Boston: Northeastern University Press.

Ferrell, J. (1999) 'Cultural Criminology', Annual Review of Sociology 25: 395–418.

Ferrell, J. and Sanders, C. (1995) 'Culture, Crime and Criminology', in

J. Ferrell and C. Sanders (eds) Cultural Criminology, pp. 3–21. Boston:

Northeastern University Press.

Ferrell, J. and Hamm, M. (1998) 'True Confessions: Crime, Deviance and Field

Research', in J. Ferrell and M. Hamm (eds) Ethnography on the Edge.

Boston: Northeastern University Press.

Ferrell, J., Hayward, K., Morrison, W. and Presdee, M. (2004) Cultural Criminology Unleashed. London: Glass House.

Feyerabend, P. (1978) Science in a Free Society. London: NLB.

Geertz, C. (1973) The Interpretation of Cultures. New York: Basic Books.

Hall, S. and Jefferson, T., eds, (1975) Resistance Through Rituals. London: Hutchinson.

Harcourt, B. (2001) Illusion of Order. Cambridge, MA: Harvard University Press.

Harcourt, B. (2001) Illusion of Order. Cambridge, MA: Harvard University Press.

Hayward, K. (2004a) City Limits: Crime, Consumer Culture and the Urban Experience. London: Glasshouse Press.

Hayward, K. (2004b) 'Consumer Culture and Crime in Late Modernity', in C. Sumner (ed.) The Blackwell Companion to Criminology, pp. 143–61.Oxford: Blackwells.

Hebdidge, D. (1979) Subcultures: The Meaning of Style. London: Methuen.

Hebdidge, D. (1988) Hiding in the Light. London: Routledge.

Katz, J. (1988) Seductions of Crime. New York: Basic Books.

Katz, J. (2002) 'Start Here: Social Ontology and Research Strategy', Theoretical Criminology 6(3): 255–78.

Lyng, S. (1990) 'Edgework: A Social Psychological Analysis of Voluntary Risk-Taking', American Journal of Sociology 95(4): 876–921.

Lyng, S. (1998) 'Dangerous Methods: Risk Taking and the Research Process', in J. Ferrell and M. Hamm (eds) Ethnography at the Edge. Boston: Northeastern University Press.

McVicar, J. (1979) McVicar: By Himself. London: Arrow.

Matza, D. (1969) Becoming Deviant. Englewood Cliffs, NJ: Prentice Hall.

Morrison, W. (1995) Theoretical Criminology. London: Cavendish.

Pearson, G. (1975) The Deviant Imagination. London: Macmillan.

Presdee, M. (2000) Cultural Criminology and the Carnival of Crime. London: Routledge.

Raban, J. (1974) Soft City. London: Hamilton. 272 Theoretical Criminology 8(3)

Robinson, M. (2001) 'Whither Criminal Justice?', Critical Criminology 10(2):97–106.

Sibley, D. (1995) Geographies of Exclusion. London: Routledge.

Taylor, I. (1999) Crime in Context. Oxford: Polity.

Willis, P. (1977) Learning to Labour. Aldershot: Gower.

Young, J. (1971) The Drugtakers. London: Paladin.

Young, J. (1999) The Exclusive Society. London: Sage.

Young, J. (2003) 'Merton with Energy, Katz with Structure', Theoretical Criminology 7(3): 389–414.

POSFÁCIO

Álvaro Oxley da Rocha e Salah H. Khaled Jr.

Esperamos que você tenha gostado da obra. "*Explorando a criminologia cultural*" foi apenas o começo de um projeto de fôlego, a coleção "*Crime, cultura e resistência*". Por meio dela, pretendemos publicar obras-chave da criminologia que jamais foram traduzidas para o português. Há muito por fazer, tanto em termos de obras recentes, como de textos clássicos, que ainda permanecem inacessíveis para leitores e pesquisadores brasileiros. Dentre eles, um dos mais expressivos é o próximo volume da coleção: "*Criminologia cultural: um convite*" finalmente estará disponível no Brasil. A premiada obra de Jeff Ferrell, Keith Hayward e Jock Young será lançada no primeiro semestre de 2019, com tradução nossa. Acreditamos que ela será fundamental para o desenvolvimento de uma criminologia cultural legitimamente brasileira, voltada para os problemas específicos da questão criminal no contexto no qual nos situamos.

Foi necessário um somatório muito improvável de circunstâncias para que essa iniciativa se tornasse realidade e que dela fizessem parte nossos amigos Jeff Ferrell e Keith Hayward, que são, a nosso ver, os mais relevantes nomes da criminologia atual.

De certa forma, tudo remete ao pós-doc que Álvaro Oxley da Rocha realizou em Kent, em 2010, sob a supervisão de Keith Hayward. Durante esse período, a convivência com outros pesquisadores na área, incluindo Jeff Ferrell, Phill Carney, Johnny llan, Roger Matthews e o infelizmente falecido Jock Young, foi muito produtiva, permitindo, além do acesso à excelente biblioteca da Universidade, a troca de experiências em pesquisa, especialmente por se tratar de ambientes sociais tão diversos como Inglaterra, Estados Unidos e Brasil. O trabalho se desenvolveu sempre com a preocupação de evitar as repetições da criminologia tradicional, de modo a construir novos referenciais teóricos e metodológicos para o desenvolvimento da criminologia brasileira, e abrir novas possibilidades para a pesquisa nacional.

Enquanto as relações de Álvaro com Jeff e Keith se aprofundavam, Salah H. Khaled Jr. começava uma jornada diferente, em setembro de 2013: o início da pesquisa do que viria a ser, quatro anos e meio depois, *"Videogame e violência: cruzadas morais contra os jogos eletrônicos no Brasil e no mundo"* um dos primeiros trabalhos brasileiros de fôlego no âmbito da criminologia cultural. Professor de criminologia desde 2010, Salah gravitou para a criminologia cultural por força dessa pesquisa, uma vez que a temática retratada consiste, fundamentalmente, na criminalização da cultura. O inesperado sucesso da obra e a receptividade da grande mídia contribuíram para que projeto gestado durante cerca de quatro meses, por dois dos professores mais engajados com difusão da criminologia no Brasil, se tornasse realidade.

Salah acionou o Grupo Editorial Letramento, com o qual já tinha várias obras publicadas, e foi recebido com muito entusiasmo: a editora se mostrou disposta a fazer o investimento necessário para adquirir os direitos de publicação de obras internacionais e conceder a nós dois a coordenação do projeto e a responsabilidade pela realização de traduções criteriosas, como trabalhos acadêmicos exigem.

Jeff e Keith fizeram parte do projeto desde o princípio e nos honraram com uma rara oportunidade: a de coautoria com eles, na obra que você tem em mãos. Temos muito trabalho pela frente e uma grande contribuição a prestar para a criminologia brasileira. O que antes parecia impossível agora é realidade. Contamos com o seu apoio nessa caminhada.

RESISTIR, SEMPRE.

Um grande abraço!

- editoraletramento
- editoraletramento
- grupoletramento
- casadodireito.com

- editoraletramento.com.br
- company/grupoeditorialletramento
- contato@editoraletramento.com.br
- casadodireitoed
- casadodireito